中华人民共和国 行政诉讼法 注解与配套

第六版

中 国 法 制 出 版 社
CHINA LEGAL PUBLISHING HOUSE

出版说明

　　中国法制出版社一直致力于出版适合大众需求的法律图书。为了帮助读者准确理解与适用法律，我社于 2008 年 9 月推出"法律注解与配套丛书"，深受广大读者的认同与喜爱，此后推出的第二、三、四、五版也持续热销。为了更好地服务读者，及时反映国家最新立法动态及法律文件的多次清理结果，我社决定推出"法律注解与配套丛书"（第六版）。

　　本丛书具有以下特点：

　　1. 由相关领域的具有丰富实践经验和学术素养的法律专业人士撰写适用导引，对相关法律领域作提纲挈领的说明，重点提示立法动态及适用重点、难点。

　　2. 对主体法中的重点法条及专业术语进行注解，帮助读者把握立法精神，理解条文含义。

　　3. 根据司法实践提炼疑难问题，由相关专家运用法律规定及原理进行权威解答。

　　4. 在主体法律文件之后择要收录与其实施相关的配套规定，便于读者查找、应用。

　　此外，为了凸显丛书简约、实用的特色，分册根据需要附上实用图表、办事流程等，方便读者查阅使用。

　　真诚希望本丛书的出版能给您在法律的应用上带来帮助和便利，同时也恳请广大读者对书中存在的不足之处提出批评和建议。

中国法制出版社

2023 年 9 月

适 用 导 引

《中华人民共和国行政诉讼法》于1989年由第七届全国人民代表大会第二次会议通过，1990年10月1日起实施。这部法律规定了行政诉讼程序的基本规则，实施以来，在解决行政争议，推进依法行政，保护公民、法人和其他组织的合法权益等方面，发挥了重要作用。同时，随着社会主义民主法制建设的深入推进，行政诉讼制度与社会经济发展不协调、不适应的问题也日渐突出。人民群众对行政诉讼中存在的"立案难、审理难、执行难"等突出问题反映强烈。为解决这些突出问题，适应依法治国、依法执政、依法行政共同推进，法治国家、法治政府、法治社会一体建设的新要求，2014年11月1日第十二届全国人民代表大会常务委员会第十一次会议通过了《关于修改〈中华人民共和国行政诉讼法〉的决定》，对《行政诉讼法》予以修改完善。

2014年《行政诉讼法》修改的主要内容包括：

一、关于保障当事人的诉讼权利

行政诉讼面临的"三难"，最突出的是立案难。公民、法人或者其他组织与政府机关及其工作人员产生纠纷，行政机关不愿当被告，法院不愿受理。为通畅行政诉讼的入口，此次修改从五个方面完善对当事人的诉权保护：

1. 明确人民法院和行政机关应当保障当事人的起诉权利。

人民法院应当保障公民、法人和其他组织的起诉权利，对应当受理的行政案件依法受理。行政机关及其工作人员不得干预、阻碍人民法院受理行政案件。被诉行政机关负责人应当出庭应诉。不能出庭的，应当委托行政机关相应的工作人员出庭。

2. 扩大受案范围。

人民法院受理公民、法人或者其他组织提起的下列诉讼：

（1）对行政拘留、暂扣或者吊销许可证和执照、责令停产停业、没收违法所得、没收非法财物、罚款、警告等行政处罚不服的；（2）对限制人身自由或者对财产的查封、扣押、冻结等行政强制措施和行政强制执行不服的；（3）申请行政许可，行政机关拒绝或者在法定期限内不予答复，或者对行政机关作出的有关行政许可的其他决定不服的；（4）对行政机关作出的关于确认土地、矿藏、水流、森林、山岭、草原、荒地、滩涂、海域等自然资源的所有权或者使用权的决定不服的；（5）对征收、征用决定及其补偿决定不服的；（6）申请行政机关履行保护人身权、财产权等合法权益的法定职责，行政机关拒绝履行或者不予答复的；（7）认为行政机关侵犯其经营自主权或者农村土地承包经营权、农村土地经营权的；（8）认为行政机关滥用行政权力排除或者限制竞争的；（9）认为行政机关违法集资、摊派费用或者违法要求履行其他义务的；（10）认为行政机关没有依法支付抚恤金、最低生活保障待遇或者社会保险待遇的；（11）认为行政机关不依法履行、未按照约定履行或者违法变更、解除政府特许经营协议、土地房屋征收补偿协议等协议的；（12）认为行政机关侵犯其他人身权、财产权等合法权益的。除上述规定外，人民法院受理法律、法规规定可以提起诉讼的其他行政案件。

3. 明确可以口头起诉，方便当事人行使诉权。

起诉应当向人民法院递交起诉状，并按照被告人数提出副本。书写起诉状确有困难的，可以口头起诉，由人民法院记入笔录，出具注明日期的书面凭证，并告知对方当事人。

4. 强化受理程序约束。

人民法院在接到起诉状时对符合本法规定的起诉条件的，应当登记立案。对当场不能判定是否符合本法规定的起诉条件的，应当接收起诉状，出具注明收到日期的书面凭证，并在 7 日内决定是否立案。不符合起诉条件的，作出不予立案的裁定。裁定书应当载明不予立案的理由。原告对裁定不服的，可以提起上诉。起诉状内容欠缺或者有其他错误的，应当给予指导和释明，并一次性告知当事人需要补正的内容。不得未经指导和释明即以起诉不符合条件为由不接收起诉状。

人民法院既不立案，又不作出不予立案裁定的，当事人可以向上一级人民法院起诉。上一级人民法院认为符合起诉条件的，应当立案、审理，也可以指定其他下级人民法院立案、审理。

5. 明确人民法院的相应责任。

对于不接收起诉状、接收起诉状后不出具书面凭证，以及不一次性告知当事人需要补正的起诉状内容的，当事人可以向上级人民法院投诉，上级人民法院应当责令改正，并对直接负责的主管人员和其他直接责任人员依法给予处分。

二、关于对规范性文件的附带审查

公民、法人或者其他组织认为行政行为所依据的国务院部门和地方人民政府及其部门制定的规范性文件不合法，在对行政行为提起诉讼时，可以一并请求对该规范性文件进行审查。前述规定的规范性文件不含规章。

人民法院在审理行政案件中，经审查认为上述规范性文件不合法的，不作为认定行政行为合法的依据，并向制定机关提出处理建议。

三、关于完善管辖制度

为了解决行政案件审理难问题，减少地方政府对行政审判的干预，在总结现行做法的基础上，根据党的十八届三中全会关于探索建立与行政区划适当分离的司法管辖制度的精神，增加规定：经最高人民法院批准，高级人民法院可以根据审判工作的实际情况，确定若干人民法院跨行政区域管辖行政案件。对国务院部门或者县级以上地方人民政府所作的行政行为提起诉讼的案件由中级人民法院管辖。

四、关于完善诉讼参加人制度

1. 明确原告资格。

行政行为的相对人以及其他与行政行为有利害关系的公民、法人或者其他组织，有权提起诉讼。有权提起诉讼的公民死亡，其近亲属可以提起诉讼。有权提起诉讼的法人或者其他组织终止，承受其权利的法人或者其他组织可以提起诉讼。

2. 进一步明确被告资格。

公民、法人或者其他组织直接向人民法院提起诉讼的，作出行政行为的行政机关是被告。经复议的案件，复议机关决定维持原行政行为的，作出原行政行为的行政机关和复议机关是共同被告；复议机关改变原行政行为的，复议机关是被告。复议机关在法定期限内未作出复议决定，公民、法人或者其他组织起诉原行政行为的，作出原行政行为的行政机关是被告；起诉复议机关不作为的，复议机关是被告。两个以上行政机关作出同一行政行为的，共同作出行政行为的行政机关是共同被告。行政机关委托的组织所作的行政行为，委托的行政机关是被告。行政机关被撤销或者职权变更的，继续行使其职权的行政机关是被告。

3. 增加诉讼代表人制度。

修改前的《行政诉讼法》规定了共同诉讼，但未规定诉讼代表人制度。为了提高司法效率，增加规定：当事人一方人数众多的共同诉讼，可以由当事人推选代表人进行诉讼。代表人的诉讼行为对其所代表的当事人发生效力，但代表人变更、放弃诉讼请求或者承认对方当事人的诉讼请求，应当经被代表的当事人同意。

4. 细化第三人制度。

修改前的《行政诉讼法》有关第三人的规定较为原则。实践中，行政诉讼涉及第三方利益的情形逐渐增多，完善第三人制度有利于解决行政争议。增加规定：公民、法人或者其他组织同被

4

诉行政行为有利害关系但没有提起诉讼，或者同案件处理结果有利害关系的，可以作为第三人申请参加诉讼，或者由人民法院通知参加诉讼。人民法院判决第三人承担义务或者减损第三人权益的，第三人有权依法提起上诉。

五、关于完善证据制度

修改前的《行政诉讼法》有关证据的规定较为简单，总结现行做法，作如下补充修改：

1. 明确被告逾期不举证的后果。

针对被告不举证或者拖延举证的情况，增加规定：被告不提供或者无正当理由逾期提供证据，视为没有相应证据。但是，被诉行政行为涉及第三人合法权益，第三人提供证据的除外。

2. 完善被告的举证制度。

为了查明事实，增加规定：被告在作出行政行为时已经收集了证据，但因不可抗力等正当事由不能提供的，经人民法院准许，可以延期提供。原告或者第三人提出了其在行政处理程序中没有提出的理由或者证据的，经人民法院准许，被告可以补充证据。

3. 明确原告的举证责任。

修改前的《行政诉讼法》没有规定原告的举证责任。但在有些情况下，如果原告不举证，就难以查清事实，作出正确的裁判。因此，需要原告承担一定的举证责任，增加规定：在起诉被告不履行法定职责的案件中，原告应当提供其向被告提出申请的证据。但有下列情形之一的除外：（1）被告应当依职权主动履行法定职责的；（2）原告因正当理由不能提供证据的。在行政赔偿、补偿的案件中，原告应当对行政行为造成的损害提供证据。因被告的原因导致原告无法举证的，由被告承担举证责任。

4. 完善人民法院调取证据制度。

为了规范人民法院依申请调取证据行为，增加规定：与本案有关的下列证据，原告或者第三人不能自行收集的，可以申请人民法院调取：（1）由国家机关保存而须由人民法院调取的证据；（2）涉及国家秘密、商业秘密和个人隐私的证据；（3）确因客观原因不能自行收集的其他证据。

5. 明确证据的适用规则。

为了规范证据使用，增强判决的公正性和说服力，增加规定：证据应当在法庭上出示，并由当事人互相质证。对涉及国家秘密、商业秘密和个人隐私的证据，不得在公开开庭时出示。人民法院应当按照法定程序，全面、客观地审查核实证据。对未采纳的证据应当在裁判文书中说明理由。以非法手段取得的证据，不得作为认定案件事实的根据。

六、关于完善民事争议和行政争议交叉的处理机制

有些行政行为引起的争议，往往伴随着相关的民事争议。这两类争议依照《行政诉讼法》和《民事诉讼法》分别立案，分别审理，浪费了司法资源，有的还导致循环诉讼，影响司法效率，不利于保护当事人的合法权益。根据实践中行政争议与相关民事争议一并审理的做法，增加规定：在涉及行政许可、登记、征收、征用和行政机关对民事争议所作的裁决的行政诉讼中，当事人申请一并解决相关民事争议的，人民法院可以一并审理。在行政诉讼中，人民法院认为行政案件的审理需以民事诉讼的裁判为依据的，可以裁定中止行政诉讼。

七、关于完善判决形式

修改前的《行政诉讼法》规定了维持判决、撤销判决、履行判决和变更判决等四类判决形式。这些判决形式已不能完全适应审判实际需要，应予修改完善。

1. 以判决驳回原告诉讼请求代替维持判决。

根据审判实际需要，规定：行政行为证据确凿，适用法律、法规正确，符合法定程序的，或者原告申请被告履行法定职责或者给付义务理由不成立的，人民法院判决驳回原告的诉讼请求。

2. 增加给付判决。

根据审判实际需要，规定：人民法院经过审理，查明被告依法负有给付义务的，判决被告履行给付义务。

3. 增加确认违法或者无效判决。

根据审判实际需要，规定：行政行为有下列情形之一的，人民法院判决确认违法，但不撤销行政行为：（1）行政行为依法应当撤销，但撤销会给国家利益、社会公共利益造成重大损害的；（2）行政行为程序轻微违法，但对原告权利不产生实际影响的。

行政行为有下列情形之一，不需要撤销或者判决履行的，人民法院判决确认违法：

（1）行政行为违法，但不具有可撤销内容的；（2）被告改变原违法行政行为，原告仍要求确认原行政行为违法的；（3）被告不履行或者拖延履行法定职责，判决履行没有意义的。

行政行为有实施主体不具有行政主体资格或者没有依据等重大且明显违法情形，原告申请确认行政行为无效的，人民法院判决确认无效。

4. 扩大变更判决范围。

根据审判实际需要，规定：行政处罚明显不当，或者其他行政行为涉及对款额的确定、认定确有错误的，人民法院可以判决变更。人民法院判决变更，不得加重原告的义务或者减损原告的权益。但利害关系人同为原告，且诉讼请求相反的除外。

八、关于增加简易程序

修改前的《行政诉讼法》未规定简易程序。增加简易程序，有利于提高审判效率，降低诉讼成本。总结现行做法，增加规定：人民法院审理下列第一审行政案件，认为事实清楚、权利义务关系明确、争议不大的，可以适用简易程序：（1）被诉行政行为是依法当场作出的；（2）案件涉及款额2000元以下的；（3）属于政府信息公开案件的。除上述规定以外的第一审行政案件，当事人各方同意适用简易程序的，可以适用简易程序。发回重审、按照审判监督程序再审的案件不适用简易程序。

适用简易程序审理的行政案件，由审判员一人独任审理，并应当在立案之日起45日内审结。

人民法院在审理过程中，发现案件不宜适用简易程序的，裁定转为普通程序。

九、关于加强人民检察院对行政诉讼的监督

最高人民检察院对各级人民法院已经发生法律效力的判决、裁定，上级人民检察院对下级人民法院已经发生法律效力的判决、裁定，发现有本法第91条规定情形之一，或者发现调解书损害国家利益、社会公共利益的，应当提出抗诉。

地方各级人民检察院对同级人民法院已经发生法律效力的判决、裁定，发现有本法第91条规定情形之一，或者发现调解书损害国家利益、社会公共利益的，可以向同级人民法院提出检察建议，并报上级人民检察院备案；也可以提请上级人民检察院向同级人民法院提出抗诉。

各级人民检察院对审判监督程序以外的其他审判程序中审判人员的违法行为，有权向同级人民法院提出检察建议。

十、关于进一步明确行政机关不执行法院判决的责任

当前，行政机关不执行法院判决的问题仍较为突出。为增强法律规定的可执行性，增加规定：行政机关拒绝履行判决、裁定、调解书的，第一审人民法院可以采取下列措施：

（1）对应当归还的罚款或者应当给付的款额，通知银行从该行政机关的账户内划拨；（2）在规定期限内不履行的，从期满之

日起，对该行政机关负责人按日处 50 元至 100 元的罚款；（3）将行政机关拒绝履行的情况予以公告；（4）向监察机关或者该行政机关的上一级行政机关提出司法建议。接受司法建议的机关，根据有关规定进行处理，并将处理情况告知人民法院；（5）拒不履行判决、裁定、调解书，社会影响恶劣的，可以对该行政机关直接负责的主管人员和其他直接责任人员予以拘留；情节严重，构成犯罪的，依法追究刑事责任。

2017 年 6 月 27 日，第十二届全国人民代表大会常务委员会第二十八次会议通过了《关于修改〈中华人民共和国民事诉讼法〉和〈中华人民共和国行政诉讼法〉的决定》，其中《行政诉讼法》第 25 条增加一款，特别强调人民检察院在履行职责中发现生态环境和资源保护、食品药品安全、国有财产保护、国有土地使用权出让等领域负有监督管理职责的行政机关违法行使职权或者不作为，致使国家利益或者社会公共利益受到侵害的，应当向行政机关提出检察建议，督促其依法履行职责。行政机关不依法履行职责的，人民检察院依法向人民法院提起诉讼。

目　录

第四章　诉讼参加人

第五章　证　　据

第六章 起诉和受理

第七章 审理和判决

第一节 一般规定

第二节 第一审普通程序

配 套 法 规

七、行政赔偿

实 用 附 录

中华人民共和国行政诉讼法

（1989 年 4 月 4 日第七届全国人民代表大会第二次会议通过 根据 2014 年 11 月 1 日第十二届全国人民代表大会常务委员会第十一次会议《关于修改〈中华人民共和国行政诉讼法〉的决定》第一次修正 根据 2017 年 6 月 27 日第十二届全国人民代表大会常务委员会第二十八次会议《关于修改〈中华人民共和国民事诉讼法〉和〈中华人民共和国行政诉讼法〉的决定》第二次修正）

目 录

第九章　涉外行政诉讼

第十章　附　　则

第一章　总　　则

第一条　【立法目的】① 为保证人民法院公正、及时审理行政案件，解决行政争议，保护公民、法人和其他组织的合法权益，监督行政机关依法行使职权，根据宪法，制定本法。

注解

行政诉讼法的立法目的包括：

1. 保证人民法院公正、及时审理行政案件

《行政诉讼法》② 作为诉讼制度的基本法，主要是确定人民法院审理行政案件的基本程序性制度，以及诉讼参加人在诉讼中的权利、义务等，所以制定《行政诉讼法》的首要目的是为保证人民法院公正、及时审理行政案件。所谓公正审理行政案件，是指人民法院在查明事实的基础上，正确适用法律、法规，作出正确的判决、裁定。这里所说的"正确适用法律、法规"，既包括正确适用《行政诉讼法》规定的诉讼制度，也包括正确适用有关实体法律、法规的规定。所谓及时审查行政案件，是指人民法院在行政诉讼的各个阶段，都要依照《行政诉讼法》规定的期间要求审理案件，避免案件久拖不决，从而使公民、法人和其他组织的合法权益得到及时的司法救济，也可以使行政行为的合法性得到及时确认。

2. 解决行政争议

行政争议是行政机关在实施行政管理活动中与行政相对人的争议。有效解决行政争议，关系到人民群众的切身利益，也关系到社会的和谐稳定。解决行政争议的机制，目前有行政复议、行政诉讼等多种途径。行政诉讼是通

---

① 条文主旨为编者所加，下同。

② 为便于阅读，本书中相关法律文件标题中的"中华人民共和国"字样都予以省略。

过司法审判的方式，由人民法院对被诉行政行为的合法性进行审理，合法的予以维持，不合法的予以撤销、变更等，以此来化解行政争议。"解决行政争议"，旨在进一步强化通过行政诉讼化解行政纠纷的作用，以法治的方式解决行政争议，有利于增强公民、法人和其他组织的法治意识，形成遇事找法律，依法维权的现象。

3. 保护公民、法人和其他组织的合法权益

行政诉讼作为对行政相对人进行司法救济的渠道，通过人民法院对被诉行政行为的合法性进行审查监督，来保护行政相对人，即公民、法人和其他组织的合法权益，使他们受损害的权益得到救济和恢复，这是《行政诉讼法》的主要立法目的。

4. 监督行政机关依法行使职权

行政诉讼就是要对行政行为的合法性进行控制和监督，以保护公民、法人和其他组织的合法权益。

配套

《宪法》第 41 条

第二条　【诉权】公民、法人或者其他组织认为行政机关和行政机关工作人员的行政行为侵犯其合法权益，有权依照本法向人民法院提起诉讼。

前款所称行政行为，包括法律、法规、规章授权的组织作出的行政行为。

注解

根据本法第 2 条的规定，公民、法人或者其他组织认为行政机关和行政机关工作人员的行政行为侵犯其合法权益，有权向人民法院提起诉讼。这一规定明确了可诉行政行为的标准，但是比较原则，在司法实践中难以准确把握。为了明确可诉行政行为的界限，保障行政诉讼救济渠道的实效，保障当事人合法权益，结合司法实践，《最高人民法院关于适用〈中华人民共和国行政诉讼法〉的解释》增加规定了下列五种不可诉的行为：

一是，不产生外部法律效力的行为。对外性是可诉的行政行为的重要特

征之一。行政机关在行政程序内部所作的行为，例如行政机关的内部沟通、会签意见、内部报批等行为，并不对外发生法律效力，不对公民、法人或者其他组织合法权益产生影响，因此不属于可诉的行为。

二是，过程性行为。可诉的行政行为需要具备成熟性。行政机关在作出行政行为之前，一般要为作出行政行为进行准备、论证、研究、层报、咨询等，这些行为尚不具备最终的法律效力，一般称为"过程性行为"，不属于可诉的行为。

三是，协助执行行为。可诉的行政行为须是行政机关基于自身意思表示作出的行为。行政机关依照法院生效裁判作出的行为，本质上属于履行生效裁判的行为，并非行政机关自身依职权主动作出的行为，亦不属于可诉的行为。

四是，内部层级监督行为。内部层级监督属于行政机关上下级之间管理的内部事务。司法实践中，有的法律规定上级行政机关对下级行政机关的监督。例如《国有土地上房屋征收与补偿条例》规定上级人民政府应当加强对下级人民政府房屋征收补偿工作的监督。有的当事人起诉要求法院判决上级人民政府履行监督下级人民政府的职责。法律法规规定的内部层级监督，并不直接设定当事人新的权利义务关系，因此，该类行为属于不可诉的行为。

五是，信访办理行为。信访办理行为不是行政机关行使"首次判断权"的行为。

配套

《最高人民法院关于适用〈中华人民共和国行政诉讼法〉的解释》第1条

第三条　【行政机关负责人出庭应诉】人民法院应当保障公民、法人和其他组织的起诉权利，对应当受理的行政案件依法受理。

行政机关及其工作人员不得干预、阻碍人民法院受理行政案件。

被诉行政机关负责人应当出庭应诉。不能出庭的，应当委托行政机关相应的工作人员出庭。

注解

被诉行政机关负责人应当出庭应诉，是指被诉行政机关负责人依法应当在第一审、第二审、再审等诉讼程序中出庭参加诉讼，行使诉讼权利，履行诉讼义务。法律、法规、规章授权独立行使行政职权的行政机关内设机构、派出机构或者其他组织的负责人出庭应诉，适用本规定。应当追加为被告而原告不同意追加，人民法院通知以第三人身份参加诉讼的行政机关，其负责人出庭应诉活动参照前述规定。

被诉行政机关负责人，包括行政机关的正职、副职负责人、参与分管被诉行政行为实施工作的副职级别的负责人以及其他参与分管的负责人。被诉行政机关委托的组织或者下级行政机关的负责人，不能作为被诉行政机关负责人出庭。

对于涉及食品药品安全、生态环境和资源保护、公共卫生安全等重大公共利益，社会高度关注或者可能引发群体性事件等的案件，人民法院应当通知行政机关负责人出庭应诉。

行政机关负责人有正当理由不能出庭的，应当提交相关证明材料，并加盖行政机关印章或者由该机关主要负责人签字认可。人民法院应当对行政机关负责人不能出庭的理由以及证明材料进行审查。

配套

《最高人民法院关于行政机关负责人出庭应诉若干问题的规定》

第四条　【独立行使审判权】人民法院依法对行政案件独立行使审判权，不受行政机关、社会团体和个人的干涉。

人民法院设行政审判庭，审理行政案件。

第五条　【以事实为根据，以法律为准绳原则】人民法院审理行政案件，以事实为根据，以法律为准绳。

注解

以事实为根据，是指人民法院在审判活动中，一切从具体的案件情况出发，使认定的事实完全符合案件的客观真相。在行政案件的审理中，人民法院要查清被诉的行政行为是否真实存在，该行政行为的法律依据和实施程序，以及该行政行为与原告的权益损害之间是否存在因果关系等事实问题。

以法律为准绳，是指人民法院在审理案件时，要以法律作为判案的依据。这里的法律，是指与案件相关的法律、法规。可以作为行政诉讼判案依据的包括法律、行政法规、地方性法规、自治条例和单行条例等，国务院部委规章和地方政府规章可以作为法院判案的参考。

以事实为根据，以法律为准绳，二者是不可分割的整体，事实是正确运用法律的前提，依法判决是查清事实的目的。只有把两者正确结合起来，才能保证案件得到公正的审判。

第六条 【合法性审查原则】人民法院审理行政案件，对行政行为是否合法进行审查。

应 用

1. 行政自由裁量行为的司法审查是指什么？

人民法院只能对行政行为的合法性进行审查，而不能对行政行为的妥当性、适当性进行审查，应当给行政机关的自由裁量留有余地。但是这绝不意味着只要一个行政行为在法律规定的范围内，法院就不能审查。比如，法律规定行政机关对某种违法行为可以处 1～5 倍的罚款，如果行政机关对一个情节非常轻微的行为给予 5 倍的处罚，这显然是不合理的。人民法院是否可以变更或撤销呢？回答是肯定的。这是行政诉讼法第 54 条中关于人民法院可以撤销行政机关滥用职权所作出的行政行为的规定赋予法院的权力。（江必新：《行政审判工作应当避免的十大认识误区》，载江必新主编、最高人民法院行政审判庭编：《行政执法与行政审判》总第 9 集）

第七条 【合议、回避、公开审判和两审终审原则】人民法院审理行政案件，依法实行合议、回避、公开审判和两审终审制度。

注 解

合议制度是指人民法院的审判组织形式，即由 3 名以上的审判人员组成合议庭，共同进行审判工作并对承办的案件负责的审判制度。《行政诉讼法》规定，人民法院审理行政案件，由审判员组成合议庭，或者由审判员、陪审员组成合议庭。合议庭的成员，应当是 3 人以上的单数。合议制度在行政诉讼一审程序、二审程序和审判监督程序中均需要贯彻。

回避制度是指审判人员具有法定情形，必须回避，不参与案件审理的制度。所谓法定情形，是指法律规定禁止审判人员参加对案件审理的情形。根据《行政诉讼法》的规定，回避制度包括两种：一是当事人申请回避。当事人申请回避是当事人认为审判人员与本案有利害关系或者有其他关系可能影响公正审判，有权申请审判人员回避。二是审判人员认为自己与本案有利害关系或者有其他关系，应当申请回避。

公开审判制度是指除不予公开和可以不公开审理的案件外，法院对行政案件的审理一律依法公开进行，允许群众旁听，允许记者公开报道；不论是否公开审理的案件，判决结果均一律公开的制度。

两审终审制度是指一个案件经过第一审和第二审人民法院的审理，即终结诉讼的制度。实行两审终审制有利于上级人民法院对下级人民法院的审判工作进行监督，及时纠正错误的判决，维护当事人的合法权益。

应 用

2. 在需要回避的情况下，当事人应当如何提出申请？如果申请被驳回有什么救济方式？

当事人申请回避，应当说明理由，在案件开始审理时提出；回避事由在案件开始审理后知道的，应当在法庭辩论终结前提出。申请人对驳回回避的决定不服的，可以向作出决定的人民法院申请复议一次。对申请人的复议申请，人民法院应当在 3 日内作出复议决定，并通知复议申请人。

3. 对当事人提出的回避申请，法院应当如何处理？

对当事人提出的回避申请，人民法院应当在 3 日内以口头或者书面形式作出决定。被申请回避的人员，在人民法院作出是否回避的决定前，应当暂停参与本案的工作，但案件需要采取紧急措施的除外。

配 套

《人民法院组织法》第 7、30 条；《民事诉讼法》第 10 条；《刑事诉讼法》第 10、29、183、188 条

第八条　【法律地位平等原则】 当事人在行政诉讼中的法律地位平等。

第九条　【本民族语言文字原则】 各民族公民都有用本民族

语言、文字进行行政诉讼的权利。

在少数民族聚居或者多民族共同居住的地区，人民法院应当用当地民族通用的语言、文字进行审理和发布法律文书。

人民法院应当对不通晓当地民族通用的语言、文字的诉讼参与人提供翻译。

应 用

4. **什么是使用本民族语言文字进行诉讼的原则？**

使用本民族语言文字进行诉讼的原则，包括以下三方面内容：

1. 各民族公民都有用本民族语言文字进行诉讼的权利。不论是作为当事人还是作为其他诉讼参与人，各民族公民都有权用本民族的语言文字参加诉讼活动，包括用本民族的语言回答审判人员的询问，在法庭上发表意见，用本民族语言文字书写起诉书、证人证言等。

2. 在少数民族聚居区或者多民族共同居住的地区，人民法院对案件的审理，应当用当地通用的语言进行。

3. 使用当地通用的语言文字发布法律文书。在少数民族聚居区或者多民族共同居住的地区，人民法院发布判决书、裁定书、调解书、开庭通知及其他诉讼文书，应当使用当地通用的一种或者几种语言文字进行发布。

配 套

《民事诉讼法》第 11 条；《刑事诉讼法》第 9 条

第十条　【辩论原则】当事人在行政诉讼中有权进行辩论。

注 解

依法维护当事人在行政诉讼中的辩论权，应当注意以下几点：

1. 辩论的内容涉及的范围比较广泛。双方当事人既可以就案件的事实等实体方面进行辩论，也可以就适用的法律及程序性的问题进行辩论。双方当事人可以就上述范围内的有争议的问题进行辩论。

2. 辩论权的行使要贯穿整个诉讼程序，不限于法庭辩论阶段。在行政诉讼的第一审程序、第二审程序和审判监督程序中都要保障当事人对辩论权的充分行使。

3. 辩论的形式既有口头形式，也有书面形式。在法庭辩论阶段，通常是采用口头形式进行辩论；在其他阶段，一般采用书面形式辩论，如原告提出起诉状后，被告提出答辩状，即属于书面的辩论形式。

4. 辩论必须在人民法院的主持下进行。人民法院应当依法在诉讼的各个阶段保障当事人辩论权的行使，并耐心听取当事人的辩论意见。同时，对当事人在辩论权行使过程中的一些不当言行，审判人员应当及时予以提醒和制止，对出现的违法行为，如侮辱、诽谤对方当事人，哄闹法庭等依法予以训诫、责令具结悔过或者处以罚款、拘留等。

应 用

5. 对于当事人的诉讼代理人是否符合法定条件的问题，可否展开辩论？

当事人在辩论时，既可以就权利义务本身进行辩论，也可以就诉讼程序方面的问题进行辩论，即辩论的内容不限于案件争议标的等实质性问题，同时也可就程序性问题展开辩论。当事人的诉讼代理人是否符合法定条件的问题是诉讼程序方面的问题，在辩论内容的范围之内，双方当事人可以就此展开辩论。

配 套

《民事诉讼法》第 12 条

第十一条　【法律监督原则】人民检察院有权对行政诉讼实行法律监督。

第二章　受案范围

第十二条　【行政诉讼受案范围】人民法院受理公民、法人或者其他组织提起的下列诉讼：

（一）对行政拘留、暂扣或者吊销许可证和执照、责令停产停业、没收违法所得、没收非法财物、罚款、警告等行政处罚不服的；

（二）对限制人身自由或者对财产的查封、扣押、冻结等行政强制措施和行政强制执行不服的；

（三）申请行政许可，行政机关拒绝或者在法定期限内不予答复，或者对行政机关作出的有关行政许可的其他决定不服的；

（四）对行政机关作出的关于确认土地、矿藏、水流、森林、山岭、草原、荒地、滩涂、海域等自然资源的所有权或者使用权的决定不服的；

（五）对征收、征用决定及其补偿决定不服的；

（六）申请行政机关履行保护人身权、财产权等合法权益的法定职责，行政机关拒绝履行或者不予答复的；

（七）认为行政机关侵犯其经营自主权或者农村土地承包经营权、农村土地经营权的；

（八）认为行政机关滥用行政权力排除或者限制竞争的；

（九）认为行政机关违法集资、摊派费用或者违法要求履行其他义务的；

（十）认为行政机关没有依法支付抚恤金、最低生活保障待遇或者社会保险待遇的；

（十一）认为行政机关不依法履行、未按照约定履行或者违法变更、解除政府特许经营协议、土地房屋征收补偿协议等协议的；

（十二）认为行政机关侵犯其他人身权、财产权等合法权益的。

除前款规定外，人民法院受理法律、法规规定可以提起诉讼的其他行政案件。

注解

公民、法人或者其他组织对行政机关及其工作人员的行政行为不服，依法提起诉讼的，属于人民法院行政诉讼的受案范围。

下列行为不属于人民法院行政诉讼的受案范围：

（1）公安、国家安全等机关依照刑事诉讼法的明确授权实施的行为；

（2）调解行为以及法律规定的仲裁行为；

（3）行政指导行为；

（4）驳回当事人对行政行为提起申诉的重复处理行为；

（5）行政机关作出的不产生外部法律效力的行为；

（6）行政机关为作出行政行为而实施的准备、论证、研究、层报、咨询等过程性行为；

（7）行政机关根据人民法院的生效裁判、协助执行通知书作出的执行行为，但行政机关扩大执行范围或者采取违法方式实施的除外；

（8）上级行政机关基于内部层级监督关系对下级行政机关作出的听取报告、执法检查、督促履责等行为；

（9）行政机关针对信访事项作出的登记、受理、交办、转送、复查、复核意见等行为；

（10）对公民、法人或者其他组织权利义务不产生实际影响的行为。

`应 用`

6. 怎么理解行政强制措施和行政强制执行案件？

行政强制措施是指行政机关在行政管理过程中，为制止违法行为、防止证据损毁、避免危害发生、控制危险扩大等情形，依法对公民的人身自由实施暂时性限制，或者对公民、法人或者其他组织的财物实施暂时性控制的行为。行政强制执行是指行政机关或者行政机关申请人民法院，对不履行行政决定的公民、法人或者其他组织，依法强制履行义务的行为。《行政强制法》对行政强制措施的种类、行政强制执行的方式以及实施程序作了规定。行政机关违反有关《行政强制法》的程序和实体规定，可以向法院起诉。本条中的行政强制执行，仅指行政机关的强制执行，不包括法院的非诉强制执行。

7. 怎么理解行政许可案件？

行政许可是指行政机关根据公民、法人或者其他组织的申请，经依法审查，准予其从事特定活动的行为。《行政许可法》对行政许可的实施程序作了规定，相关法律、法规和省级人民政府规章对行政许可有实体规定。公民、法人或者其他组织申请行政许可，行政机关拒绝或者在法定期限内不予答复，或者对行政机关作出的有关行政许可的准予、变更、延续、撤销、撤回、注销行政许可等决定不服的，可以向法院提起诉讼。本条所称法定期限，是指《行政许可法》第42条、第43条、第44条规定的期限。

8. 怎么理解对不履行法定职责不服的案件?

人身权、财产权是公民的基本权利，我国法律、法规将保护公民的人身权、财产权以及其他一些基本权利明确为行政机关的法定职责，公民的人身权、财产权等合法权益受到侵害时，如果行政机关不依法履行保护职责，属于行政不作为，公民就可以向法院提起诉讼，要求行政机关履行职责。本条中的合法权益，主要是人身权、财产权，但不限于这两项权利。只要法律、法规明确规定行政机关应当积极作为去保护的权利，行政机关不作为，公民、法人或者其他组织都可以提起诉讼。

9. 怎么理解行政机关滥用行政权力排除或者限制竞争的案件?

公平竞争权是市场主体依法享有的在公平环境中竞争，以实现其经济利益的权利。我国《反垄断法》对滥用行政权力排除、限制竞争的行为作了规定，如规定行政机关和法律、法规授权的具有管理公共事务职能的组织不得滥用行政权力，限定或者变相限定单位或个人经营、购买、使用其指定的经营者提供的商品；不得滥用行政权力，妨碍商品在地区之间的自由流通；不得滥用行政权力，以设定歧视性资质要求、评审标准或不依法发布信息等方式，排斥或者限制外地经营者参加本地的招标投标活动；不得滥用行政权力，采取与本地经营者不平等待遇等方式，排斥或者限制外地经营者在本地投资或者设立分支机构；不得滥用行政权力，强制经营者从事《反垄断法》规定的垄断行为。《反不正当竞争法》也有相应规定。行政机关违反《反垄断法》《反不正当竞争法》的相关规定，经营者可以向法院提起诉讼。

10. 怎么理解行政机关违法要求履行义务的案件?

行政机关向企业、个人乱集资、乱摊派、乱收费被称为"三乱"，需要通过诉讼途径保护行政相对人的合法权益。本条中的违法要求履行其他义务，如违法摊派劳务、协助执行公务等。按照依法行政的原则，要求公民、法人或者其他组织履行义务，必须有法律、法规的依据，没有法定依据的，行政相对人可以拒绝，或者向法院提起诉讼。

11. 可以就哪些行政协议提起行政诉讼?

行政机关为了实现行政管理或者公共服务目标，与公民、法人或者其他组织协商订立的具有行政法上权利义务内容的协议，属于本条第1款第11

项规定的行政协议。

公民、法人或者其他组织就下列行政协议提起行政诉讼的，人民法院应当依法受理：（1）政府特许经营协议；（2）土地、房屋等征收征用补偿协议；（3）矿业权等国有自然资源使用权出让协议；（4）政府投资的保障性住房的租赁、买卖等协议；（5）符合本规定第一条规定的政府与社会资本合作协议；（6）其他行政协议。

12. 认为行政机关侵犯其他人身权、财产权等合法权益的情形有哪些?

公民、法人或者其他组织的人身权、财产权的内容极其广泛，除上述列举外，还有一些财产权，如股权、债权、企业产权等没有列举，还有一些人身权，如姓名权、隐私权等也没有列举。此外，人身权、财产权以外的其他合法权益，有的法律、法规已有规定，本条也没有列举，为避免遗漏，弥补列举的不足，本条设置了兜底规定。

配 套

《行政强制法》第8条；《行政处罚法》第9、10条；《行政许可法》第7、8条；《行政复议法》第10条；《农村土地承包法》第7、10条；《反垄断法》；《反不正当竞争法》；《最高人民法院关于审理行政协议案件若干问题的规定》

第十三条　【受案范围的排除】人民法院不受理公民、法人或者其他组织对下列事项提起的诉讼：

（一）国防、外交等国家行为；

（二）行政法规、规章或者行政机关制定、发布的具有普遍约束力的决定、命令；

（三）行政机关对行政机关工作人员的奖惩、任免等决定；

（四）法律规定由行政机关最终裁决的行政行为。

注 解

"国家行为"是指国务院、中央军事委员会、国防部、外交部等根据宪法和法律的授权，以国家的名义实施的有关国防和外交事务的行为，以及经宪法和法律授权的国家机关宣布紧急状态等行为。

"具有普遍约束力的决定、命令"是指行政机关针对不特定对象发布的能反复适用的规范性文件。

"对行政机关工作人员的奖惩、任免等决定"是指行政机关作出的涉及行政机关工作人员权利义务的决定。

"法律规定由行政机关最终裁决的行政行为"中的"法律"是指全国人民代表大会及其常务委员会制定、通过的规范性文件。

应 用

13. 是否所有与国防、外交有关的行为都是国家行为？国家行为一般包括哪些？

理论界和实务界对此问题有统一认识：并非所有的与国防、外交有关的行为均属国家行为，而国家行为也并不仅限于与国防、外交有关的行为。"国防、外交等国家行为"指的是国家行为本身，并不是指国家在国防、外交领域实施的所有行为。如行政机关征集兵役，组织民兵军事训练，发放外交护照，批准出国考察、访问、旅游等行为通常不作为国家行为。

国家行为主要包括三类行为：

（1）国防行为：国防行为主要是指宣战、应战、发布动员令、戒严令、宣布战争状态、调动军队、设立军事禁区等；

（2）外交行为：外交行为主要是指与外国建交、断交、签订条约、公约或协定等。

（3）其他国家行为：该类行为由法院根据实际情况，视其行为是否以国家名义作出、是否涉及国家主权或者重大国家利益，是否有很强的政治性等来加以确定。

配 套

《最高人民法院关于适用〈中华人民共和国行政诉讼法〉的解释》第1-2条、第12条

第三章 管 辖

第十四条 【基层人民法院管辖第一审行政案件】基层人民

法院管辖第一审行政案件。

第十五条 【中级人民法院管辖的第一审行政案件】中级人民法院管辖下列第一审行政案件：

（一）对国务院部门或者县级以上地方人民政府所作的行政行为提起诉讼的案件；

（二）海关处理的案件；

（三）本辖区内重大、复杂的案件；

（四）其他法律规定由中级人民法院管辖的案件。

注解

有下列情形之一的，属于本条第3项规定的"本辖区内重大、复杂的案件"：（1）社会影响重大的共同诉讼案件；（2）涉外或者涉及我国香港特别行政区、澳门特别行政区、台湾地区的案件；（3）其他重大、复杂案件。

配套

《关于海事行政案件管辖问题的通知》；《关于海关行政处罚案件诉讼管辖问题的解释》；《全国人大常委会关于在北京、上海、广州设立知识产权法院的决定》；《最高人民法院关于适用〈中华人民共和国行政诉讼法〉的解释》第5条

第十六条 【高级人民法院管辖的第一审行政案件】高级人民法院管辖本辖区内重大、复杂的第一审行政案件。

第十七条 【最高人民法院管辖的第一审行政案件】最高人民法院管辖全国范围内重大、复杂的第一审行政案件。

第十八条 【一般地域管辖和法院跨行政区域管辖】行政案件由最初作出行政行为的行政机关所在地人民法院管辖。经复议的案件，也可以由复议机关所在地人民法院管辖。

经最高人民法院批准，高级人民法院可以根据审判工作的实际情况，确定若干人民法院跨行政区域管辖行政案件。

各级人民法院行政审判庭审理行政案件和审查行政机关申请执行其行政行为的案件。

专门人民法院、人民法庭不审理行政案件，也不审查和执行行政机关申请执行其行政行为的案件。铁路运输法院等专门人民法院审理行政案件，应当执行本条第 2 款的规定。

第十九条　【限制人身自由行政案件的管辖】对限制人身自由的行政强制措施不服提起的诉讼，由被告所在地或者原告所在地人民法院管辖。

应 用

14. 什么是原告所在地？

原告所在地，包括原告的户籍所在地、经常居住地和被限制人身自由地。户籍所在地为公民的户口所在地。经常居住地是指公民离开住所地，最后连续居住满 1 年以上的地方。被限制人身自由所在地，是指被告行政机关将原告强制治疗等场所所在地。对行政机关基于同一事实，既采取限制公民人身自由的行政强制措施，又采取其他行政强制措施或者行政处罚不服的，由被告所在地或者原告所在地的人民法院管辖。

配 套

《最高人民法院关于适用〈中华人民共和国行政诉讼法〉的解释》第 8 条

第二十条　【不动产行政案件的管辖】因不动产提起的行政诉讼，由不动产所在地人民法院管辖。

注 解

"因不动产提起的行政诉讼"是指因行政行为导致不动产物权变动而提起的诉讼。

不动产已登记的，以不动产登记簿记载的所在地为不动产所在地；不动产未登记的，以不动产实际所在地为不动产所在地。

配套

《最高人民法院关于适用〈中华人民共和国行政诉讼法〉的解释》第9条

第二十一条　【选择管辖】两个以上人民法院都有管辖权的案件，原告可以选择其中一个人民法院提起诉讼。原告向两个以上有管辖权的人民法院提起诉讼的，由最先立案的人民法院管辖。

注解

在理解本条时要把握以下几点：（1）两个以上人民法院都有管辖权的诉讼，先立案的人民法院不得将案件移送给另一个有管辖权的人民法院。（2）人民法院在立案前发现其他有管辖权的人民法院已先立案的，不得重复立案；立案后发现其他有管辖权的人民法院已先立案的，裁定将案件移送给先立案的人民法院。（3）当事人没有选择的法院，不能取得案件的管辖权。尽管依照法律规定某一法院对案件具有管辖权，但由于当事人没有选择，法院不能依职权主动要求管辖。

配套

本法第18条、第19条

第二十二条　【移送管辖】人民法院发现受理的案件不属于本院管辖的，应当移送有管辖权的人民法院，受移送的人民法院应当受理。受移送的人民法院认为受移送的案件按照规定不属于本院管辖的，应当报请上级人民法院指定管辖，不得再自行移送。

注解

移送管辖，是指人民法院受理案件后经审查，发现案件不属本院管辖而移送给有管辖权的人民法院处理的管辖制度，它是对管辖发生错误所采用的一种纠正措施。

人民法院移送案件应当具备以下三个条件：（1）移送案件的人民法院已经立案受理了行政案件，即诉讼程序已经开始，但案件并未审结，仍在第一审程序中。（2）移送案件的人民法院认为自己对案件没有管辖权。（3）接受移送案件的人民法院依法享有管辖权。移送不得随意移送，只能向有管辖权

17

的人民法院移送。

移送是人民法院的一种程序上的单方法律行为，移送案件的裁定将产生程序法上的效力，对接受移送案件的人民法院具有约束力。其效力包括：受移送的人民法院应当按照立案程序及时受理，不得拒收、退回或再自行移送；案件一经移送，原则上受移送法院即是管辖法院，不能再自行移送。如有争议，可提请上一级人民法院确定。移送管辖只能移送一次。所谓不得再自行移送，是指既不能将案件再退回原移送的人民法院，也不能再移送给其他人民法院，而只能依照有关规定，报请上级人民法院指定管辖。

应 用

15. 接受移送的法院发现自己没有管辖权时，应当如何处理?

如果接受移送的人民法院认为自己对该案件确实没有管辖权时，不能拒收、退回或自行移送其他人民法院，应该报请共同的上一级人民法院指定管辖。在上一级人民法院未作出决定之前，该案件管辖权属于受移送的人民法院。

第二十三条　【指定管辖】有管辖权的人民法院由于特殊原因不能行使管辖权的，由上级人民法院指定管辖。

人民法院对管辖权发生争议，由争议双方协商解决。协商不成的，报它们的共同上级人民法院指定管辖。

注 解

指定管辖，是指上级人民法院依职权指定下级人民法院对行政案件行使管辖权。

应 用

16. 指定管辖有哪些适用情形?

一是有管辖权的法院由于特殊原因不能行使管辖权的，报请上级法院指定管辖。法律上的原因，是指由于某些法定事实使有管辖权的人民法院在法律上不能审理或继续审理，如当事人申请回避，该人民法院不宜进行审理等。事实上的原因，是指有管辖权的人民法院因不可抗力或者其他障碍不能或者难以行使管辖权，例如自然灾害、战争、意外事故等。

二是两个以上法院对管辖权发生争议时，协商不成的，报请共同的上级

18

法院指定管辖。主要适用于人民法院之间管辖权争议的指定。管辖权发生争议，主要指管辖区域不明的案件、有共同管辖的案件、多种地域管辖并存的案件，或者对管辖的规定产生了不同理解。

第二十四条　【管辖权转移】上级人民法院有权审理下级人民法院管辖的第一审行政案件。

下级人民法院对其管辖的第一审行政案件，认为需要由上级人民法院审理或者指定管辖的，可以报请上级人民法院决定。

第四章　诉讼参加人

第二十五条　【原告资格】行政行为的相对人以及其他与行政行为有利害关系的公民、法人或者其他组织，有权提起诉讼。

有权提起诉讼的公民死亡，其近亲属可以提起诉讼。

有权提起诉讼的法人或者其他组织终止，承受其权利的法人或者其他组织可以提起诉讼。

人民检察院在履行职责中发现生态环境和资源保护、食品药品安全、国有财产保护、国有土地使用权出让等领域负有监督管理职责的行政机关违法行使职权或者不作为，致使国家利益或者社会公共利益受到侵害的，应当向行政机关提出检察建议，督促其依法履行职责。行政机关不依法履行职责的，人民检察院依法向人民法院提起诉讼。

注　解

"与行政行为有利害关系"包括几种情形：（1）被诉的行政行为涉及其相邻权或者公平竞争权的；（2）在行政复议等行政程序中被追加为第三人的；（3）要求行政机关依法追究加害人法律责任的；（4）撤销或者变更行政行为涉及其合法权益的；（5）为维护自身合法权益向行政机关投诉，具有处理投诉职责的行政机关作出或者未作出处理的；（6）其他与行政行为有利害关系的情形。

"近亲属"，包括配偶、父母、子女、兄弟姐妹、祖父母、外祖父母、孙子女、外孙子女和其他具有扶养、赡养关系的亲属。

第4款是《行政诉讼法》2017年修正新增加的条款，主要包括三方面内容：一是提起行政诉讼的领域为生态环境和资源保护、食品药品安全、国有财产保护、国有土地使用权出让等；二是人民检察院已经发现了这些重要领域中违法行使职权或者不作为，已经造成国家利益或者社会公众利益受到侵害的，有责任提起诉讼；三是并不是所有这些行为都要走完诉讼程序，还有一个缓冲，就是在提起诉讼前人民检察院应当向行政机关提出检察建议，督促其依法履行职责，给了改正错误的机会，并不是都走诉讼程序。

配 套

《全国人大常委会关于授权最高人民检察院在部分地区开展公益诉讼试点工作的决定》；《检察机关提起公益诉讼改革试点方案》；《最高人民法院关于适用〈中华人民共和国行政诉讼法〉的解释》第12-18条；《最高人民法院、最高人民检察院关于检察公益诉讼案件适用法律若干问题的解释》第23条

第二十六条 【被告资格】公民、法人或者其他组织直接向人民法院提起诉讼的，作出行政行为的行政机关是被告。

经复议的案件，复议机关决定维持原行政行为的，作出原行政行为的行政机关和复议机关是共同被告；复议机关改变原行政行为的，复议机关是被告。

复议机关在法定期限内未作出复议决定，公民、法人或者其他组织起诉原行政行为的，作出原行政行为的行政机关是被告；起诉复议机关不作为的，复议机关是被告。

两个以上行政机关作出同一行政行为的，共同作出行政行为的行政机关是共同被告。

行政机关委托的组织所作的行政行为，委托的行政机关是被告。

行政机关被撤销或者职权变更的，继续行使其职权的行政机关是被告。

"复议机关改变原行政行为",是指复议机关改变原行政行为的处理结果。复议机关改变原行政行为所认定的主要事实和证据、改变原行政行为所适用的规范依据,但未改变原行政行为处理结果的,视为复议机关维持原行政行为。

复议机关确认原行政行为无效,属于改变原行政行为。

复议机关确认原行政行为违法,属于改变原行政行为,但复议机关以违反法定程序为由确认原行政行为违法的除外。

"复议机关决定维持原行政行为",包括复议机关驳回复议申请或者复议请求的情形,但以复议申请不符合受理条件为由驳回的除外。

第二十七条　【共同诉讼】当事人一方或者双方为二人以上,因同一行政行为发生的行政案件,或者因同类行政行为发生的行政案件、人民法院认为可以合并审理并经当事人同意的,为共同诉讼。

注 解

因同一行政行为引起的共同诉讼,由于该行政行为不能分割,法院必须一起审理,所以学理上称为必要的共同诉讼。这是一项源于民法的理论和制度。可以分为两种情况,一是共同原告。就是两个以上的行政相对人对同一行政行为不服而向法院起诉。如两人以上共同违法,行政机关在同一行政决定中作出处罚,受处罚人均不服,提起诉讼的,或者行政处罚案件中违法行为人和受害人均不服处罚决定,提起诉讼。二是共同被告。就是两个以上行政主体共同实施的行政行为,被起诉到法院。

因同类行政行为发生的共同诉讼,由于不是因同一行政行为引起的,当事人之间不存在不可分割的权利义务关系,可以作为不同的案件审理,也可以一起审理,学理上将这类共同诉讼称为普通的共同诉讼。之所以成为共同诉讼,是因为这类行为性质相同,或者事实和理由相同,从提高审判效率和保证司法统一性上,可以共同审理。与因同一行政行为引起的共同诉讼不同,同类行政行为引起的共同诉讼,需要人民法院认为可以合并审理并经当事人同意。这类共同诉讼必须符合四个条件:一是必须由同一法院管辖。二是必须属于同一诉讼程序。如都适用普通程序，或者简易程序。三是当事人同意作为共同诉讼合并审理。四是必须符合合并审理的目的，即提高审判效率。

第二十八条　【代表人诉讼】当事人一方人数众多的共同诉讼，可以由当事人推选代表人进行诉讼。代表人的诉讼行为对其所代表的当事人发生效力，但代表人变更、放弃诉讼请求或者承认对方当事人的诉讼请求，应当经被代表的当事人同意。

应　用

17. 怎么理解"人数众多"？

"人数众多"，一般指 10 人以上。根据本条规定，当事人一方人数众多的，由当事人推选代表人。当事人推选不出的，可以由人民法院在起诉的当事人中指定代表人。

本条规定的代表人为 2-5 人。代表人可以委托 1-2 人作为诉讼代理人。

第二十九条　【诉讼第三人】公民、法人或者其他组织同被诉行政行为有利害关系但没有提起诉讼，或者同案件处理结果有利害关系的，可以作为第三人申请参加诉讼，或者由人民法院通知参加诉讼。

人民法院判决第三人承担义务或者减损第三人权益的，第三人有权依法提起上诉。

第三十条　【法定代理人】没有诉讼行为能力的公民，由其法定代理人代为诉讼。法定代理人互相推诿代理责任的，由人民法院指定其中一人代为诉讼。

应　用

18. 法定代理人的代理权限如何？

法定代理人是基于亲权或监护权而进行诉讼代理的，由于法定代理的被代理人是未成年人或精神病人，这些人由于年龄或者精神上的原因不能正确辨认和控制自己的行为，必须由法定代理人来代为维护其正当权益，因此，法定代理是一种全权代理。法定代理人有权代理当事人为一切诉讼行为，不仅有权代为处分当事人的诉讼权利，如起诉、上诉、申请执行等，而且还有权处分当事人的实体权利，如放弃诉讼请求、承认诉讼请求等。

19. 导致法定代理权消灭的原因有哪些?

法定代理人的诉讼代理权有时会因为一些情况的出现而消灭。导致其消灭的原因主要有以下几种:

（1）法定代理人死亡或丧失诉讼行为能力;

（2）被代理的当事人取得或恢复诉讼行为能力，例如未成年人因成年而取得诉讼行为能力、精神病人因痊愈而恢复诉讼行为能力;

（3）法定代理人失去对当事人的亲权或监护权，例如法定代理人因不履行监护职责或侵害被监护人的合法权益被人民法院判定取消其监护人的资格而丧失监护权。

第三十一条 【委托代理人】当事人、法定代理人，可以委托一至二人作为诉讼代理人。

下列人员可以被委托为诉讼代理人:

（一）律师、基层法律服务工作者;

（二）当事人的近亲属或者工作人员;

（三）当事人所在社区、单位以及有关社会团体推荐的公民。

注解

与当事人有合法劳动人事关系的职工，可以当事人工作人员的名义作为诉讼代理人。以当事人的工作人员身份参加诉讼活动，应当提交以下证据之一加以证明:

（1）缴纳社会保险记录凭证;

（2）领取工资凭证;

（3）其他能够证明其为当事人工作人员身份的证据。

有关社会团体推荐公民担任诉讼代理人的，应当符合下列条件:

（1）社会团体属于依法登记设立或者依法免予登记设立的非营利性法人组织;

（2）被代理人属于该社会团体的成员，或者当事人一方住所地位于该社会团体的活动地域;

（3）代理事务属于该社会团体章程载明的业务范围；

（4）被推荐的公民是该社会团体的负责人或者与该社会团体有合法劳动人事关系的工作人员。

专利代理人经中华全国专利代理人协会推荐，可以在专利行政案件中担任诉讼代理人。

配套

《最高人民法院关于适用〈中华人民共和国行政诉讼法〉的解释》第31-33条

第三十二条 【当事人及诉讼代理人权利】代理诉讼的律师，有权按照规定查阅、复制本案有关材料，有权向有关组织和公民调查，收集与本案有关的证据。对涉及国家秘密、商业秘密和个人隐私的材料，应当依照法律规定保密。

当事人和其他诉讼代理人有权按照规定查阅、复制本案庭审材料，但涉及国家秘密、商业秘密和个人隐私的内容除外。

第五章 证 据

第三十三条 【证据种类】证据包括：

（一）书证；

（二）物证；

（三）视听资料；

（四）电子数据；

（五）证人证言；

（六）当事人的陈述；

（七）鉴定意见；

（八）勘验笔录、现场笔录。

以上证据经法庭审查属实，才能作为认定案件事实的根据。

20. 什么是书证?

书证是指以文字、符号所记录或者表达的思想内容，证明案件事实的文书，如罚款单据、财产没收单据、营业执照、商标注册证、档案、报表、图纸、会计账册、专业技术资料等。

21. 什么是物证?

物证是指用外形、特征、质量等说明案件事实的一部或者全部的物品。物证是独立于人们主观意志以外的客观事物，具有较强的客观性、特定性和不可替代性。

22. 什么是视听资料?

视听资料是指运用录音、录像等科学技术手段记录下来的有关案件事实和材料，如用录音机录制的当事人的谈话、用摄像机拍摄的当事人形象及其活动等。

23. 什么是电子数据?

电子数据是指以数字化形式存储、处理、传输的数据。

24. 什么是证人证言?

证人证言是指证人以口头或者书面方式向人民法院所作的对案件事实的陈述。

25. 什么是当事人的陈述?

当事人的陈述是指当事人就自己所经历的案件事实，向人民法院所作的叙述、承认和陈词。

26. 什么是鉴定意见?

鉴定意见是指鉴定机构或者人民法院指定具有专门知识或者技能的人，对行政案件中出现的专门性问题，通过分析、检验、鉴别等方式作出的书面意见。

27. 什么是勘验笔录、现场笔录?

勘验笔录是指人民法院对能够证明案件事实的现场或者不能、不便拿到人民法院的物证，就地进行分析、检验、勘查后作出的记录。现场笔录是指行政机关对行政违法行为当场处理而制作的文字记载材料。

配　套

本法第 43 条；《民事诉讼法》第 66 条

第三十四条　【被告举证责任】 被告对作出的行政行为负有举证责任，应当提供作出该行政行为的证据和所依据的规范性文件。

被告不提供或者无正当理由逾期提供证据，视为没有相应证据。但是，被诉行政行为涉及第三人合法权益，第三人提供证据的除外。

注解

举证责任是指当事人根据法律规定对特定的事实提供相关的证据加以证明的责任，若不能提供证据，将在诉讼中承担不利的诉讼后果，甚至可能败诉。被告对作出的行政行为负有举证责任是行政诉讼举证责任分配的基本原则，也是行政诉讼区别于其他诉讼的特有原则。

证据失权是指负有提交证据责任的一方诉讼当事人如果未能按照规定的时间向人民法院提交证据，则视为放弃举证权利。行政诉讼中，被告对作出的行政行为负有举证责任；如果被告不提供或者无正当理由逾期提供证据，则视为没有相应证据。

首先，被告应当主动提供证据，并且在举证期限内提供证据。举证期限是指负有举证责任的当事人，应当在法律规定的期限内向人民法院提供证明其主张的相应的证据，逾期不提供证据的，人民法院不予采纳。

其次，如果被告不提供或者无正当理由逾期提供证据，致使人民法院无法查证属实的，则被视为被诉行政行为没有相应的证据，被告将承担不利后果。

最后，还要注意被告证据失权的除外情形，即被诉行政行为涉及第三人合法权益，第三人提供证据的除外。第三人是指公民、法人或者其他组织同被诉行政行为有利害关系但没有提起诉讼，或者同案件处理结果有利害关系的诉讼参加人。

配套

本法第 36 条第 1 款、第 67、70 条；《行政处罚法》第 54 条

第三十五条　【行政机关收集证据的限制】 在诉讼过程中，被告及其诉讼代理人不得自行向原告、第三人和证人收集证据。

第三十六条　【被告延期提供证据和补充证据】 被告在作出

行政行为时已经收集了证据，但因不可抗力等正当事由不能提供的，经人民法院准许，可以延期提供。

原告或者第三人提出了其在行政处理程序中没有提出的理由或者证据的，经人民法院准许，被告可以补充证据。

根据本条第1款的规定，被告申请延期提供证据的，应当在收到起诉状副本之日起15日内以书面方式向人民法院提出。人民法院准许延期提供的，被告应当在正当事由消除后15日内提供证据。逾期提供的，视为被诉行政行为没有相应的证据。

本法第35、67条；《最高人民法院关于行政诉讼证据若干问题的规定》第59条；《最高人民法院关于适用〈中华人民共和国行政诉讼法〉的解释》第34-37条

第三十七条　【原告可以提供证据】原告可以提供证明行政行为违法的证据。原告提供的证据不成立的，不免除被告的举证责任。

第三十八条　【原告举证责任】在起诉被告不履行法定职责的案件中，原告应当提供其向被告提出申请的证据。但有下列情形之一的除外：

（一）被告应当依职权主动履行法定职责的；

（二）原告因正当理由不能提供证据的。

在行政赔偿、补偿的案件中，原告应当对行政行为造成的损害提供证据。因被告的原因导致原告无法举证的，由被告承担举证责任。

根据本条第2款的规定，在行政赔偿、补偿案件中，因被告的原因导致原告无法就损害情况举证的，应当由被告就该损害情况承担举证责任。

对于各方主张损失的价值无法认定的，应当由负有举证责任的一方当事人申请鉴定，但法律、法规、规章规定行政机关在作出行政行为时依法应当评估或者鉴定的除外；负有举证责任的当事人拒绝申请鉴定的，由其承担不利的法律后果。

当事人的损失因客观原因无法鉴定的，人民法院应当结合当事人的主张和在案证据，遵循法官职业道德，运用逻辑推理和生活经验、生活常识等，酌情确定赔偿数额。

配套

本法第 12 条；《国家赔偿法》第 15 条

第三十九条 　**【法院要求当事人提供或者补充证据】** 人民法院有权要求当事人提供或者补充证据。

注解

根据本条规定，对当事人无争议，但涉及国家利益、公共利益或者他人合法权益的事实，人民法院可以责令当事人提供或者补充有关证据。

第四十条 　**【法院调取证据】** 人民法院有权向有关行政机关以及其他组织、公民调取证据。但是，不得为证明行政行为的合法性调取被告作出行政行为时未收集的证据。

注解

调取证据是指人民法院在诉讼中按照法定程序依职权调查和提取与案件事实有关的证据的活动。人民法院调取证据按照是否须经申请，分为依职权调取证据和依申请调取证据。

依职权调取证据是指人民法院主动向有关行政机关以及其他组织、公民调取证据。司法实践中，依职权调取证据主要体现在两个方面：（1）涉及国家利益、社会公共利益或者他人合法权益的事实认定的。（2）涉及依职权追加当事人、中止诉讼、终结诉讼、回避等程序性事项的。

依申请调取证据是指原告或者第三人不能自行收集的，可以申请人民法院调取。

第四十一条　【申请法院调取证据】与本案有关的下列证据，原告或者第三人不能自行收集的，可以申请人民法院调取：

（一）由国家机关保存而须由人民法院调取的证据；

（二）涉及国家秘密、商业秘密和个人隐私的证据；

（三）确因客观原因不能自行收集的其他证据。

第四十二条　【证据保全】在证据可能灭失或者以后难以取得的情况下，诉讼参加人可以向人民法院申请保全证据，人民法院也可以主动采取保全措施。

注解

诉讼证据保全是指人民法院在受理案件后，对于可能灭失或者以后难以取得的证据，根据诉讼参加人的申请或者依职权采取的调查收集和固定保护等措施。

证据保全具有以下特征：

（1）申请保全证据应当在举证期限届满前以书面形式提出。

（2）采取证据保全措施的只能是人民法院。

（3）目的在于防止证据灭失或者以后难以取得。证据灭失是指证据不复存在，主要有两种情况：①证人因年迈或者疾病可能去世的，对其证言进行保全；②案件涉及某些鲜活或者容易变质的食品或者其他物品，对这些物证进行保全。证据以后难以取得是指，证据虽然不至于灭失，但失去时机，将会导致证据的状态发生改变或者在一段时间内无法取得。

（4）人民法院保全证据应当以裁定的方式作出。

证据保全包括依申请的证据保全和人民法院依职权的证据保全两种。依申请的证据保全，诉讼参加人可以向人民法院申请保全证据。依职权的证据保全，是指无须经诉讼参加人的申请，人民法院即可主动采取保全措施。

配套

《最高人民法院关于行政诉讼证据若干问题的规定》

第四十三条　【证据适用规则】证据应当在法庭上出示，并由当事人互相质证。对涉及国家秘密、商业秘密和个人隐私的证据，不得在公开开庭时出示。

人民法院应当按照法定程序，全面、客观地审查核实证据。对未采纳的证据应当在裁判文书中说明理由。

以非法手段取得的证据，不得作为认定案件事实的根据。

28. 什么是"以非法手段取得的证据"？

有下列情形之一的，属于《行政诉讼法》第43条第3款规定的"以非法手段取得的证据"：

（1）严重违反法定程序收集的证据材料；

（2）以违反法律强制性规定的手段获取且侵害他人合法权益的证据材料；

（3）以利诱、欺诈、胁迫、暴力等手段获取的证据材料。

《最高人民法院关于行政诉讼证据若干问题的规定》；《最高人民法院关于适用〈中华人民共和国行政诉讼法〉的解释》第43条

第六章　起诉和受理

第四十四条 　**【行政复议与行政诉讼的关系】** 对属于人民法院受案范围的行政案件，公民、法人或者其他组织可以先向行政机关申请复议，对复议决定不服的，再向人民法院提起诉讼；也可以直接向人民法院提起诉讼。

法律、法规规定应当先向行政机关申请复议，对复议决定不服再向人民法院提起诉讼的，依照法律、法规的规定。

第四十五条 　**【经行政复议的起诉期限】** 公民、法人或者其他组织不服复议决定的，可以在收到复议决定书之日起十五日内向人民法院提起诉讼。复议机关逾期不作决定的，申请人可以在复议期满之日起十五日内向人民法院提起诉讼。法律另有规定的除外。

依照本条的规定，复议机关不受理复议申请或者在法定期限内不作出复议决定，公民、法人或者其他组织不服，依法向人民法院提起诉讼的，人民法院应当依法立案。

配 套

《行政复议法》第 61、62、75、77 条

第四十六条　【起诉期限】公民、法人或者其他组织直接向人民法院提起诉讼的，应当自知道或者应当知道作出行政行为之日起六个月内提出。法律另有规定的除外。

因不动产提起诉讼的案件自行政行为作出之日起超过二十年，其他案件自行政行为作出之日起超过五年提起诉讼的，人民法院不予受理。

注 解

公民、法人或者其他组织不知道行政机关作出的行政行为内容的，其起诉期限从知道或者应当知道该行政行为内容之日起计算，但最长不得超过本条第 2 款规定的起诉期限。

第四十七条　【行政机关不履行法定职责的起诉期限】公民、法人或者其他组织申请行政机关履行保护其人身权、财产权等合法权益的法定职责，行政机关在接到申请之日起两个月内不履行的，公民、法人或者其他组织可以向人民法院提起诉讼。法律、法规对行政机关履行职责的期限另有规定的，从其规定。

公民、法人或者其他组织在紧急情况下请求行政机关履行保护其人身权、财产权等合法权益的法定职责，行政机关不履行的，提起诉讼不受前款规定期限的限制。

注 解

公民、法人或者其他组织依照本条第 1 款的规定，对行政机关不履行法

定职责提起诉讼的，应当在行政机关履行法定职责期限届满之日起 6 个月内提出。

第四十八条　【起诉期限的扣除和延长】公民、法人或者其他组织因不可抗力或者其他不属于其自身的原因耽误起诉期限的，被耽误的时间不计算在起诉期限内。

公民、法人或者其他组织因前款规定以外的其他特殊情况耽误起诉期限的，在障碍消除后十日内，可以申请延长期限，是否准许由人民法院决定。

注解

公民、法人或者其他组织对行政机关不依法履行、未按照约定履行协议提起诉讼的，参照民事法律规范关于诉讼时效的规定；对行政机关单方变更、解除协议等行为提起诉讼的，适用行政诉讼法及其司法解释关于起诉期限的规定。

第四十九条　【起诉条件】提起诉讼应当符合下列条件：

（一）原告是符合本法第二十五条规定的公民、法人或者其他组织；

（二）有明确的被告；

（三）有具体的诉讼请求和事实根据；

（四）属于人民法院受案范围和受诉人民法院管辖。

注解

原告提供被告的名称等信息足以使被告与其他行政机关相区别的，可以认定为本条第 2 项规定的"有明确的被告"。起诉状列写被告信息不足以认定明确的被告的，人民法院可以告知原告补正；原告补正后仍不能确定明确的被告的，人民法院裁定不予立案。

有下列情形之一，已经立案的，应当裁定驳回起诉：

（1）不符合《行政诉讼法》第 49 条规定的；

（2）超过法定起诉期限且无《行政诉讼法》第 48 条规定情形的；

（3）错列被告且拒绝变更的；

（4）未按照法律规定由法定代理人、指定代理人、代表人为诉讼行为的；

（5）未按照法律、法规规定先向行政机关申请复议的；

（6）重复起诉的；

（7）撤回起诉后无正当理由再行起诉的；

（8）行政行为对其合法权益明显不产生实际影响的；

（9）诉讼标的已为生效裁判或者调解书所羁束的；

（10）其他不符合法定起诉条件的情形。

前款所列情形可以补正或者更正的，人民法院应当指定期间责令补正或者更正；在指定期间已经补正或者更正的，应当依法审理。

人民法院经过阅卷、调查或者询问当事人，认为不需要开庭审理的，可以迳行裁定驳回起诉。

应用

29. 公民、法人或者其他组织提起诉讼时应当提交哪些起诉材料？

依照《行政诉讼法》第49条的规定，公民、法人或者其他组织提起诉讼时应当提交以下起诉材料：

（1）原告的身份证明材料以及有效联系方式；

（2）被诉行政行为或者不作为存在的材料；

（3）原告与被诉行政行为具有利害关系的材料；

（4）人民法院认为需要提交的其他材料。

由法定代理人或者委托代理人代为起诉的，还应当在起诉状中写明或者在口头起诉时向人民法院说明法定代理人或者委托代理人的基本情况，并提交法定代理人或者委托代理人的身份证明和代理权限证明等材料。

30. "有具体的诉讼请求"是指什么？

《行政诉讼法》第49条第3项规定的"有具体的诉讼请求"是指：

（1）请求判决撤销或者变更行政行为；

（2）请求判决行政机关履行特定法定职责或者给付义务；

（3）请求判决确认行政行为违法；

（4）请求判决确认行政行为无效；

（5）请求判决行政机关予以赔偿或者补偿；

（6）请求解决行政协议争议；

（7）请求一并审查规章以下规范性文件；

（8）请求一并解决相关民事争议；

（9）其他诉讼请求。

当事人单独或者一并提起行政赔偿、补偿诉讼的，应当有具体的赔偿、补偿事项以及数额；请求一并审查规章以下规范性文件的，应当提供明确的文件名称或者审查对象；请求一并解决相关民事争议的，应当有具体的民事诉讼请求。

当事人未能正确表达诉讼请求的，人民法院应当要求其明确诉讼请求。

第五十条　【起诉方式】起诉应当向人民法院递交起诉状，并按照被告人数提出副本。

书写起诉状确有困难的，可以口头起诉，由人民法院记入笔录，出具注明日期的书面凭证，并告知对方当事人。

注解

"书写起诉状确有困难"，主要是指原告因文化水平或者法律知识十分欠缺所造成的自行书写起诉状确有困难的情形，同时也包括在原告无诉讼行为能力时，其法定代理人因类似原因而造成的书写起诉状确有困难的情形。

配套

《民事诉讼法》第 124 条

第五十一条　【登记立案】人民法院在接到起诉状时对符合本法规定的起诉条件的，应当登记立案。

对当场不能判定是否符合本法规定的起诉条件的，应当接收起诉状，出具注明收到日期的书面凭证，并在七日内决定是否立案。不符合起诉条件的，作出不予立案的裁定。裁定书应当载明不予立案的理由。原告对裁定不服的，可以提起上诉。

起诉状内容欠缺或者有其他错误的，应当给予指导和释明，并一次性告知当事人需要补正的内容。不得未经指导和释明即以起诉不符合条件为由不接收起诉状。

对于不接收起诉状、接收起诉状后不出具书面凭证，以及不一次性告知当事人需要补正的起诉状内容的，当事人可以向上级人民法院投诉，上级人民法院应当责令改正，并对直接负责的主管人员和其他直接责任人员依法给予处分。

本条第 2 款规定的立案期限，因起诉状内容欠缺或者有其他错误通知原告限期补正的，从补正后递交人民法院的次日起算。由上级人民法院转交下级人民法院立案的案件，从受诉人民法院收到起诉状的次日起算。

人民法院对符合起诉条件的案件应当立案，依法保障当事人行使诉讼权利。

对当事人依法提起的诉讼，人民法院应当根据本条规定接收起诉状。能够判断符合起诉条件的，应当当场登记立案；当场不能判断是否符合起诉条件的，应当在接收起诉状后 7 日内决定是否立案；7 日内仍不能作出判断的，应当先予立案。

依照本条规定，人民法院应当就起诉状内容和材料是否完备以及是否符合行政诉讼法规定的起诉条件进行审查。

起诉状内容或者材料欠缺的，人民法院应当给予指导和释明，并一次性全面告知当事人需要补正的内容、补充的材料及期限。在指定期限内补正并符合起诉条件的，应当登记立案。当事人拒绝补正或者经补正仍不符合起诉条件的，退回诉状并记录在册；坚持起诉的，裁定不予立案，并载明不予立案的理由。

配　套

《最高人民法院关于适用〈中华人民共和国行政诉讼法〉的解释》第 57 -63 条

第五十二条　【法院不立案的救济】人民法院既不立案，又不作出不予立案裁定的，当事人可以向上一级人民法院起诉。上一级人民法院认为符合起诉条件的，应当立案、审理，也可以指定其他下级人民法院立案、审理。

一是，本条规定，上一级人民法院认为符合起诉条件的，应当立案、审理，也可以指定其他下级人民法院立案、审理。这改变了先由上一级人民法院受理，然后可以移交或者指定下级法院审理的做法。这样，上一级法院在认为符合起诉条件的，可以让下级法院立案。

二是，既不立案又不作出不予立案裁定的法院，不能再被上一级法院指定审理该案件。下级法院既不立案又不作出不予立案裁定，是明显违反了行政诉讼法的规定，对当事人而言，便难以相信其还能持公正立场审理该案，难以期望其能够作出公正的判决。因此，本条规定"可以指定其他下级人民法院立案、审理"。

第五十三条　【规范性文件的附带审查】公民、法人或者其他组织认为行政行为所依据的国务院部门和地方人民政府及其部门制定的规范性文件不合法，在对行政行为提起诉讼时，可以一并请求对该规范性文件进行审查。

前款规定的规范性文件不含规章。

公民、法人或者其他组织请求人民法院一并审查本条规定的规范性文件，应当在第一审开庭审理前提出；有正当理由的，也可以在法庭调查中提出。

修改后的行政诉讼法第五十三条增加了对规范性文件进行附带审查的条款。规范性文件的制定应以上位法为依据，与上位法相冲突的条款不具有合法性，不能作为认定行政行为合法的依据。本案涉及的上位依据包括：《山东省新型农村合作医疗定点医疗机构暂行管理规定》第十二条规定："参合农民在山东省行政区域内非新农合定点医疗机构就医的费用不得纳入新农合基金补偿。"山东省卫生厅、民政厅、财政厅、农业厅《关于巩固和发展新型农村合作医疗制度的实施意见》规定："完善省内新农合定点医疗机构互认制度，凡经市级以上卫生行政部门确定并报省卫生行政部门备案的三级以上新农合定点医疗机构，在全省范围内互认；统筹地区根据参合农民就医流向，通过签订协议互认一、二级新农合定点医疗机构，享受当地规定的同级别新农合定点医疗机构补偿比例。"《实施办法》第五条第二款关于"参合农民到市外就医，必须到政府举办的公立医疗机构"的规定，限缩了行政相对人选择就医的权利，不符合上位依据的相关规定，不能作为认定涉案行政行为合法的依据。（徐云英诉山东省五莲县社会医疗保险事业处不予报销医疗费用案，行政诉讼附带审查规范性文件典型案例）

配套

《最高人民法院关于适用〈中华人民共和国行政诉讼法〉的解释》第145-147条

第七章　审理和判决

第一节　一般规定

第五十四条　【公开审理原则】人民法院公开审理行政案件，但涉及国家秘密、个人隐私和法律另有规定的除外。

涉及商业秘密的案件，当事人申请不公开审理的，可以不公开审理。

应用

31. 法定不公开审理的例外情形有哪些?

在特殊情形下，公开审理可能会对当事人造成消极影响，不利于保护当事人的合法权益，甚至可能对国家利益、社会公共利益造成难以弥补的损失。因此，本法规定的公开审理原则也存在以下几种法定例外情形：

一是涉及国家秘密的行政案件。国家秘密是指关系国家安全和利益，依照法定程序确定，在一定时间内只限一定范围的人员知悉的事项。凡是涉及国家秘密的行政案件一律不公开审理，以免国家秘密泄露，给国家安全和利益造成损害。

二是涉及个人隐私的行政案件。所谓个人隐私，是指公民个人生活中不愿意为别人知晓和干预的秘密，主要包括私人生活安宁不受他人非法干扰，私人信息保密不受他人非法搜集、刺探和公开等。

三是法律另有规定的其他行政案件。如果是属于法律规定的不公开审理的其他行政案件，也可以依法不公开审理。

32. 依申请不公开审理的例外情形有哪些?

涉及商业秘密的案件，可以公开审理，当事人申请不公开审理的也可以不公开审理。商业秘密是指不为公众所知悉、具有商业价值并经权利人采取相应保密措施的技术信息、经营信息等商业信息。公开审理可能会泄露这些信息，给当事人造成难以挽回的经济利益损失。在审理行政案件过程中，应当允许当事人以案件涉及商业秘密为由申请不公开审理。但案件是否涉及商业秘密，应当由人民法院结合相关法律法规、司法解释和案件实际情况予以确定。

配 套

本法第 7、86 条

第五十五条　【回避】当事人认为审判人员与本案有利害关系或者有其他关系可能影响公正审判，有权申请审判人员回避。

审判人员认为自己与本案有利害关系或者有其他关系，应当申请回避。

前两款规定，适用于书记员、翻译人员、鉴定人、勘验人。

院长担任审判长时的回避，由审判委员会决定；审判人员的回避，由院长决定；其他人员的回避，由审判长决定。当事人对决定不服的，可以申请复议一次。

第五十六条　【诉讼不停止执行】诉讼期间，不停止行政行为的执行。但有下列情形之一的，裁定停止执行：

（一）被告认为需要停止执行的；

（二）原告或者利害关系人申请停止执行，人民法院认为该行政行为的执行会造成难以弥补的损失，并且停止执行不损害国家利益、社会公共利益的；

（三）人民法院认为该行政行为的执行会给国家利益、社会公共利益造成重大损害的；

（四）法律、法规规定停止执行的。

当事人对停止执行或者不停止执行的裁定不服的，可以申请复议一次。

第五十七条　【先予执行】人民法院对起诉行政机关没有依法支付抚恤金、最低生活保障金和工伤、医疗社会保险金的案件，权利义务关系明确、不先予执行将严重影响原告生活的，可以根据原告的申请，裁定先予执行。

当事人对先予执行裁定不服的，可以申请复议一次。复议期间不停止裁定的执行。

注解

先予执行，又称为先行给付，是指人民法院在生效裁判确定之前裁定有给付义务的人，预先给付对方部分财物或者为一定行为的法律制度。行政诉讼中的先予执行，是指人民法院在审理行政案件过程中，因为原告一方生活急需，在作出判决前，根据原告的申请，裁定被告行政机关给付原告一定数额的款项或者特定物，并立即执行的法律制度。当事人对先予执行裁定不服的，可以申请复议一次。复议期间不停止裁定的执行。"申请复议一次"，是指向作出先予执行裁定的人民法院申请复议，不是向上一级人民法院申请。先予执行以当事人的申请为前提。一般情况下，申请人无须就其申请提供担保，这是行政诉讼先予执行程序不同于民事诉讼的特点。

抚恤金，是指军人、国家机关工作人员以及其他因公牺牲或伤残人员，由民政部门依法对死者的家属或者伤残者本人发给的费用，是国家对上述因公死亡者的家属或者伤残者本人给予的必要的经济帮助。

最低生活保障金，是指家庭人均收入低于当地政府公告的最低生活保障标准的人口请求行政机关给予一定款物帮助的一种社会救助形式。

工伤社会保险金，是指因工作遭受事故伤害或者患职业病的职工请求依法获得医疗救治和经济补偿的社会保险待遇。《社会保险法》规定，因工伤发生的医疗费用和康复费用、住院伙食补助费等多种费用，按照国家规定从工伤保险基金中支付。

医疗社会保险金，是指参保人员依法请求行政机关支付的医疗救治方面的社会保险待遇。《社会保险法》规定，符合基本医疗保险药品目录、诊疗项目、医疗服务设施标准以及急诊、抢救的医疗费用，按照国家规定从基本医疗保险基金中支付。

配套

《民事诉讼法》第 109-111 条；《社会保险法》；《工伤保险条例》

第五十八条　【拒不到庭或中途退庭的法律后果】经人民法院传票传唤，原告无正当理由拒不到庭，或者未经法庭许可中途退庭的，可以按照撤诉处理；被告无正当理由拒不到庭，或者未经法庭许可中途退庭的，可以缺席判决。

注解

根据本条的规定，被告经传票传唤无正当理由拒不到庭，或者未经法庭许可中途退庭的，人民法院可以按期开庭或者继续开庭审理，对到庭的当事人的诉讼请求、双方的诉辩理由以及已经提交的证据及其他诉讼材料进行审理后，依法缺席判决。

配套

本法第 66 条；《民事诉讼法》第 146-147 条

第五十九条　【妨害行政诉讼强制措施】诉讼参与人或者其他人有下列行为之一的，人民法院可以根据情节轻重，予以训诫、责令具结悔过或者处一万元以下的罚款、十五日以下的拘留；构成犯罪的，依法追究刑事责任：

（一）有义务协助调查、执行的人，对人民法院的协助调查决定、协助执行通知书，无故推拖、拒绝或者妨碍调查、执行的；

（二）伪造、隐藏、毁灭证据或者提供虚假证明材料，妨碍人民法院审理案件的；

（三）指使、贿买、胁迫他人作伪证或者威胁、阻止证人作证的；

（四）隐藏、转移、变卖、毁损已被查封、扣押、冻结的财产的；

（五）以欺骗、胁迫等非法手段使原告撤诉的；

（六）以暴力、威胁或者其他方法阻碍人民法院工作人员执行职务，或者以哄闹、冲击法庭等方法扰乱人民法院工作秩序的；

（七）对人民法院审判人员或者其他工作人员、诉讼参与人、协助调查和执行的人员恐吓、侮辱、诽谤、诬陷、殴打、围攻或者打击报复的。

人民法院对有前款规定的行为之一的单位，可以对其主要负责人或者直接责任人员依照前款规定予以罚款、拘留；构成犯罪的，依法追究刑事责任。

罚款、拘留须经人民法院院长批准。当事人不服的，可以向上一级人民法院申请复议一次。复议期间不停止执行。

注 解

妨害行政诉讼的行为，是指诉讼参与人或者其他人在行政诉讼过程中，故意实施的扰乱行政诉讼秩序、妨害行政诉讼正常进行的各类违法行为。"诉讼参与人"则是指在行政诉讼过程中，所有参与诉讼活动的人，除了诉讼参加人，还包括证人、司法技术人员、鉴定人、勘验人和翻译人员等。"其他人"，是指并未参与诉讼活动，但关心诉讼活动进行的人，例如在法庭旁听的普通公民、记者等。

本条规定的罚款、拘留可以单独适用，也可以合并适用。对同一妨害行政诉讼行为的罚款、拘留不得连续适用。发生新的妨害行政诉讼行为的，人民法院可以重新予以罚款、拘留。

应 用

33. 构成妨害行政诉讼的行为应具备哪些条件?

构成妨害行政诉讼的行为，应当同时具备以下三个要件：

一是在行政诉讼过程中实施。行政诉讼过程，包括一审程序、二审程序和执行程序。在行政诉讼开始前或者结束后实施的违法行为，不属于妨害行政诉讼的行为，应当由公安机关依照《治安管理处罚法》的规定予以行政处罚；构成犯罪的，可以由检察机关提起公诉，依法追究刑事责任。

二是有主观上的故意。过失行为不构成妨害行政诉讼的行为。

三是客观上妨害了行政诉讼的正常进行。只有妨害诉讼的意图而未实施的，不构成妨害诉讼的行为。

配套

本法第41条；《刑法》第307、308、309、314条；《最高人民法院关于适用〈中华人民共和国行政诉讼法〉的解释》第83条

第六十条　【调解】人民法院审理行政案件，不适用调解。但是，行政赔偿、补偿以及行政机关行使法律、法规规定的自由裁量权的案件可以调解。

调解应当遵循自愿、合法原则，不得损害国家利益、社会公共利益和他人合法权益。

注解

人民法院审理本条第1款规定的行政案件，认为法律关系明确、事实清楚，在征得当事人双方同意后，可以迳行调解。

调解达成协议，人民法院应当制作调解书。调解书应当写明诉讼请求、案件的事实和调解结果。调解书由审判人员、书记员署名，加盖人民法院印章，送达双方当事人。调解书经双方当事人签收后，即具有法律效力。调解书生效日期根据最后收到调解书的当事人签收的日期确定。

人民法院审理行政案件，调解过程不公开，但当事人同意公开的除外。

经人民法院准许，第三人可以参加调解。人民法院认为有必要的，可以通知第三人参加调解。调解协议内容不公开，但为保护国家利益、社会公共利益、他人合法权益，人民法院认为确有必要公开的除外。当事人一方或者双方不愿调解、调解未达成协议的，人民法院应当及时判决。当事人自行和解或者调解达成协议后，请求人民法院按照和解协议或者调解协议的内容制作判决书的，人民法院不予准许。

本法第101条;《民事诉讼法》第96-102条;《最高人民法院关于适用〈中华人民共和国行政诉讼法〉的解释》第84-86条

第六十一条 【民事争议和行政争议交叉】在涉及行政许可、登记、征收、征用和行政机关对民事争议所作的裁决的行政诉讼中,当事人申请一并解决相关民事争议的,人民法院可以一并审理。

在行政诉讼中,人民法院认为行政案件的审理需以民事诉讼的裁判为依据的,可以裁定中止行政诉讼。

注解

在行政诉讼中一并审理民事争议,应当具备一定的条件。首先,行政诉讼成立,符合起诉条件、起诉期限等规定。其次,该行政诉讼是涉及行政许可、登记、征收、征用和行政机关对民事争议所作的裁决的行政诉讼。再次,当事人在行政诉讼过程中申请一并解决民事争议。最后,行政诉讼与民事诉讼之间具有相关性。而行政诉讼与附带的民事诉讼的相关性主要体现在两个诉讼都涉及某一行政行为的合法性问题。

配套

《最高人民法院关于适用〈中华人民共和国行政诉讼法〉的解释》第137-144条

第六十二条 【撤诉】人民法院对行政案件宣告判决或者裁定前,原告申请撤诉的,或者被告改变其所作的行政行为,原告同意并申请撤诉的,是否准许,由人民法院裁定。

第六十三条 【审理依据】人民法院审理行政案件,以法律和行政法规、地方性法规为依据。地方性法规适用于本行政区域内发生的行政案件。

人民法院审理民族自治地方的行政案件,并以该民族自治地方的自治条例和单行条例为依据。

人民法院审理行政案件，参照规章。

第六十四条 **【规范性文件审查和处理】**人民法院在审理行政案件中，经审查认为本法第五十三条规定的规范性文件不合法的，不作为认定行政行为合法的依据，并向制定机关提出处理建议。

注解

人民法院对规范性文件进行一并审查时，可以从规范性文件制定机关是否超越权限或者违反法定程序、作出行政行为所依据的条款以及相关条款等方面进行。有下列情形之一的，属于行政诉讼法第六十四条规定的"规范性文件不合法"：(1) 超越制定机关的法定职权或者超越法律、法规、规章的授权范围的；(2) 与法律、法规、规章等上位法的规定相抵触的；(3) 没有法律、法规、规章依据，违法增加公民、法人和其他组织义务或者减损公民、法人和其他组织合法权益的；(4) 未履行法定批准程序、公开发布程序，严重违反制定程序的；(5) 其他违反法律、法规以及规章规定的情形。

配套

《最高人民法院关于适用〈中华人民共和国行政诉讼法〉的解释》第148 条

第六十五条 **【裁判文书公开】**人民法院应当公开发生法律效力的判决书、裁定书，供公众查阅，但涉及国家秘密、商业秘密和个人隐私的内容除外。

注解

判决书、裁定书是记录人民法院审理案件的审理活动、裁判理由、裁判依据和裁判结果的载体，直接关系当事人的权利义务。生效裁判文书公开是审判公开制度的重要内容，对于提高审判质量、使当事人息诉服判、促进法治社会建设等具有重要意义。人民法院公开生效裁判文书供公众查阅，一是有利于促进人民法院切实贯彻公开审判原则，实现审判活动公开透明；二是可以使公众知悉裁判文书的内容，促使审判人员增强责任心，审慎处理每一个案件，不断提高办案质量，使当事人和社会公众在每一个案件中都能感受到司法的公平、公正，最大限度地赢得当事人和社会公众对司法的信任和支持；三是通过具体案例以案释法，宣传普及法律知识，为社会公众学法提供途径，为法学理论研究提供资料来源，促进法治社会建设；四是有利于人民法院之间相互交流、学习和借鉴，有利于统一司法标准，提高司法水平。

配 套

《最高人民法院关于在互联网公布裁判文书的规定》

第六十六条　【有关行政机关工作人员和被告的处理】人民法院在审理行政案件中，认为行政机关的主管人员、直接责任人员违法违纪的，应当将有关材料移送监察机关、该行政机关或者其上一级行政机关；认为有犯罪行为的，应当将有关材料移送公安、检察机关。

人民法院对被告经传票传唤无正当理由拒不到庭，或者未经法庭许可中途退庭的，可以将被告拒不到庭或者中途退庭的情况予以公告，并可以向监察机关或者被告的上一级行政机关提出依法给予其主要负责人或者直接责任人员处分的司法建议。

注 解

本条规定的行政机关的主管人员是指行政机关的负责人，包括主要负责人和分管负责人；直接责任人员是指直接从事某项工作或者具体实施行政行为的工作人员。有关材料是指能够证明行政机关的主管人员、直接责任人员存在违法违纪行为或者犯罪行为的证据材料。

第二节　第一审普通程序

第六十七条　【发送起诉状和提出答辩状】人民法院应当在立案之日起五日内，将起诉状副本发送被告。被告应当在收到起诉状副本之日起十五日内向人民法院提交作出行政行为的证据和所依据的规范性文件，并提出答辩状。人民法院应当在收到答辩状之日起五日内，将答辩状副本发送原告。

被告不提出答辩状的，不影响人民法院审理。

第六十八条 【审判组织形式】人民法院审理行政案件，由审判员组成合议庭，或者由审判员、陪审员组成合议庭。合议庭的成员，应当是三人以上的单数。

人民法院对行政案件进行审理和裁判的组织形式有两种：一种是合议制，一种是独任制。本条规定了人民法院审理行政案件采取的主要形式是合议制，即集体审判制度。合议庭是实现这种集体审判制度的组织形式。

合议制是民主集中制在人民法院审理行政案件时的具体体现。具体要求是人民法院审理行政案件，由审判员组成合议庭，或者由审判员、陪审员组成合议庭。合议庭的成员，应当是 3 人以上的单数。合议的成员是平等的，评议案件时实行少数服从多数原则。

本条规定了行政案件中实行合议制的组成形式有两种：（1）由审判员组成合议庭，即合议庭人员全部为审判员，不吸收陪审员参加；（2）由审判员、陪审员组成合议庭。陪审员作为合议庭的组成人员，在参加审判过程时，除法律另有规定外，与审判员有同等的权利义务。

《民事诉讼法》第 40 条

第六十九条 【驳回原告诉讼请求判决】行政行为证据确凿，适用法律、法规正确，符合法定程序的，或者原告申请被告履行法定职责或者给付义务理由不成立的，人民法院判决驳回原告的诉讼请求。

第七十条 【撤销判决和重作判决】行政行为有下列情形之一的，人民法院判决撤销或者部分撤销，并可以判决被告重新作出行政行为：

（一）主要证据不足的；

（二）适用法律、法规错误的；

（三）违反法定程序的；

（四）超越职权的；

（五）滥用职权的；

（六）明显不当的。

主要证据不足，是指行政机关作出的行政行为缺乏事实根据，导致认定的事实错误或者基本事实不清楚。

超越职权，就是用权超过法定职权范围，使得超过部分没有法律依据。这里的超越职权应作广义理解，包括根本没有行政主体资格、超越事务管辖权（甲机关行使了乙机关的职权）、超越地域管辖权（甲地机关行使了乙地机关的职权）、超越级别管辖权（下级机关行使了上级机关的职权）、超越了法律规定的职权（法律规定罚款权但行使了责令停产停业权）等。行政机关必须在其职权范围内行使职权，超越职权所作的行政行为，法院应当判决予以撤销。

行政机关滥用职权，是指行政机关作出行政行为虽然在其权限范围内，但行政机关不正当行使职权，违反了法律授予这种权力的目的。

人民法院对原行政行为作出判决的同时，应当对复议决定一并作出相应判决。人民法院判决撤销原行政行为和复议决定的，可以判决作出原行政行为的行政机关重新作出行政行为。人民法院判决作出原行政行为的行政机关履行法定职责或者给付义务的，应当同时判决撤销复议决定。原行政行为合法、复议决定违反法定程序的，应当判决确认复议决定违法，同时判决驳回原告针对原行政行为的诉讼请求。原行政行为被撤销、确认违法或者无效，给原告造成损失的，应当由作出原行政行为的行政机关承担赔偿责任；因复议程序违法给原告造成损失的，由复议机关承担赔偿责任。

34. 撤销判决分为哪几种具体形式？

（1）全部撤销，适用于整个行政行为全部违法或行政行为部分违法但行政行为不可分；（2）部分撤销，适用于行政行为部分违法、部分合法，且行政行为可分，人民法院只作出撤销违法部分的判决；（3）判决撤销并责令被告重新作出行政行为，其适用于违法行政行为撤销后尚需被告对行政行为所涉及事项再次作出处理的情形。

第七十一条　【重作判决对被告的限制】人民法院判决被告重新作出行政行为的，被告不得以同一的事实和理由作出与原行政行为基本相同的行政行为。

注　解

　　为保护国家利益、社会公共利益或者当事人合法权益，法院在有的情况下判决撤销行政行为时，还需要判决行政机关重新作出行政行为。行政机关重新作出行政行为，应当受到法院判决既判力的约束，否则不仅损害司法权威，也不利于行政争议的解决，徒增当事人诉累。同时，由于司法权与行政权的分工，法院不能代替行政机关作出行政行为。

　　如何处理好法院判决既判力和行政机关自我决定的关系，成为行政诉讼所特有的问题。法院判决既判力既体现在被诉行政机关必须重新作出行政行为，不得拒绝作出，还体现在重新作出的行政行为要受到法院撤销判决所认定事实和阐述理由的约束，即不得以同一事实和理由作出与原行政行为基本相同的行政行为。换言之，行政机关重新作出行政行为，不仅要依法作出，还要受判决所载明内容的约束。这里的同一事实，是指被撤销行政行为所认定的事实。同一理由，是指被撤销行政行为的证据和所依据的规范性文件。

第七十二条　【履行判决】人民法院经过审理，查明被告不履行法定职责的，判决被告在一定期限内履行。

注　解

　　原告请求被告履行法定职责的理由成立，被告违法拒绝履行或者无正当理由逾期不予答复的，人民法院可以根据本条的规定，判决被告在一定期限内依法履行原告请求的法定职责；尚需被告调查或者裁量的，应当判决被告针对原告的请求重新作出处理。

第七十三条　【给付判决】人民法院经过审理，查明被告依法负有给付义务的，判决被告履行给付义务。

原告申请被告依法履行支付抚恤金、最低生活保障待遇或者社会保险待遇等给付义务的理由成立，被告依法负有给付义务而拒绝或者拖延履行义务的，人民法院可以根据本条的规定，判决被告在一定期限内履行相应的给付义务。

第七十四条　【确认违法判决】 行政行为有下列情形之一的，人民法院判决确认违法，但不撤销行政行为：

（一）行政行为依法应当撤销，但撤销会给国家利益、社会公共利益造成重大损害的；

（二）行政行为程序轻微违法，但对原告权利不产生实际影响的。

行政行为有下列情形之一，不需要撤销或者判决履行的，人民法院判决确认违法：

（一）行政行为违法，但不具有可撤销内容的；

（二）被告改变原违法行政行为，原告仍要求确认原行政行为违法的；

（三）被告不履行或者拖延履行法定职责，判决履行没有意义的。

35. 什么是"程序轻微违法"？

有下列情形之一，且对原告依法享有的听证、陈述、申辩等重要程序性权利不产生实质损害的，属于本条第 1 款第 2 项规定的"程序轻微违法"：

（1）处理期限轻微违法；

（2）通知、送达等程序轻微违法；

（3）其他程序轻微违法的情形。

《最高人民法院关于适用〈中华人民共和国行政诉讼法〉的解释》第 96 条

第七十五条 【确认无效判决】行政行为有实施主体不具有行政主体资格或者没有依据等重大且明显违法情形，原告申请确认行政行为无效的，人民法院判决确认无效。

第七十六条 【确认违法和无效判决的补充规定】人民法院判决确认违法或者无效的，可以同时判决责令被告采取补救措施；给原告造成损失的，依法判决被告承担赔偿责任。

第七十七条 【变更判决】行政处罚明显不当，或者其他行政行为涉及对款额的确定、认定确有错误的，人民法院可以判决变更。

人民法院判决变更，不得加重原告的义务或者减损原告的权益。但利害关系人同为原告，且诉讼请求相反的除外。

第七十八条 【行政协议履行及补偿判决】被告不依法履行、未按照约定履行或者违法变更、解除本法第十二条第一款第十一项规定的协议的，人民法院判决被告承担继续履行、采取补救措施或者赔偿损失等责任。

被告变更、解除本法第十二条第一款第十一项规定的协议合法，但未依法给予补偿的，人民法院判决给予补偿。

注 解

被诉行政机关不履行行政协议的情形主要有四类：不依法履行、未按照约定履行、违法变更和违法解除。不依法履行主要是指行政机关拒绝履行行政协议。未按照约定履行是指行政机关履行了行政协议，但未完全按照行政协议的约定履行，需要承担相应违约责任。违法变更、解除是指行政机关违法单方变更、解除行政协议。

法院经审查查明被告不依法履行、未按照约定履行或者违法变更、解除行政协议的，可以要求被诉行政机关承担违约责任，根据原告请求和实际情况，作出要求被诉行政机关继续履行行政协议、采取补救措施或者赔偿损失的判决。被告变更、解除行政协议合法，但未依法给予补偿的，人民法院判决给予补偿。

第七十九条 【复议决定和原行政行为一并裁判】复议机关与作出原行政行为的行政机关为共同被告的案件，人民法院应当对复议决定和原行政行为一并作出裁判。

第八十条 【公开宣判】人民法院对公开审理和不公开审理的案件，一律公开宣告判决。

当庭宣判的，应当在十日内发送判决书；定期宣判的，宣判后立即发给判决书。

宣告判决时，必须告知当事人上诉权利、上诉期限和上诉的人民法院。

第八十一条 【第一审审限】人民法院应当在立案之日起六个月内作出第一审判决。有特殊情况需要延长的，由高级人民法院批准，高级人民法院审理第一审案件需要延长的，由最高人民法院批准。

注解

《行政诉讼法》第81条、第83条、第88条规定的审理期限，是指从立案之日起至裁判宣告、调解书送达之日止的期间，但公告期间、鉴定期间、调解期间、中止诉讼期间、审理当事人提出的管辖异议以及处理人民法院之间的管辖争议期间不应计算在内。

再审案件按照第一审程序或者第二审程序审理的，适用《行政诉讼法》第81条、第88条规定的审理期限。审理期限自再审立案的次日起算。

基层人民法院申请延长审理期限，应当直接报请高级人民法院批准，同时报中级人民法院备案。

第三节 简易程序

第八十二条 【简易程序适用情形】人民法院审理下列第一审行政案件，认为事实清楚、权利义务关系明确、争议不大的，可以适用简易程序：

（一）被诉行政行为是依法当场作出的；

（二）案件涉及款额二千元以下的；

（三）属于政府信息公开案件的。

除前款规定以外的第一审行政案件，当事人各方同意适用简易程序的，可以适用简易程序。

发回重审、按照审判监督程序再审的案件不适用简易程序。

注解

本条规定的行政案件中的"事实清楚"，是指当事人对争议的事实陈述基本一致，并能提供相应的证据，无须人民法院调查收集证据即可查明事实；"权利义务关系明确"，是指行政法律关系中权利和义务能够明确区分；"争议不大"，是指当事人对行政行为的合法性、责任承担等没有实质分歧。

适用简易程序审理的行政案件，人民法院可以用口头通知、电话、短信、传真、电子邮件等简便方式传唤当事人、通知证人、送达裁判文书以外的诉讼文书。以简便方式送达的开庭通知，未经当事人确认或者没有其他证据证明当事人已经收到的，人民法院不得缺席判决。

应用

36. 适用简易程序案件的标准有哪些?

适用简易程序的行政案件应当符合三个标准：事实清楚、权利义务关系明确、争议不大。所谓事实清楚，是指当事人提供的证据能够比较明确地证明争议事实的真相，人民法院在全面审核当事人的证据后就能查清案件的事实，而不需要进行大量的调查和取证工作。所谓权利义务关系明确，是指当事人之间的权利义务关系简单、清楚，双方争议的矛盾比较明确，行政争议的形成和发展过程也不太复杂。所谓争议不大，是指当事人对他们之间引起行政争议的事实、案件发生的原因、权利义务的归属等问题没有太大的争议。事实清楚、权利义务关系明确、争议不大相互关联，只有三者同时具备，才能说明案件简单，才可以适用简易程序。

第八十三条 【简易程序的审判组织形式和审限】适用简易程序审理的行政案件，由审判员一人独任审理，并应当在立案之日起四十五日内审结。

简易程序主要的特点之一就是审理方式实行独任审判。需要注意，独任审判是由"审判员"一人独任审判，而不能由陪审员独任审判。

由于适用简易程序审理的行政案件都是事实清楚、权利义务关系明确、争议不大的案件，且可以不受普通程序有关规定的约束，可以在较短的时间内完成审判工作。因此，本条规定适用简易程序审理的行政案件，应当在立案之日起45天内审结。需要强调的是，适用普通程序审理的行政案件，有特殊情况经过批准的，其审理期限可以延长，但适用简易程序审理的行政案件，其审理期限是固定的，不能延长。如果在审理过程中发现确有特殊情况不能在45日内审结的，应当裁定转为普通程序。

第八十四条　【简易程序与普通程序的转换】人民法院在审理过程中，发现案件不宜适用简易程序的，裁定转为普通程序。

37. 不宜适用简易程序需要转为普通程序的情形有哪几种?

属于不宜适用简易程序需要转为普通程序的情形，从立法调研和试点实践情况来看，主要有以下几种：一是当事人就适用简易程序提出异议，人民法院认为异议成立的；二是当事人改变或者增加诉讼请求，导致案情复杂化的；三是因当事人依法申请人民法院调取证据、申请证人出庭等原因致使案件在45天内难以审结的；四是虽然案件较为简单，事实清楚、权利义务关系明确、争议不大，但代表一类案件，可能影响大量相同或者类似案件审理的；五是虽然案件较为简单，事实清楚、权利义务关系明确、争议不大，但关系到原告基本的生产生活，可能引发群体性事件的。如果原来适用简易程序的行政案件出现了上述情形之一的，人民法院应当裁定转为普通程序。

第四节　第二审程序

第八十五条　【上诉】当事人不服人民法院第一审判决的，有权在判决书送达之日起十五日内向上一级人民法院提起上诉。当事人不服人民法院第一审裁定的，有权在裁定书送达之日起十日内向上一级人民法院提起上诉。逾期不提起上诉的，人民法院的第一审判决或者裁定发生法律效力。

第八十六条 【二审审理方式】人民法院对上诉案件，应当组成合议庭，开庭审理。经过阅卷、调查和询问当事人，对没有提出新的事实、证据或者理由，合议庭认为不需要开庭审理的，也可以不开庭审理。

注解

第二审人民法院接到上诉状及案卷材料后，应当组成合议庭，对案件进行审查。第二审人民法院审理上诉案件，不论是开庭审理，还是不开庭审理，都必须组成合议庭，不能由审判员一人独任审判。与第一审程序不同，第二审程序的合议庭，应当由审判员组成，不能由审判员和陪审员组成。合议庭的成员，应当为3人以上单数。

人民法院经过审查案卷，调查、询问当事人，对于没有提出新的事实、证据或者理由的上诉案件，在事实核对清楚后，如果合议庭认为案件事实清楚，上诉人的请求和理由明确，上诉人与被上诉人双方提出的事实和证据基本一致，纠纷比较清楚，也可以不开庭审理而迳行判决。

第八十七条 【二审审查范围】人民法院审理上诉案件，应当对原审人民法院的判决、裁定和被诉行政行为进行全面审查。

第八十八条 【二审审限】人民法院审理上诉案件，应当在收到上诉状之日起三个月内作出终审判决。有特殊情况需要延长的，由高级人民法院批准，高级人民法院审理上诉案件需要延长的，由最高人民法院批准。

第八十九条 【二审裁判】人民法院审理上诉案件，按照下列情形，分别处理：

（一）原判决、裁定认定事实清楚，适用法律、法规正确的，判决或者裁定驳回上诉，维持原判决、裁定；

（二）原判决、裁定认定事实错误或者适用法律、法规错误的，依法改判、撤销或者变更；

（三）原判决认定基本事实不清、证据不足的，发回原审人民法院重审，或者查清事实后改判；

（四）原判决遗漏当事人或者违法缺席判决等严重违反法定程序的，裁定撤销原判决，发回原审人民法院重审。

原审人民法院对发回重审的案件作出判决后，当事人提起上诉的，第二审人民法院不得再次发回重审。

人民法院审理上诉案件，需要改变原审判决的，应当同时对被诉行政行为作出判决。

第五节　审判监督程序

第九十条　【当事人申请再审】当事人对已经发生法律效力的判决、裁定，认为确有错误的，可以向上一级人民法院申请再审，但判决、裁定不停止执行。

第九十一条　【再审事由】当事人的申请符合下列情形之一的，人民法院应当再审：

（一）不予立案或者驳回起诉确有错误的；

（二）有新的证据，足以推翻原判决、裁定的；

（三）原判决、裁定认定事实的主要证据不足、未经质证或者系伪造的；

（四）原判决、裁定适用法律、法规确有错误的；

（五）违反法律规定的诉讼程序，可能影响公正审判的；

（六）原判决、裁定遗漏诉讼请求的；

（七）据以作出原判决、裁定的法律文书被撤销或者变更的；

（八）审判人员在审理该案件时有贪污受贿、徇私舞弊、枉法裁判行为的。

注　解

新证据主要指在过去诉讼过程中没有发现的证据，或者是当事人在原审诉讼中未提供的证据，而该证据又足以推翻原判决、裁定，因此当事人可以申请再审，同时也是作为人民法院进行再审的条件之一。

配套

《最高人民法院关于适用〈中华人民共和国行政诉讼法〉的解释》第110、117条

第九十二条　【人民法院依职权再审】各级人民法院院长对本院已经发生法律效力的判决、裁定，发现有本法第九十一条规定情形之一，或者发现调解违反自愿原则或者调解书内容违法，认为需要再审的，应当提交审判委员会讨论决定。

最高人民法院对地方各级人民法院已经发生法律效力的判决、裁定，上级人民法院对下级人民法院已经发生法律效力的判决、裁定，发现有本法第九十一条规定情形之一，或者发现调解违反自愿原则或者调解书内容违法的，有权提审或者指令下级人民法院再审。

配套

《宪法》第132条；《民事诉讼法》第99、100、209条

第九十三条　【抗诉和检察建议】最高人民检察院对各级人民法院已经发生法律效力的判决、裁定，上级人民检察院对下级人民法院已经发生法律效力的判决、裁定，发现有本法第九十一条规定情形之一，或者发现调解书损害国家利益、社会公共利益的，应当提出抗诉。

地方各级人民检察院对同级人民法院已经发生法律效力的判决、裁定，发现有本法第九十一条规定情形之一，或者发现调解书损害国家利益、社会公共利益的，可以向同级人民法院提出检察建议，并报上级人民检察院备案；也可以提请上级人民检察院向同级人民法院提出抗诉。

各级人民检察院对审判监督程序以外的其他审判程序中审判

人员的违法行为，有权向同级人民法院提出检察建议。

2014 年修改《行政诉讼法》，借鉴《民事诉讼法》第 219 条的规定，创造了地方各级人民检察院对同级人民法院已经发生法律效力的判决、裁定、调解书提出检察建议的监督方式。

检察建议有别于抗诉。抗诉必然引起再审，而检察建议不必然引起再审。根据《关于对民事审判活动与行政诉讼实行法律监督的若干意见（试行）》第 7 条第 2 款规定："人民法院收到再审检察建议后，应当在三个月内进行审查并将审查结果书面回复人民检察院。人民法院认为需要再审的，应当通知当事人。人民检察院认为人民法院不予再审的决定不当的，应当提请上级人民检察院提出抗诉。"

《人民检察院组织法》第 21 条；《民事诉讼法》第 219、220、222 条；《关于对民事审判活动与行政诉讼实行法律监督的若干意见（试行）》第 4、5、7、10 条

第八章 执 行

第九十四条 【生效裁判和调解书的执行】当事人必须履行人民法院发生法律效力的判决、裁定、调解书。

《民事诉讼法》第 100、157 条

第九十五条 【申请强制执行和执行管辖】公民、法人或者其他组织拒绝履行判决、裁定、调解书的，行政机关或者第三人可以向第一审人民法院申请强制执行，或者由行政机关依法强制执行。

第九十六条 【对行政机关拒绝履行的执行措施】行政机关

拒绝履行判决、裁定、调解书的，第一审人民法院可以采取下列措施：

（一）对应当归还的罚款或者应当给付的款额，通知银行从该行政机关的账户内划拨；

（二）在规定期限内不履行的，从期满之日起，对该行政机关负责人按日处五十元至一百元的罚款；

（三）将行政机关拒绝履行的情况予以公告；

（四）向监察机关或者该行政机关的上一级行政机关提出司法建议。接受司法建议的机关，根据有关规定进行处理，并将处理情况告知人民法院；

（五）拒不履行判决、裁定、调解书，社会影响恶劣的，可以对该行政机关直接负责的主管人员和其他直接责任人员予以拘留；情节严重，构成犯罪的，依法追究刑事责任。

配套

《行政处罚法》第 67 条；《民事诉讼法》第 114 条；《刑法》第 313 条

第九十七条 　**【非诉执行】**公民、法人或者其他组织对行政行为在法定期限内不提起诉讼又不履行的，行政机关可以申请人民法院强制执行，或者依法强制执行。

应用

38. 行政机关根据《行政诉讼法》第 97 条的规定申请执行其行政行为，应当具备哪些条件？

（1）行政行为依法可以由人民法院执行；

（2）行政行为已经生效并具有可执行内容；

（3）申请人是作出该行政行为的行政机关或者法律、法规、规章授权的组织；

（4）被申请人是该行政行为所确定的义务人；

（5）被申请人在行政行为确定的期限内或者行政机关催告期限内未履行

义务；

（6）申请人在法定期限内提出申请；

（7）被申请执行的行政案件属于受理执行申请的人民法院管辖。

行政机关申请人民法院执行，应当提交《行政强制法》第55条规定的相关材料。

人民法院对符合条件的申请，应当在5日内立案受理，并通知申请人；对不符合条件的申请，应当裁定不予受理。行政机关对不予受理裁定有异议，在15日内向上一级人民法院申请复议的，上一级人民法院应当在收到复议申请之日起15日内作出裁定。

配套

《行政强制法》第34、53、58条；《最高人民法院关于适用〈中华人民共和国行政诉讼法〉的解释》第155条

第九章　涉外行政诉讼

第九十八条　【涉外行政诉讼的法律适用原则】外国人、无国籍人、外国组织在中华人民共和国进行行政诉讼，适用本法。法律另有规定的除外。

注解

我国《行政诉讼法》中的涉外行政诉讼，是指含有涉外因素的行政诉讼，也就是外国人、无国籍人、外国组织认为我国国家行政机关及其工作人员所作的行政行为侵犯其合法权益，依法向人民法院提起行政诉讼，由人民法院对行政行为进行审查并作出裁判的活动。

配套

《外交特权与豁免条例》

第九十九条　【同等与对等原则】外国人、无国籍人、外国组织在中华人民共和国进行行政诉讼，同中华人民共和国公民、组织有同等的诉讼权利和义务。

外国法院对中华人民共和国公民、组织的行政诉讼权利加以限制的，人民法院对该国公民、组织的行政诉讼权利，实行对等原则。

注 解

同等原则是指外国人、无国籍人、外国组织在中华人民共和国进行行政诉讼，同中华人民共和国公民、组织有同等的诉讼权利和义务。这一原则包含两个含义：（1）外国人、无国籍人、外国组织与中国公民、组织按照我国实体法和程序法的规定，有同等的诉讼权利能力和诉讼行为能力；（2）外国人、无国籍人、外国组织在我国人民法院起诉、参加诉讼，享有与中国公民、组织同等的行政诉讼权利，承担相同的行政诉讼义务，不能因其是外国人、无国籍人或者外国组织就有所歧视或有所照顾。

涉外行政诉讼中的对等原则是指外国法院如果对我国公民和组织的行政诉讼权利加以限制的，我国便采取相应的限制措施，以使我国公民和组织在他国的行政诉讼权利与他国公民和组织在我国的行政诉讼权利对等。

第一百条 **【中国律师代理】**外国人、无国籍人、外国组织在中华人民共和国进行行政诉讼，委托律师代理诉讼的，应当委托中华人民共和国律师机构的律师。

应 用

39. 代表机构及其代表，只能从事不包括中国法律事务的哪些活动？

（1）向当事人提供该外国律师事务所律师已获准从事律师执业业务的国家法律的咨询，以及有关国际条约、国际惯例的咨询；

（2）接受当事人或者中国律师事务所的委托，办理在该外国律师事务所律师已获准从事律师执业业务的国家的法律事务；

（3）代表外国当事人，委托中国律师事务所办理中国法律事务；

（4）通过订立合同与中国律师事务所保持长期的委托关系办理法律事务；

（5）提供有关中国法律环境影响的信息。

代表机构按照与中国律师事务所达成的协议约定，可以直接向受委托的中国律师事务所的律师提出要求。

代表机构及其代表不得从事上述规定以外的其他法律服务活动或者其他营利活动。

配套

《外国律师事务所驻华代表机构管理条例》第 15 条

第十章 附 则

第一百零一条 【适用民事诉讼法规定】人民法院审理行政案件，关于期间、送达、财产保全、开庭审理、调解、中止诉讼、终结诉讼、简易程序、执行等，以及人民检察院对行政案件受理、审理、裁判、执行的监督，本法没有规定的，适用《中华人民共和国民事诉讼法》的相关规定。

第一百零二条 【诉讼费用】人民法院审理行政案件，应当收取诉讼费用。诉讼费用由败诉方承担，双方都有责任的由双方分担。收取诉讼费用的具体办法另行规定。

注 解

本条规定诉讼费用由败诉方承担，双方都有责任的由双方分担。表明我国行政诉讼费用主要有两种负担方式。

一种是败诉方承担。败诉方承担是诉讼费用负担的一项基本原则。败诉方承担诉讼费用有下列几种具体情形：

（1）案件审理终结时，判定应由当事人某一方承担责任的，案件受理费由败诉的当事人承担。

（2）共同诉讼当事人败诉，共同承担案件受理费，由人民法院根据他们各自对诉讼标的的利害关系，决定各自应负担的金额。

（3）行政案件的被告改变或者撤销行政行为，原告申请撤诉，人民法院裁定准许的，案件受理费由被告负担。

另一种是双方承担。双方承担是指双方当事人都有责任，在诉讼中部分胜诉、部分败诉，由人民法院根据双方当事人各自的责任大小，确定各自分担的适当比例，双方各自分别承担相应的诉讼费用。

根据《诉讼费用交纳办法》的规定，当事人应当向人民法院交纳的诉讼费用包括：

（1）案件受理费。

案件受理费包括：第一审案件受理费；第二审案件受理费；再审案件中，依照本办法规定需要交纳的案件受理费。

（2）申请费。

当事人依法向人民法院申请下列事项，应当交纳申请费：

申请执行人民法院发生法律效力的判决、裁定、调解书，仲裁机构依法作出的裁决和调解书，公证机构依法赋予强制执行效力的债权文书；申请保全措施；申请支付令；申请公示催告；申请撤销仲裁裁决或者认定仲裁协议效力；申请破产；申请海事强制令、共同海损理算、设立海事赔偿责任限制基金、海事债权登记、船舶优先权催告；申请承认和执行外国法院判决、裁定和国外仲裁机构裁决。

（3）证人、鉴定人、翻译人员、理算人员在人民法院指定日期出庭发生的交通费、住宿费、生活费和误工补贴。

配 套

《诉讼费用交纳办法》

第一百零三条 【施行日期】本法自 1990 年 10 月 1 日起施行。

配 套 法 规

一、综　合

最高人民法院关于适用
《中华人民共和国行政诉讼法》的解释

（2017 年 11 月 13 日最高人民法院审判委员会第 1726 次会议通过　2018 年 2 月 6 日最高人民法院公告公布　自 2018 年 2 月 8 日起施行　法释〔2018〕1 号）

为正确适用《中华人民共和国行政诉讼法》（以下简称行政诉讼法），结合人民法院行政审判工作实际，制定本解释。

一、受案范围

第一条　公民、法人或者其他组织对行政机关及其工作人员的行政行为不服，依法提起诉讼的，属于人民法院行政诉讼的受案范围。

下列行为不属于人民法院行政诉讼的受案范围：

（一）公安、国家安全等机关依照刑事诉讼法的明确授权实施的行为；

（二）调解行为以及法律规定的仲裁行为；

（三）行政指导行为；

（四）驳回当事人对行政行为提起申诉的重复处理行为；

（五）行政机关作出的不产生外部法律效力的行为；

（六）行政机关为作出行政行为而实施的准备、论证、研究、层报、咨询等过程性行为；

（七）行政机关根据人民法院的生效裁判、协助执行通知书作出的执行行为，但行政机关扩大执行范围或者采取违法方式实施的除外；

（八）上级行政机关基于内部层级监督关系对下级行政机关作出的听取报告、执法检查、督促履责等行为；

（九）行政机关针对信访事项作出的登记、受理、交办、转送、复查、复核意见等行为；

（十）对公民、法人或者其他组织权利义务不产生实际影响的行为。

第二条　行政诉讼法第十三条第一项规定的"国家行为"，是指国务院、中央军事委员会、国防部、外交部等根据宪法和法律的授权，以国家的名义实施的有关国防和外交事务的行为，以及经宪法和法律授权的国家机关宣布紧急状态等行为。

行政诉讼法第十三条第二项规定的"具有普遍约束力的决定、命令"，是指行政机关针对不特定对象发布的能反复适用的规范性文件。

行政诉讼法第十三条第三项规定的"对行政机关工作人员的奖惩、任免等决定"，是指行政机关作出的涉及行政机关工作人员公务员权利义务的决定。

行政诉讼法第十三条第四项规定的"法律规定由行政机关最终裁决的行政行为"中的"法律"，是指全国人民代表大会及其常务委员会制定、通过的规范性文件。

二、管　　辖

第三条　各级人民法院行政审判庭审理行政案件和审查行政机关申请执行其行政行为的案件。

专门人民法院、人民法庭不审理行政案件，也不审查和执行行政机关申请执行其行政行为的案件。铁路运输法院等专门人民法院审理行政案件，应当执行行政诉讼法第十八条第二款的规定。

第四条　立案后，受诉人民法院的管辖权不受当事人住所地改变、追加被告等事实和法律状态变更的影响。

第五条　有下列情形之一的，属于行政诉讼法第十五条第三项规定的"本辖区内重大、复杂的案件"：

（一）社会影响重大的共同诉讼案件；

（二）涉外或者涉及香港特别行政区、澳门特别行政区、台湾地区的案件；

（三）其他重大、复杂案件。

第六条　当事人以案件重大复杂为由，认为有管辖权的基层人民法院不宜行使管辖权或者根据行政诉讼法第五十二条的规定，向中级人民法院起诉，中级人民法院应当根据不同情况在七日内分别作出以下处理：

（一）决定自行审理；

（二）指定本辖区其他基层人民法院管辖；

（三）书面告知当事人向有管辖权的基层人民法院起诉。

第七条　基层人民法院对其管辖的第一审行政案件，认为需要由中级人民法院审理或者指定管辖的，可以报请中级人民法院决定。中级人民法院应当根据不同情况在七日内分别作出以下处理：

（一）决定自行审理；

（二）指定本辖区其他基层人民法院管辖；

（三）决定由报请的人民法院审理。

第八条　行政诉讼法第十九条规定的"原告所在地"，包括原告的户籍所在地、经常居住地和被限制人身自由地。

对行政机关基于同一事实，既采取限制公民人身自由的行政强制措施，又采取其他行政强制措施或者行政处罚不服的，由被告所在地或者原告所在地的人民法院管辖。

第九条　行政诉讼法第二十条规定的"因不动产提起的行政诉讼"是指因行政行为导致不动产物权变动而提起的诉讼。

不动产已登记的，以不动产登记簿记载的所在地为不动产所在地；不动产未登记的，以不动产实际所在地为不动产所在地。

第十条　人民法院受理案件后，被告提出管辖异议，应当在收到起诉状副本之日起十五日内提出。

对当事人提出的管辖异议，人民法院应当进行审查。异议成立的，裁定将案件移送有管辖权的人民法院；异议不成立的，裁定驳回。

人民法院对管辖异议审查后确定有管辖权的，不因当事人增加或者变更诉讼请求等改变管辖，但违反级别管辖、专属管辖规定的除外。

第十一条　有下列情形之一的，人民法院不予审查：

（一）人民法院发回重审或者按第一审程序再审的案件，当事人提出管辖异议的；

（二）当事人在第一审程序中未按照法律规定的期限和形式提出管辖异议，在第二审程序中提出的。

三、诉讼参加人

第十二条 有下列情形之一的，属于行政诉讼法第二十五条第一款规定的"与行政行为有利害关系"：

（一）被诉的行政行为涉及其相邻权或者公平竞争权的；

（二）在行政复议等行政程序中被追加为第三人的；

（三）要求行政机关依法追究加害人法律责任的；

（四）撤销或者变更行政行为涉及其合法权益的；

（五）为维护自身合法权益向行政机关投诉，具有处理投诉职责的行政机关作出或者未作出处理的；

（六）其他与行政行为有利害关系的情形。

第十三条 债权人以行政机关对债务人所作的行政行为损害债权实现为由提起行政诉讼的，人民法院应当告知其就民事争议提起民事诉讼，但行政机关作出行政行为时依法应予保护或者应予考虑的除外。

第十四条 行政诉讼法第二十五条第二款规定的"近亲属"，包括配偶、父母、子女、兄弟姐妹、祖父母、外祖父母、孙子女、外孙子女和其他具有扶养、赡养关系的亲属。

公民因被限制人身自由而不能提起诉讼的，其近亲属可以依其口头或者书面委托以该公民的名义提起诉讼。近亲属起诉时无法与被限制人身自由的公民取得联系，近亲属可以先行起诉，并在诉讼中补充提交委托证明。

第十五条 合伙企业向人民法院提起诉讼的，应当以核准登记的字号为原告。未依法登记领取营业执照的个人合伙的全体合伙人为共同原告；全体合伙人可以推选代表人，被推选的代表人，应当由全体合伙人出具推选书。

个体工商户向人民法院提起诉讼的，以营业执照上登记的经营者为原告。有字号的，以营业执照上登记的字号为原告，并应当注明该字号经营者的基本信息。

第十六条 股份制企业的股东大会、股东会、董事会等认为行政机关作出的行政行为侵犯企业经营自主权的，可以企业名义提起诉讼。

联营企业、中外合资或者合作企业的联营、合资、合作各方，认为联营、合资、合作企业权益或者自己一方合法权益受行政行为侵害的，可以自己的名义提起诉讼。

非国有企业被行政机关注销、撤销、合并、强令兼并、出售、分立或者改变企业隶属关系的，该企业或者其法定代表人可以提起诉讼。

第十七条 事业单位、社会团体、基金会、社会服务机构等非营利法人的出资人、设立人认为行政行为损害法人合法权益的，可以自己的名义提起诉讼。

第十八条 业主委员会对于行政机关作出的涉及业主共有利益的行政行为，可以自己的名义提起诉讼。

业主委员会不起诉的，专有部分占建筑物总面积过半数或者占总户数过半数的业主可以提起诉讼。

第十九条 当事人不服经上级行政机关批准的行政行为，向人民法院提起诉讼的，以在对外发生法律效力的文书上署名的机关为被告。

第二十条 行政机关组建并赋予行政管理职能但不具有独立承担法律责任能力的机构，以自己的名义作出行政行为，当事人不服提起诉讼的，应当以组建该机构的行政机关为被告。

法律、法规或者规章授权行使行政职权的行政机关内设机构、派出机构或者其他组织，超出法定授权范围实施行政行为，当事人不服提起诉讼的，应当以实施该行为的机构或者组织为被告。

没有法律、法规或者规章规定，行政机关授权其内设机构、派出机构或者其他组织行使行政职权，属于行政诉讼法第二十六条规定的委托。当事人不服提起诉讼的，应当以该行政机关为被告。

第二十一条 当事人对由国务院、省级人民政府批准设立的开发区管理机构作出的行政行为不服提起诉讼的，以该开发区管理机构为被告；对由国务院、省级人民政府批准设立的开发区管理机构所属职能部门作出的行政行为不服提起诉讼的，以其职能部门为被告；对其他开发区管理机构所属职能部门作出的行政行为不服提起诉讼的，以开发区管理机构为被告；开发区管理机构没有行政主体资格的，以设立该机构的地方人民政府为被告。

第二十二条 行政诉讼法第二十六条第二款规定的"复议机关改变原行政行为"，是指复议机关改变原行政行为的处理结果。复议机关改变原行政行为所认定的主要事实和证据、改变原行政行为所适用的规范依据，但未改变原行政行为处理结果的，视为复议机关维持原行政行为。

复议机关确认原行政行为无效，属于改变原行政行为。

复议机关确认原行政行为违法，属于改变原行政行为，但复议机关以违反法定程序为由确认原行政行为违法的除外。

第二十三条 行政机关被撤销或者职权变更，没有继续行使其职权的行政机关的，以其所属的人民政府为被告；实行垂直领导的，以垂直领导的上一级行政机关为被告。

第二十四条 当事人对村民委员会或者居民委员会依据法律、法规、规章的授权履行行政管理职责的行为不服提起诉讼的，以村民委员会或者居民委员会为被告。

当事人对村民委员会、居民委员会受行政机关委托作出的行为不服提起诉讼的，以委托的行政机关为被告。

当事人对高等学校等事业单位以及律师协会、注册会计师协会等行业协会依据法律、法规、规章的授权实施的行政行为不服提起诉讼的，以该事业单位、行业协会为被告。

当事人对高等学校等事业单位以及律师协会、注册会计师协会等行业协会受行政机关委托作出的行为不服提起诉讼的，以委托的行政机关为被告。

第二十五条 市、县级人民政府确定的房屋征收部门组织实施房屋征收与补偿工作过程中作出行政行为，被征收人不服提起诉讼的，以房屋征收部门为被告。

征收实施单位受房屋征收部门委托，在委托范围内从事的行为，被征收人不服提起诉讼的，应当以房屋征收部门为被告。

第二十六条 原告所起诉的被告不适格，人民法院应当告知原告变更被告；原告不同意变更的，裁定驳回起诉。

应当追加被告而原告不同意追加的，人民法院应当通知其以第三人的身份参加诉讼，但行政复议机关作共同被告的除外。

第二十七条 必须共同进行诉讼的当事人没有参加诉讼的，人民法院应当依法通知其参加；当事人也可以向人民法院申请参加。

人民法院应当对当事人提出的申请进行审查，申请理由不成立的，裁定驳回；申请理由成立的，书面通知其参加诉讼。

前款所称的必须共同进行诉讼，是指按照行政诉讼法第二十七条的规定，当事人一方或者双方为两人以上，因同一行政行为发生行政争议，人民法院必须合并审理的诉讼。

第二十八条 人民法院追加共同诉讼的当事人时，应当通知其他当事人。应当追加的原告，已明确表示放弃实体权利的，可不予追加；既不愿意参加诉讼，又不放弃实体权利的，应追加为第三人，其不参加诉讼，不能阻碍人民法院对案件的审理和裁判。

第二十九条 行政诉讼法第二十八条规定的"人数众多"，一般指十人以上。

根据行政诉讼法第二十八条的规定，当事人一方人数众多的，由当事人推选代表人。当事人推选不出的，可以由人民法院在起诉的当事人中指定代表人。

行政诉讼法第二十八条规定的代表人为二至五人。代表人可以委托一至二人作为诉讼代理人。

第三十条 行政机关的同一行政行为涉及两个以上利害关系人，其中一部分利害关系人对行政行为不服提起诉讼，人民法院应当通知没有起诉的其他利害关系人作为第三人参加诉讼。

与行政案件处理结果有利害关系的第三人，可以申请参加诉讼，或者由人民法院通知其参加诉讼。人民法院判决其承担义务或者减损其权益的第三人，有权提出上诉或者申请再审。

行政诉讼法第二十九条规定的第三人，因不能归责于本人的事由未参加诉讼，但有证据证明发生法律效力的判决、裁定、调解书损害其合法权益的，可以依照行政诉讼法第九十条的规定，自知道或者应当知道其合法权益受到损害之日起六个月内，向上一级人民法院申请再审。

第三十一条 当事人委托诉讼代理人，应当向人民法院提交由委托人签名或者盖章的授权委托书。委托书应当载明委托事项和具体权限。公民在特殊情况下无法书面委托的，也可以由他人代书，并由自己捺印等方式确认，人民法院应当核实并记录在卷；被诉行政机关或者其他有义务协助的机关拒绝人民法院向被限制人身自由的公民核实的，视为委托成立。当事人解除或者变更委托的，应当书面报告人民法院。

第三十二条 依照行政诉讼法第三十一条第二款第二项规定，与当事人有合法劳动人事关系的职工，可以当事人工作人员的名义作为诉讼代理人。以当事人的工作人员身份参加诉讼活动，应当提交以下证据之一加以证明：

（一）缴纳社会保险记录凭证；

（二）领取工资凭证；

（三）其他能够证明其为当事人工作人员身份的证据。

第三十三条 根据行政诉讼法第三十一条第二款第三项规定，有关社会团体推荐公民担任诉讼代理人的，应当符合下列条件：

（一）社会团体属于依法登记设立或者依法免予登记设立的非营利性法人组织；

（二）被代理人属于该社会团体的成员，或者当事人一方住所地位于该社会团体的活动地域；

（三）代理事务属于该社会团体章程载明的业务范围；

（四）被推荐的公民是该社会团体的负责人或者与该社会团体有合法劳动人事关系的工作人员。

专利代理人经中华全国专利代理人协会推荐，可以在专利行政案件中担任诉讼代理人。

四、证 据

第三十四条 根据行政诉讼法第三十六条第一款的规定，被告申请延期提供证据的，应当在收到起诉状副本之日起十五日内以书面方式向人民法院提出。人民法院准许延期提供的，被告应当在正当事由消除后十五日内提供证据。逾期提供的，视为被诉行政行为没有相应的证据。

第三十五条 原告或者第三人应当在开庭审理前或者人民法院指定的交换证据清单之日提供证据。因正当事由申请延期提供证据的，经人民法院准许，可以在法庭调查中提供。逾期提供证据的，人民法院应当责令其说明理由；拒不说明理由或者理由不成立的，视为放弃举证权利。

原告或者第三人在第一审程序中无正当事由未提供而在第二审程序中提供的证据，人民法院不予接纳。

第三十六条 当事人申请延长举证期限，应当在举证期限届满前向人民法院提出书面申请。

申请理由成立的，人民法院应当准许，适当延长举证期限，并通知其他当事人。申请理由不成立的，人民法院不予准许，并通知申请人。

第三十七条 根据行政诉讼法第三十九条的规定，对当事人无争议，但涉及国家利益、公共利益或者他人合法权益的事实，人民法院可以责令当事人提供或者补充有关证据。

第三十八条 对于案情比较复杂或者证据数量较多的案件，人民法院可以组织当事人在开庭前向对方出示或者交换证据，并将交换证据清单的情况记录在卷。

当事人在庭前证据交换过程中没有争议并记录在卷的证据，经审判人员在庭审中说明后，可以作为认定案件事实的依据。

第三十九条 当事人申请调查收集证据，但该证据与待证事实无关联、对证明待证事实无意义或者其他无调查收集必要的，人民法院不予准许。

第四十条 人民法院在证人出庭作证前应当告知其如实作证的义务以及作伪证的法律后果。

证人因履行出庭作证义务而支出的交通、住宿、就餐等必要费用以及误工损失，由败诉一方当事人承担。

第四十一条 有下列情形之一，原告或者第三人要求相关行政执法人员出庭说明的，人民法院可以准许：

（一）对现场笔录的合法性或者真实性有异议的；

（二）对扣押财产的品种或者数量有异议的；

（三）对检验的物品取样或者保管有异议的；

（四）对行政执法人员身份的合法性有异议的；

（五）需要出庭说明的其他情形。

第四十二条 能够反映案件真实情况、与待证事实相关联、来源和形式符合法律规定的证据，应当作为认定案件事实的根据。

第四十三条 有下列情形之一的，属于行政诉讼法第四十三条第三款规定的"以非法手段取得的证据"：

（一）严重违反法定程序收集的证据材料；

（二）以违反法律强制性规定的手段获取且侵害他人合法权益的证据材料；

（三）以利诱、欺诈、胁迫、暴力等手段获取的证据材料。

第四十四条 人民法院认为有必要的，可以要求当事人本人或者行政机关执法人员到庭，就案件有关事实接受询问。在询问之前，可以要求其签署保证书。

保证书应当载明据实陈述、如有虚假陈述愿意接受处罚等内容。当事人或者行政机关执法人员应当在保证书上签名或者捺印。

负有举证责任的当事人拒绝到庭、拒绝接受询问或者拒绝签署保证书，待证事实又欠缺其他证据加以佐证的，人民法院对其主张的事实不予认定。

第四十五条 被告有证据证明其在行政程序中依照法定程序要求原告或者第三人提供证据，原告或者第三人依法应当提供而没有提供，在诉讼程序中提供的证据，人民法院一般不予采纳。

第四十六条 原告或者第三人确有证据证明被告持有的证据对原告或者第三人有利的，可以在开庭审理前书面申请人民法院责令行政机关提交。

申请理由成立的，人民法院应当责令行政机关提交，因提交证据所产生的费用，由申请人预付。行政机关无正当理由拒不提交的，人民法院可以推定原告或者第三人基于该证据主张的事实成立。

持有证据的当事人以妨碍对方当事人使用为目的，毁灭有关证据或者实施其他致使证据不能使用行为的，人民法院可以推定对方当事人基于该证据主张的事实成立，并可依照行政诉讼法第五十九条规定处理。

第四十七条 根据行政诉讼法第三十八条第二款的规定，在行政赔偿、补偿案件中，因被告的原因导致原告无法就损害情况举证的，应当由被告就该损害情况承担举证责任。

对于各方主张损失的价值无法认定的，应当由负有举证责任的一方当事人申请鉴定，但法律、法规、规章规定行政机关在作出行政行为时依法应当评估或者鉴定的除外；负有举证责任的当事人拒绝申请鉴定的，由其承担不利的法律后果。

当事人的损失因客观原因无法鉴定的，人民法院应当结合当事人的主张和在案证据，遵循法官职业道德，运用逻辑推理和生活经验、生活常识等，酌情确定赔偿数额。

五、期间、送达

第四十八条 期间包括法定期间和人民法院指定的期间。

期间以时、日、月、年计算。期间开始的时和日，不计算在期间内。

期间届满的最后一日是节假日的，以节假日后的第一日为期间届满的日期。

期间不包括在途时间，诉讼文书在期满前交邮的，视为在期限内发送。

第四十九条 行政诉讼法第五十一条第二款规定的立案期限，因起诉状内容欠缺或者有其他错误通知原告限期补正的，从补正后递交人民法院的次日起算。由上级人民法院转交下级人民法院立案的案件，从受诉人民法院收到起诉状的次日起算。

第五十条 行政诉讼法第八十一条、第八十三条、第八十八条规定的审理期限，是指从立案之日起至裁判宣告、调解书送达之日止的期间，但公告期间、鉴定期间、调解期间、中止诉讼期间、审理当事人提出的管辖异议以及处理人民法院之间的管辖争议期间不应计算在内。

再审案件按照第一审程序或者第二审程序审理的，适用行政诉讼法第八十一条、第八十八条规定的审理期限。审理期限自再审立案的次日起算。

基层人民法院申请延长审理期限，应当直接报请高级人民法院批准，同时报中级人民法院备案。

第五十一条 人民法院可以要求当事人签署送达地址确认书，当事人确认的送达地址为人民法院法律文书的送达地址。

当事人同意电子送达的，应当提供并确认传真号、电子信箱等电子送达地址。

当事人送达地址发生变更的，应当及时书面告知受理案件的人民法院；未及时告知的，人民法院按原地址送达，视为依法送达。

人民法院可以通过国家邮政机构以法院专递方式进行送达。

第五十二条 人民法院可以在当事人住所地以外向当事人直接送达诉讼文书。当事人拒绝签署送达回证的，采用拍照、录像等方式记录送达过程即视为送达。审判人员、书记员应当在送达回证上注明送达情况并签名。

六、起诉与受理

第五十三条 人民法院对符合起诉条件的案件应当立案，依法保障当事人行使诉讼权利。

对当事人依法提起的诉讼，人民法院应当根据行政诉讼法第五十一条的规定接收起诉状。能够判断符合起诉条件的，应当当场登记立案；当场不能判断是否符合起诉条件的，应当在接收起诉状后七日内决定是否立案；七日内仍不能作出判断的，应当先予立案。

第五十四条 依照行政诉讼法第四十九条的规定，公民、法人或者其他组织提起诉讼时应当提交以下起诉材料：

（一）原告的身份证明材料以及有效联系方式；

（二）被诉行政行为或者不作为存在的材料；

（三）原告与被诉行政行为具有利害关系的材料；

（四）人民法院认为需要提交的其他材料。

由法定代理人或者委托代理人代为起诉的，还应当在起诉状中写明或者在口头起诉时向人民法院说明法定代理人或者委托代理人的基本情况，并提交法定代理人或者委托代理人的身份证明和代理权限证明等材料。

第五十五条　依照行政诉讼法第五十一条的规定，人民法院应当就起诉状内容和材料是否完备以及是否符合行政诉讼法规定的起诉条件进行审查。

起诉状内容或者材料欠缺的，人民法院应当给予指导和释明，并一次性全面告知当事人需要补正的内容、补充的材料及期限。在指定期限内补正并符合起诉条件的，应当登记立案。当事人拒绝补正或者经补正仍不符合起诉条件的，退回诉状并记录在册；坚持起诉的，裁定不予立案，并载明不予立案的理由。

第五十六条　法律、法规规定应当先申请复议，公民、法人或者其他组织未申请复议直接提起诉讼的，人民法院裁定不予立案。

依照行政诉讼法第四十五条的规定，复议机关不受理复议申请或者在法定期限内不作出复议决定，公民、法人或者其他组织不服，依法向人民法院提起诉讼的，人民法院应当依法立案。

第五十七条　法律、法规未规定行政复议为提起行政诉讼必经程序，公民、法人或者其他组织既提起诉讼又申请行政复议的，由先立案的机关管辖；同时立案的，由公民、法人或者其他组织选择。公民、法人或者其他组织已经申请行政复议，在法定复议期间内又向人民法院提起诉讼的，人民法院裁定不予立案。

第五十八条　法律、法规未规定行政复议为提起行政诉讼必经程序，公民、法人或者其他组织向复议机关申请行政复议后，又经复议机关同意撤回复议申请，在法定起诉期限内对原行政行为提起诉讼的，人民法院应当依法立案。

第五十九条　公民、法人或者其他组织向复议机关申请行政复议后，复议机关作出维持决定的，应当以复议机关和原行为机关为共同被告，并以复议决定送达时间确定起诉期限。

第六十条　人民法院裁定准许原告撤诉后，原告以同一事实和理由重新起诉的，人民法院不予立案。

准予撤诉的裁定确有错误，原告申请再审的，人民法院应当通过审判监督程序撤销原准予撤诉的裁定，重新对案件进行审理。

第六十一条　原告或者上诉人未按规定的期限预交案件受理费，又不提出缓交、减交、免交申请，或者提出申请未获批准的，按自动撤诉处理。在按撤诉处理后，原告或者上诉人在法定期限内再次起诉或者上诉，并依法解决诉讼费预交问题的，人民法院应予立案。

第六十二条 人民法院判决撤销行政机关的行政行为后，公民、法人或者其他组织对行政机关重新作出的行政行为不服向人民法院起诉的，人民法院应当依法立案。

第六十三条 行政机关作出行政行为时，没有制作或者没有送达法律文书，公民、法人或者其他组织只要能证明行政行为存在，并在法定期限内起诉的，人民法院应当依法立案。

第六十四条 行政机关作出行政行为时，未告知公民、法人或者其他组织起诉期限的，起诉期限从公民、法人或者其他组织知道或者应当知道起诉期限之日起计算，但从知道或者应当知道行政行为内容之日起最长不得超过一年。

复议决定未告知公民、法人或者其他组织起诉期限的，适用前款规定。

第六十五条 公民、法人或者其他组织不知道行政机关作出的行政行为内容的，其起诉期限从知道或者应当知道该行政行为内容之日起计算，但最长不得超过行政诉讼法第四十六条第二款规定的起诉期限。

第六十六条 公民、法人或者其他组织依照行政诉讼法第四十七条第一款的规定，对行政机关不履行法定职责提起诉讼的，应当在行政机关履行法定职责期限届满之日起六个月内提出。

第六十七条 原告提供被告的名称等信息足以使被告与其他行政机关相区别的，可以认定为行政诉讼法第四十九条第二项规定的"有明确的被告"。

起诉状列写被告信息不足以认定明确的被告的，人民法院可以告知原告补正；原告补正后仍不能确定明确的被告的，人民法院裁定不予立案。

第六十八条 行政诉讼法第四十九条第三项规定的"有具体的诉讼请求"是指：

（一）请求判决撤销或者变更行政行为；

（二）请求判决行政机关履行特定法定职责或者给付义务；

（三）请求判决确认行政行为违法；

（四）请求判决确认行政行为无效；

（五）请求判决行政机关予以赔偿或者补偿；

（六）请求解决行政协议争议；

（七）请求一并审查规章以下规范性文件；

（八）请求一并解决相关民事争议；

（九）其他诉讼请求。

当事人单独或者一并提起行政赔偿、补偿诉讼的，应当有具体的赔偿、补偿事项以及数额；请求一并审查规章以下规范性文件的，应当提供明确的文件名称或者审查对象；请求一并解决相关民事争议的，应当有具体的民事诉讼请求。

当事人未能正确表达诉讼请求的，人民法院应当要求其明确诉讼请求。

第六十九条 有下列情形之一，已经立案的，应当裁定驳回起诉：

（一）不符合行政诉讼法第四十九条规定的；

（二）超过法定起诉期限且无行政诉讼法第四十八条规定情形的；

（三）错列被告且拒绝变更的；

（四）未按照法律规定由法定代理人、指定代理人、代表人为诉讼行为的；

（五）未按照法律、法规规定先向行政机关申请复议的；

（六）重复起诉的；

（七）撤回起诉后无正当理由再行起诉的；

（八）行政行为对其合法权益明显不产生实际影响的；

（九）诉讼标的已为生效裁判或者调解书所羁束的；

（十）其他不符合法定起诉条件的情形。

前款所列情形可以补正或者更正的，人民法院应当指定期间责令补正或者更正；在指定期间已经补正或者更正的，应当依法审理。

人民法院经过阅卷、调查或者询问当事人，认为不需要开庭审理的，可以迳行裁定驳回起诉。

第七十条 起诉状副本送达被告后，原告提出新的诉讼请求的，人民法院不予准许，但有正当理由的除外。

七、审理与判决

第七十一条 人民法院适用普通程序审理案件，应当在开庭三日前用传票传唤当事人。对证人、鉴定人、勘验人、翻译人员，应当用通知书通知其到庭。当事人或者其他诉讼参与人在外地的，应当留有必要的在途时间。

第七十二条 有下列情形之一的，可以延期开庭审理：

（一）应当到庭的当事人和其他诉讼参与人有正当理由没有到庭的；

（二）当事人临时提出回避申请且无法及时作出决定的；

（三）需要通知新的证人到庭，调取新的证据，重新鉴定、勘验，或者需要补充调查的；

（四）其他应当延期的情形。

第七十三条 根据行政诉讼法第二十七条的规定，有下列情形之一的，人民法院可以决定合并审理：

（一）两个以上行政机关分别对同一事实作出行政行为，公民、法人或者其他组织不服向同一人民法院起诉的；

（二）行政机关就同一事实对若干公民、法人或者其他组织分别作出行政行为，公民、法人或者其他组织不服分别向同一人民法院起诉的；

（三）在诉讼过程中，被告对原告作出新的行政行为，原告不服向同一人民法院起诉的；

（四）人民法院认为可以合并审理的其他情形。

第七十四条 当事人申请回避，应当说明理由，在案件开始审理时提出；回避事由在案件开始审理后知道的，应当在法庭辩论终结前提出。

被申请回避的人员，在人民法院作出是否回避的决定前，应当暂停参与本案的工作，但案件需要采取紧急措施的除外。

对当事人提出的回避申请，人民法院应当在三日内以口头或者书面形式作出决定。对当事人提出的明显不属于法定回避事由的申请，法庭可以依法当庭驳回。

申请人对驳回回避申请决定不服的，可以向作出决定的人民法院申请复议一次。复议期间，被申请回避的人员不停止参与本案的工作。对申请人的复议申请，人民法院应当在三日内作出复议决定，并通知复议申请人。

第七十五条 在一个审判程序中参与过本案审判工作的审判人员，不得再参与该案其他程序的审判。

发回重审的案件，在一审法院作出裁判后又进入第二审程序的，原第二审程序中合议庭组成人员不受前款规定的限制。

第七十六条 人民法院对于因一方当事人的行为或者其他原因，可能使行政行为或者人民法院生效裁判不能或者难以执行的案件，根据对方当事人的申请，可以裁定对其财产进行保全、责令其作出一定行为或者禁止其作出一定行为；当事人没有提出申请的，人民法院在必要时也可以裁定采取上述保全措施。

人民法院采取保全措施，可以责令申请人提供担保；申请人不提供担保的，裁定驳回申请。

人民法院接受申请后，对情况紧急的，必须在四十八小时内作出裁定；裁定采取保全措施的，应当立即开始执行。

当事人对保全的裁定不服的，可以申请复议；复议期间不停止裁定的执行。

第七十七条　利害关系人因情况紧急，不立即申请保全将会使其合法权益受到难以弥补的损害的，可以在提起诉讼前向被保全财产所在地、被申请人住所地或者对案件有管辖权的人民法院申请采取保全措施。申请人应当提供担保，不提供担保的，裁定驳回申请。

人民法院接受申请后，必须在四十八小时内作出裁定；裁定采取保全措施的，应当立即开始执行。

申请人在人民法院采取保全措施后三十日内不依法提起诉讼的，人民法院应当解除保全。

当事人对保全的裁定不服的，可以申请复议；复议期间不停止裁定的执行。

第七十八条　保全限于请求的范围，或者与本案有关的财物。

财产保全采取查封、扣押、冻结或者法律规定的其他方法。人民法院保全财产后，应当立即通知被保全人。

财产已被查封、冻结的，不得重复查封、冻结。

涉及财产的案件，被申请人提供担保的，人民法院应当裁定解除保全。

申请有错误的，申请人应当赔偿被申请人因保全所遭受的损失。

第七十九条　原告或者上诉人申请撤诉，人民法院裁定不予准许的，原告或者上诉人经传票传唤无正当理由拒不到庭，或者未经法庭许可中途退庭的，人民法院可以缺席判决。

第三人经传票传唤无正当理由拒不到庭，或者未经法庭许可中途退庭的，不发生阻止案件审理的效果。

根据行政诉讼法第五十八条的规定，被告经传票传唤无正当理由拒不到庭，或者未经法庭许可中途退庭的，人民法院可以按期开庭或者继续开庭审理，对到庭的当事人诉讼请求、双方的诉辩理由以及已经提交的证据及其他诉讼材料进行审理后，依法缺席判决。

第八十条　原告或者上诉人在庭审中明确拒绝陈述或者以其他方式拒绝陈述，导致庭审无法进行，经法庭释明法律后果后仍不陈述意见的，视为放弃陈述权利，由其承担不利的法律后果。

当事人申请撤诉或者依法可以按撤诉处理的案件，当事人有违反法律的行为需要依法处理的，人民法院可以不准许撤诉或者不按撤诉处理。

法庭辩论终结后原告申请撤诉，人民法院可以准许，但涉及到国家利益和社会公共利益的除外。

第八十一条 被告在一审期间改变被诉行政行为的，应当书面告知人民法院。

原告或者第三人对改变后的行政行为不服提起诉讼的，人民法院应当就改变后的行政行为进行审理。

被告改变原违法行政行为，原告仍要求确认原行政行为违法的，人民法院应当依法作出确认判决。

原告起诉被告不作为，在诉讼中被告作出行政行为，原告不撤诉的，人民法院应当就不作为依法作出确认判决。

第八十二条 当事人之间恶意串通，企图通过诉讼等方式侵害国家利益、社会公共利益或者他人合法权益的，人民法院应当裁定驳回起诉或者判决驳回其请求，并根据情节轻重予以罚款、拘留；构成犯罪的，依法追究刑事责任。

第八十三条 行政诉讼法第五十九条规定的罚款、拘留可以单独适用，也可以合并适用。

对同一妨害行政诉讼行为的罚款、拘留不得连续适用。发生新的妨害行政诉讼行为的，人民法院可以重新予以罚款、拘留。

第八十四条 人民法院审理行政诉讼法第六十条第一款规定的行政案件，认为法律关系明确、事实清楚，在征得当事人双方同意后，可以进行调解。

第八十五条 调解达成协议，人民法院应当制作调解书。调解书应当写明诉讼请求、案件的事实和调解结果。

调解书由审判人员、书记员署名，加盖人民法院印章，送达双方当事人。

调解书经双方当事人签收后，即具有法律效力。调解书生效日期根据最后收到调解书的当事人签收的日期确定。

第八十六条 人民法院审理行政案件，调解过程不公开，但当事人同意公开的除外。

经人民法院准许，第三人可以参加调解。人民法院认为有必要的，可以通知第三人参加调解。

调解协议内容不公开，但为保护国家利益、社会公共利益、他人合法权益，人民法院认为确有必要公开的除外。

当事人一方或者双方不愿调解、调解未达成协议的，人民法院应当及时判决。

当事人自行和解或者调解达成协议后，请求人民法院按照和解协议或者调解协议的内容制作判决书的，人民法院不予准许。

第八十七条 在诉讼过程中，有下列情形之一的，中止诉讼：

（一）原告死亡，须等待其近亲属表明是否参加诉讼的；

（二）原告丧失诉讼行为能力，尚未确定法定代理人的；

（三）作为一方当事人的行政机关、法人或者其他组织终止，尚未确定权利义务承受人的；

（四）一方当事人因不可抗力的事由不能参加诉讼的；

（五）案件涉及法律适用问题，需要送请有权机关作出解释或者确认的；

（六）案件的审判须以相关民事、刑事或者其他行政案件的审理结果为依据，而相关案件尚未审结的；

（七）其他应当中止诉讼的情形。

中止诉讼的原因消除后，恢复诉讼。

第八十八条 在诉讼过程中，有下列情形之一的，终结诉讼：

（一）原告死亡，没有近亲属或者近亲属放弃诉讼权利的；

（二）作为原告的法人或者其他组织终止后，其权利义务的承受人放弃诉讼权利的。

因本解释第八十七条第一款第一、二、三项原因中止诉讼满九十日仍无人继续诉讼的，裁定终结诉讼，但有特殊情况的除外。

第八十九条 复议决定改变原行政行为错误，人民法院判决撤销复议决定时，可以一并责令复议机关重新作出复议决定或者判决恢复原行政行为的法律效力。

第九十条 人民法院判决被告重新作出行政行为，被告重新作出的行政行为与原行政行为的结果相同，但主要事实或者主要理由有改变的，不属于行政诉讼法第七十一条规定的情形。

人民法院以违反法定程序为由，判决撤销被诉行政行为的，行政机关重新作出行政行为不受行政诉讼法第七十一条规定的限制。

行政机关以同一事实和理由重新作出与原行政行为基本相同的行政行为，人民法院应当根据行政诉讼法第七十条、第七十一条的规定判决撤销或者部分撤销，并根据行政诉讼法第九十六条的规定处理。

第九十一条 原告请求被告履行法定职责的理由成立，被告违法拒绝履行或者无正当理由逾期不予答复的，人民法院可以根据行政诉讼法第七十二条的规定，判决被告在一定期限内依法履行原告请求的法定职责；尚需被告调查或者裁量的，应当判决被告针对原告的请求重新作出处理。

第九十二条 原告申请被告依法履行支付抚恤金、最低生活保障待遇或者社会保险待遇等给付义务的理由成立，被告依法负有给付义务而拒绝或者拖延履行义务的，人民法院可以根据行政诉讼法第七十三条的规定，判决被告在一定期限内履行相应的给付义务。

第九十三条 原告请求被告履行法定职责或者依法履行支付抚恤金、最低生活保障待遇或者社会保险待遇等给付义务，原告未先向行政机关提出申请的，人民法院裁定驳回起诉。

人民法院经审理认为原告所请求履行的法定职责或者给付义务明显不属于行政机关权限范围的，可以裁定驳回起诉。

第九十四条 公民、法人或者其他组织起诉请求撤销行政行为，人民法院经审查认为行政行为无效的，应当作出确认无效的判决。

公民、法人或者其他组织起诉请求确认行政行为无效，人民法院审查认为行政行为不属于无效情形，经释明，原告请求撤销行政行为的，应当继续审理并依法作出相应判决；原告请求撤销行政行为但超过法定起诉期限的，裁定驳回起诉；原告拒绝变更诉讼请求的，判决驳回其诉讼请求。

第九十五条 人民法院经审理认为被诉行政行为违法或者无效，可能给原告造成损失，经释明，原告请求一并解决行政赔偿争议的，人民法院可以就赔偿事项进行调解；调解不成的，应当一并判决。人民法院也可以告知其就赔偿事项另行提起诉讼。

第九十六条 有下列情形之一，且对原告依法享有的听证、陈述、申辩等重要程序性权利不产生实质损害的，属于行政诉讼法第七十四条第一款第二项规定的"程序轻微违法"：

（一）处理期限轻微违法；

（二）通知、送达等程序轻微违法；

（三）其他程序轻微违法的情形。

第九十七条 原告或者第三人的损失系由其自身过错和行政机关的违法行政行为共同造成的，人民法院应当依据各方行为与损害结果之间有无因果关系以及在损害发生和结果中作用力的大小，确定行政机关相应的赔偿责任。

第九十八条 因行政机关不履行、拖延履行法定职责，致使公民、法人或者其他组织的合法权益遭受损害的，人民法院应当判决行政机关承担行政赔偿责任。在确定赔偿数额时，应当考虑该不履行、拖延履行法定职责的行为在损害发生过程和结果中所起的作用等因素。

第九十九条 有下列情形之一的，属于行政诉讼法第七十五条规定的"重大且明显违法"：

（一）行政行为实施主体不具有行政主体资格；

（二）减损权利或者增加义务的行政行为没有法律规范依据；

（三）行政行为的内容客观上不可能实施；

（四）其他重大且明显违法的情形。

第一百条 人民法院审理行政案件，适用最高人民法院司法解释的，应当在裁判文书中援引。

人民法院审理行政案件，可以在裁判文书中引用合法有效的规章及其他规范性文件。

第一百零一条 裁定适用于下列范围：

（一）不予立案；

（二）驳回起诉；

（三）管辖异议；

（四）终结诉讼；

（五）中止诉讼；

（六）移送或者指定管辖；

（七）诉讼期间停止行政行为的执行或者驳回停止执行的申请；

（八）财产保全；

（九）先予执行；

（十）准许或者不准许撤诉；

（十一）补正裁判文书中的笔误；

（十二）中止或者终结执行；

（十三）提审、指令再审或者发回重审；

（十四）准许或者不准许执行行政机关的行政行为；

（十五）其他需要裁定的事项。

对第一、二、三项裁定，当事人可以上诉。

裁定书应当写明裁定结果和作出该裁定的理由。裁定书由审判人员、书记员署名，加盖人民法院印章。口头裁定的，记入笔录。

第一百零二条 行政诉讼法第八十二条规定的行政案件中的"事实清楚"，是指当事人对争议的事实陈述基本一致，并能提供相应的证据，无须人民法院调查收集证据即可查明事实；"权利义务关系明确"，是指行政法律关系中权利和义务能够明确区分；"争议不大"，是指当事人对行政行为的合法性、责任承担等没有实质分歧。

第一百零三条 适用简易程序审理的行政案件，人民法院可以用口头通知、电话、短信、传真、电子邮件等简便方式传唤当事人、通知证人、送达裁判文书以外的诉讼文书。

以简便方式送达的开庭通知，未经当事人确认或者没有其他证据证明当事人已经收到的，人民法院不得缺席判决。

第一百零四条 适用简易程序案件的举证期限由人民法院确定，也可以由当事人协商一致并经人民法院准许，但不得超过十五日。被告要求书面答辩的，人民法院可以确定合理的答辩期间。

人民法院应当将举证期限和开庭日期告知双方当事人，并向当事人说明逾期举证以及拒不到庭的法律后果，由双方当事人在笔录和开庭传票的送达回证上签名或者捺印。

当事人双方均表示同意立即开庭或者缩短举证期限、答辩期间的，人民法院可以立即开庭审理或者确定近期开庭。

第一百零五条 人民法院发现案情复杂，需要转为普通程序审理的，应当在审理期限届满前作出裁定并将合议庭组成人员及相关事项书面通知双方当事人。

案件转为普通程序审理的，审理期限自人民法院立案之日起计算。

第一百零六条 当事人就已经提起诉讼的事项在诉讼过程中或者裁判生效后再次起诉，同时具有下列情形的，构成重复起诉：

（一）后诉与前诉的当事人相同；

（二）后诉与前诉的诉讼标的相同；

（三）后诉与前诉的诉讼请求相同，或者后诉的诉讼请求被前诉裁判所包含。

第一百零七条 第一审人民法院作出判决和裁定后，当事人均提起上诉的，上诉各方均为上诉人。

诉讼当事人中的一部分人提出上诉，没有提出上诉的对方当事人为被上诉人，其他当事人依原审诉讼地位列明。

第一百零八条　当事人提出上诉，应当按照其他当事人或者诉讼代表人的人数提出上诉状副本。

原审人民法院收到上诉状，应当在五日内将上诉状副本发送其他当事人，对方当事人应当在收到上诉状副本之日起十五日内提出答辩状。

原审人民法院应当在收到答辩状之日起五日内将副本发送上诉人。对方当事人不提出答辩状的，不影响人民法院审理。

原审人民法院收到上诉状、答辩状，应当在五日内连同全部案卷和证据，报送第二审人民法院；已经预收的诉讼费用，一并报送。

第一百零九条　第二审人民法院经审理认为原审人民法院不予立案或者驳回起诉的裁定确有错误且当事人的起诉符合起诉条件的，应当裁定撤销原审人民法院的裁定，指令原审人民法院依法立案或者继续审理。

第二审人民法院裁定发回原审人民法院重新审理的行政案件，原审人民法院应当另行组成合议庭进行审理。

原审判决遗漏了必须参加诉讼的当事人或者诉讼请求的，第二审人民法院应当裁定撤销原审判决，发回重审。

原审判决遗漏行政赔偿请求，第二审人民法院经审查认为依法不应当予以赔偿的，应当判决驳回行政赔偿请求。

原审判决遗漏行政赔偿请求，第二审人民法院经审理认为依法应当予以赔偿的，在确认被诉行政行为违法的同时，可以就行政赔偿问题进行调解；调解不成的，应当就行政赔偿部分发回重审。

当事人在第二审期间提出行政赔偿请求的，第二审人民法院可以进行调解；调解不成的，应当告知当事人另行起诉。

第一百一十条　当事人向上一级人民法院申请再审，应当在判决、裁定或者调解书发生法律效力后六个月内提出。有下列情形之一的，自知道或者应当知道之日起六个月内提出：

（一）有新的证据，足以推翻原判决、裁定的；

（二）原判决、裁定认定事实的主要证据是伪造的；

（三）据以作出原判决、裁定的法律文书被撤销或者变更的；

（四）审判人员审理该案件时有贪污受贿、徇私舞弊、枉法裁判行为的。

第一百一十一条　当事人申请再审的，应当提交再审申请书等材料。人民法院认为有必要的，可以自收到再审申请书之日起五日内将再审申请书副本发送对方当事人。对方当事人应当自收到再审申请书副本之日起十五日内提交书面意见。人民法院可以要求申请人和对方当事人补充有关材料，询问有关事项。

第一百一十二条 人民法院应当自再审申请案件立案之日起六个月内审查，有特殊情况需要延长的，由本院院长批准。

第一百一十三条 人民法院根据审查再审申请案件的需要决定是否询问当事人；新的证据可能推翻原判决、裁定的，人民法院应当询问当事人。

第一百一十四条 审查再审申请期间，被申请人及原审其他当事人依法提出再审申请的，人民法院应当将其列为再审申请人，对其再审事由一并审查，审查期限重新计算。经审查，其中一方再审申请人主张的再审事由成立的，应当裁定再审。各方再审申请人主张的再审事由均不成立的，一并裁定驳回再审申请。

第一百一十五条 审查再审申请期间，再审申请人申请人民法院委托鉴定、勘验的，人民法院不予准许。

审查再审申请期间，再审申请人撤回再审申请的，是否准许，由人民法院裁定。

再审申请人经传票传唤，无正当理由拒不接受询问的，按撤回再审申请处理。

人民法院准许撤回再审申请或者按撤回再审申请处理后，再审申请人再次申请再审的，不予立案，但有行政诉讼法第九十一条第二项、第三项、第七项、第八项规定情形，自知道或者应当知道之日起六个月内提出的除外。

第一百一十六条 当事人主张的再审事由成立，且符合行政诉讼法和本解释规定的申请再审条件的，人民法院应当裁定再审。

当事人主张的再审事由不成立，或者当事人申请再审超过法定申请再审期限、超出法定再审事由范围等不符合行政诉讼法和本解释规定的申请再审条件的，人民法院应当裁定驳回再审申请。

第一百一十七条 有下列情形之一的，当事人可以向人民检察院申请抗诉或者检察建议：

（一）人民法院驳回再审申请的；

（二）人民法院逾期未对再审申请作出裁定的；

（三）再审判决、裁定有明显错误的。

人民法院基于抗诉或者检察建议作出再审判决、裁定后，当事人申请再审的，人民法院不予立案。

第一百一十八条 按照审判监督程序决定再审的案件，裁定中止原判决、裁定、调解书的执行，但支付抚恤金、最低生活保障费或者社会保险待遇的案件，可以不中止执行。

上级人民法院决定提审或者指令下级人民法院再审的，应当作出裁定，裁定应当写明中止原判决的执行；情况紧急的，可以将中止执行的裁定口头通知负责执行的人民法院或者作出生效判决、裁定的人民法院，但应当在口头通知后十日内发出裁定书。

第一百一十九条 人民法院按照审判监督程序再审的案件，发生法律效力的判决、裁定是由第一审法院作出的，按照第一审程序审理，所作的判决、裁定，当事人可以上诉；发生法律效力的判决、裁定是由第二审法院作出的，按照第二审程序审理，所作的判决、裁定，是发生法律效力的判决、裁定；上级人民法院按照审判监督程序提审的，按照第二审程序审理，所作的判决、裁定是发生法律效力的判决、裁定。

人民法院审理再审案件，应当另行组成合议庭。

第一百二十条 人民法院审理再审案件应当围绕再审请求和被诉行政行为合法性进行。当事人的再审请求超出原审诉讼请求，符合另案诉讼条件的，告知当事人可以另行起诉。

被申请人及原审其他当事人在庭审辩论结束前提出的再审请求，符合本解释规定的申请期限的，人民法院应当一并审理。

人民法院经再审，发现已经发生法律效力的判决、裁定损害国家利益、社会公共利益、他人合法权益的，应当一并审理。

第一百二十一条 再审审理期间，有下列情形之一的，裁定终结再审程序：

（一）再审申请人在再审期间撤回再审请求，人民法院准许的；

（二）再审申请人经传票传唤，无正当理由拒不到庭的，或者未经法庭许可中途退庭，按撤回再审请求处理的；

（三）人民检察院撤回抗诉的；

（四）其他应当终结再审程序的情形。

因人民检察院提出抗诉裁定再审的案件，申请抗诉的当事人有前款规定的情形，且不损害国家利益、社会公共利益或者他人合法权益的，人民法院裁定终结再审程序。

再审程序终结后，人民法院裁定中止执行的原生效判决自动恢复执行。

第一百二十二条 人民法院审理再审案件，认为原生效判决、裁定确有错误，在撤销原生效判决或者裁定的同时，可以对生效判决、裁定的内容作出相应裁判，也可以裁定撤销生效判决或者裁定，发回作出生效判决、裁定的人民法院重新审理。

第一百二十三条 人民法院审理二审案件和再审案件，对原审法院立案、不予立案或者驳回起诉错误的，应当分别情况作如下处理：

（一）第一审人民法院作出实体判决后，第二审人民法院认为不应当立案的，在撤销第一审人民法院判决的同时，可以迳行驳回起诉；

（二）第二审人民法院维持第一审人民法院不予立案裁定错误的，再审法院应当撤销第一审、第二审人民法院裁定，指令第一审人民法院受理；

（三）第二审人民法院维持第一审人民法院驳回起诉裁定错误的，再审法院应当撤销第一审、第二审人民法院裁定，指令第一审人民法院审理。

第一百二十四条 人民检察院提出抗诉的案件，接受抗诉的人民法院应当自收到抗诉书之日起三十日内作出再审的裁定；有行政诉讼法第九十一条第二、三项规定情形之一的，可以指令下一级人民法院再审，但经该下一级人民法院再审过的除外。

人民法院在审查抗诉材料期间，当事人之间已经达成和解协议的，人民法院可以建议人民检察院撤回抗诉。

第一百二十五条 人民检察院提出抗诉的案件，人民法院再审开庭时，应当在开庭三日前通知人民检察院派员出庭。

第一百二十六条 人民法院收到再审检察建议后，应当组成合议庭，在三个月内进行审查，发现原判决、裁定、调解书确有错误，需要再审的，依照行政诉讼法第九十二条规定裁定再审，并通知当事人；经审查，决定不予再审的，应当书面回复人民检察院。

第一百二十七条 人民法院审理因人民检察院抗诉或者检察建议裁定再审的案件，不受此前已经作出的驳回当事人再审申请裁定的限制。

八、行政机关负责人出庭应诉

第一百二十八条 行政诉讼法第三条第三款规定的行政机关负责人，包括行政机关的正职、副职负责人以及其他参与分管的负责人。

行政机关负责人出庭应诉的，可以另行委托一至二名诉讼代理人。行政机关负责人不能出庭的，应当委托行政机关相应的工作人员出庭，不得仅委托律师出庭。

第一百二十九条 涉及重大公共利益、社会高度关注或者可能引发群体性事件等案件以及人民法院书面建议行政机关负责人出庭的案件，被诉行政机关负责人应当出庭。

被诉行政机关负责人出庭应诉的，应当在当事人及其诉讼代理人基本情况、案件由来部分予以列明。

行政机关负责人有正当理由不能出庭应诉的，应当向人民法院提交情况说明，并加盖行政机关印章或者由该机关主要负责人签字认可。

行政机关拒绝说明理由的，不发生阻止案件审理的效果，人民法院可以向监察机关、上一级行政机关提出司法建议。

第一百三十条 行政诉讼法第三条第三款规定的"行政机关相应的工作人员"，包括该行政机关具有国家行政编制身份的工作人员以及其他依法履行公职的人员。

被诉行政行为是地方人民政府作出的，地方人民政府法制工作机构的工作人员，以及被诉行政行为具体承办机关工作人员，可以视为被诉人民政府相应的工作人员。

第一百三十一条 行政机关负责人出庭应诉的，应当向人民法院提交能够证明该行政机关负责人职务的材料。

行政机关委托相应的工作人员出庭应诉的，应当向人民法院提交加盖行政机关印章的授权委托书，并载明工作人员的姓名、职务和代理权限。

第一百三十二条 行政机关负责人和行政机关相应的工作人员均不出庭，仅委托律师出庭的或者人民法院书面建议行政机关负责人出庭应诉，行政机关负责人不出庭应诉的，人民法院应当记录在案和在裁判文书中载明，并可以建议有关机关依法作出处理。

九、复议机关作共同被告

第一百三十三条 行政诉讼法第二十六条第二款规定的"复议机关决定维持原行政行为"，包括复议机关驳回复议申请或者复议请求的情形，但以复议申请不符合受理条件为由驳回的除外。

第一百三十四条 复议机关决定维持原行政行为的，作出原行政行为的行政机关和复议机关是共同被告。原告只起诉作出原行政行为的行政机关或者复议机关的，人民法院应当告知原告追加被告。原告不同意追加的，人民法院应当将另一机关列为共同被告。

行政复议决定既有维持原行政行为内容，又有改变原行政行为内容或者不予受理申请内容的，作出原行政行为的行政机关和复议机关为共同被告。

复议机关作共同被告的案件，以作出原行政行为的行政机关确定案件的级别管辖。

第一百三十五条 复议机关决定维持原行政行为的，人民法院应当在审查原行政行为合法性的同时，一并审查复议决定的合法性。

作出原行政行为的行政机关和复议机关对原行政行为合法性共同承担举证责任，可以由其中一个机关实施举证行为。复议机关对复议决定的合法性承担举证责任。

复议机关作共同被告的案件，复议机关在复议程序中依法收集和补充的证据，可以作为人民法院认定复议决定和原行政行为合法的依据。

第一百三十六条 人民法院对原行政行为作出判决的同时，应当对复议决定一并作出相应判决。

人民法院依职权追加作出原行政行为的行政机关或者复议机关为共同被告的，对原行政行为或者复议决定可以作出相应判决。

人民法院判决撤销原行政行为和复议决定的，可以判决作出原行政行为的行政机关重新作出行政行为。

人民法院判决作出原行政行为的行政机关履行法定职责或者给付义务的，应当同时判决撤销复议决定。

原行政行为合法、复议决定违法的，人民法院可以判决撤销复议决定或者确认复议决定违法，同时判决驳回原告针对原行政行为的诉讼请求。

原行政行为被撤销、确认违法或者无效，给原告造成损失的，应当由作出原行政行为的行政机关承担赔偿责任；因复议决定加重损害的，由复议机关对加重部分承担赔偿责任。

原行政行为不符合复议或者诉讼受案范围等受理条件，复议机关作出维持决定的，人民法院应当裁定一并驳回对原行政行为和复议决定的起诉。

十、相关民事争议的一并审理

第一百三十七条 公民、法人或者其他组织请求一并审理行政诉讼法第六十一条规定的相关民事争议，应当在第一审开庭审理前提出；有正当理由的，也可以在法庭调查中提出。

第一百三十八条　人民法院决定在行政诉讼中一并审理相关民事争议，或者案件当事人一致同意相关民事争议在行政诉讼中一并解决，人民法院准许的，由受理行政案件的人民法院管辖。

公民、法人或者其他组织请求一并审理相关民事争议，人民法院经审查发现行政案件已经超过起诉期限，民事案件尚未立案的，告知当事人另行提起民事诉讼；民事案件已经立案的，由原审判组织继续审理。

人民法院在审理行政案件中发现民事争议为解决行政争议的基础，当事人没有请求人民法院一并审理相关民事争议的，人民法院应当告知当事人依法申请一并解决民事争议。当事人就民事争议另行提起民事诉讼并已立案的，人民法院应当中止行政诉讼的审理。民事争议处理期间不计算在行政诉讼审理期限内。

第一百三十九条　有下列情形之一的，人民法院应当作出不予准许一并审理民事争议的决定，并告知当事人可以依法通过其他渠道主张权利：

（一）法律规定应当由行政机关先行处理的；

（二）违反民事诉讼法专属管辖规定或者协议管辖约定的；

（三）约定仲裁或者已经提起民事诉讼的；

（四）其他不宜一并审理民事争议的情形。

对不予准许的决定可以申请复议一次。

第一百四十条　人民法院在行政诉讼中一并审理相关民事争议的，民事争议应当单独立案，由同一审判组织审理。

人民法院审理行政机关对民事争议所作裁决的案件，一并审理民事争议的，不另行立案。

第一百四十一条　人民法院一并审理相关民事争议，适用民事法律规范的相关规定，法律另有规定的除外。

当事人在调解中对民事权益的处分，不能作为审查被诉行政行为合法性的根据。

第一百四十二条　对行政争议和民事争议应当分别裁判。

当事人仅对行政裁判或者民事裁判提出上诉的，未上诉的裁判在上诉期满后即发生法律效力。第一审人民法院应当将全部案卷一并移送第二审人民法院，由行政审判庭审理。第二审人民法院发现未上诉的生效裁判确有错误的，应当按照审判监督程序再审。

第一百四十三条　行政诉讼原告在宣判前申请撤诉的，是否准许由人民法院裁定。人民法院裁定准许行政诉讼原告撤诉，但其对已经提起的一并审理相关民事争议不撤诉的，人民法院应当继续审理。

第一百四十四条　人民法院一并审理相关民事争议，应当按行政案件、民事案件的标准分别收取诉讼费用。

十一、规范性文件的一并审查

第一百四十五条　公民、法人或者其他组织在对行政行为提起诉讼时一并请求对所依据的规范性文件审查的，由行政行为案件管辖法院一并审查。

第一百四十六条　公民、法人或者其他组织请求人民法院一并审查行政诉讼法第五十三条规定的规范性文件，应当在第一审开庭审理前提出；有正当理由的，也可以在法庭调查中提出。

第一百四十七条　人民法院在对规范性文件审查过程中，发现规范性文件可能不合法的，应当听取规范性文件制定机关的意见。

制定机关申请出庭陈述意见的，人民法院应当准许。

行政机关未陈述意见或者未提供相关证明材料的，不能阻止人民法院对规范性文件进行审查。

第一百四十八条　人民法院对规范性文件进行一并审查时，可以从规范性文件制定机关是否超越权限或者违反法定程序、作出行政行为所依据的条款以及相关条款等方面进行。

有下列情形之一的，属于行政诉讼法第六十四条规定的"规范性文件不合法"：

（一）超越制定机关的法定职权或者超越法律、法规、规章的授权范围的；

（二）与法律、法规、规章等上位法的规定相抵触的；

（三）没有法律、法规、规章依据，违法增加公民、法人和其他组织义务或者减损公民、法人和其他组织合法权益的；

（四）未履行法定批准程序、公开发布程序，严重违反制定程序的；

（五）其他违反法律、法规以及规章规定的情形。

第一百四十九条　人民法院经审查认为行政行为所依据的规范性文件合法的，应当作为认定行政行为合法的依据；经审查认为规范性文件不合法的，不作为人民法院认定行政行为合法的依据，并在裁判理由中予以阐明。作出生效裁判的人民法院应当向规范性文件的制定机关提出处理建议，并可以抄送制定机关的同级人民政府、上一级行政机关、监察机关以及规范性文件的备案机关。

规范性文件不合法的，人民法院可以在裁判生效之日起三个月内，向规范性文件制定机关提出修改或者废止该规范性文件的司法建议。

规范性文件由多个部门联合制定的，人民法院可以向该规范性文件的主办机关或者共同上一级行政机关发送司法建议。

接收司法建议的行政机关应当在收到司法建议之日起六十日内予以书面答复。情况紧急的，人民法院可以建议制定机关或者其上一级行政机关立即停止执行该规范性文件。

第一百五十条　人民法院认为规范性文件不合法的，应当在裁判生效后报送上一级人民法院进行备案。涉及国务院部门、省级行政机关制定的规范性文件，司法建议还应当分别层报最高人民法院、高级人民法院备案。

第一百五十一条　各级人民法院院长对本院已经发生法律效力的判决、裁定，发现规范性文件合法性认定错误，认为需要再审的，应当提交审判委员会讨论。

最高人民法院对地方各级人民法院已经发生法律效力的判决、裁定，上级人民法院对下级人民法院已经发生法律效力的判决、裁定，发现规范性文件合法性认定错误的，有权提审或者指令下级人民法院再审。

十二、执　　行

第一百五十二条　对发生法律效力的行政判决书、行政裁定书、行政赔偿判决书和行政调解书，负有义务的一方当事人拒绝履行的，对方当事人可以依法申请人民法院强制执行。

人民法院判决行政机关履行行政赔偿、行政补偿或者其他行政给付义务，行政机关拒不履行的，对方当事人可以依法向法院申请强制执行。

第一百五十三条　申请执行的期限为二年。申请执行时效的中止、中断，适用法律有关规定。

申请执行的期限从法律文书规定的履行期间最后一日起计算；法律文书规定分期履行的，从规定的每次履行期间的最后一日起计算；法律文书中没有规定履行期限的，从该法律文书送达当事人之日起计算。

逾期申请的，除有正当理由外，人民法院不予受理。

第一百五十四条　发生法律效力的行政判决书、行政裁定书、行政赔偿判决书和行政调解书，由第一审人民法院执行。

第一审人民法院认为情况特殊，需要由第二审人民法院执行的，可以报请第二审人民法院执行；第二审人民法院可以决定由其执行，也可以决定由第一审人民法院执行。

第一百五十五条　行政机关根据行政诉讼法第九十七条的规定申请执行其行政行为，应当具备以下条件：

（一）行政行为依法可以由人民法院执行；

（二）行政行为已经生效并具有可执行内容；

（三）申请人是作出该行政行为的行政机关或者法律、法规、规章授权的组织；

（四）被申请人是该行政行为所确定的义务人；

（五）被申请人在行政行为确定的期限内或者行政机关催告期限内未履行义务；

（六）申请人在法定期限内提出申请；

（七）被申请执行的行政案件属于受理执行申请的人民法院管辖。

行政机关申请人民法院执行，应当提交行政强制法第五十五条规定的相关材料。

人民法院对符合条件的申请，应当在五日内立案受理，并通知申请人；对不符合条件的申请，应当裁定不予受理。行政机关对不予受理裁定有异议，在十五日内向上一级人民法院申请复议的，上一级人民法院应当在收到复议申请之日起十五日内作出裁定。

第一百五十六条　没有强制执行权的行政机关申请人民法院强制执行其行政行为，应当自被执行人的法定起诉期限届满之日起三个月内提出。逾期申请的，除有正当理由外，人民法院不予受理。

第一百五十七条　行政机关申请人民法院强制执行其行政行为的，由申请人所在地的基层人民法院受理；执行对象为不动产的，由不动产所在地的基层人民法院受理。

基层人民法院认为执行确有困难的，可以报请上级人民法院执行；上级人民法院可以决定由其执行，也可以决定由下级人民法院执行。

第一百五十八条　行政机关根据法律的授权对平等主体之间民事争议作出裁决后，当事人在法定期限内不起诉又不履行，作出裁决的行政机关在申请执行的期限内未申请人民法院强制执行的，生效行政裁决确定的权利人或者其继承人、权利承受人在六个月内可以申请人民法院强制执行。

享有权利的公民、法人或者其他组织申请人民法院强制执行生效行政裁决，参照行政机关申请人民法院强制执行行政行为的规定。

第一百五十九条 行政机关或者行政行为确定的权利人申请人民法院强制执行前，有充分理由认为被执行人可能逃避执行的，可以申请人民法院采取财产保全措施。后者申请强制执行的，应当提供相应的财产担保。

第一百六十条 人民法院受理行政机关申请执行其行政行为的案件后，应当在七日内由行政审判庭对行政行为的合法性进行审查，并作出是否准予执行的裁定。

人民法院在作出裁定前发现行政行为明显违法并损害被执行人合法权益的，应当听取被执行人和行政机关的意见，并自受理之日起三十日内作出是否准予执行的裁定。

需要采取强制执行措施的，由本院负责强制执行非诉行政行为的机构执行。

第一百六十一条 被申请执行的行政行为有下列情形之一的，人民法院应当裁定不准予执行：

（一）实施主体不具有行政主体资格的；

（二）明显缺乏事实根据的；

（三）明显缺乏法律、法规依据的；

（四）其他明显违法并损害被执行人合法权益的情形。

行政机关对不准予执行的裁定有异议，在十五日内向上一级人民法院申请复议的，上一级人民法院应当在收到复议申请之日起三十日内作出裁定。

十三、附　　则

第一百六十二条 公民、法人或者其他组织对 2015 年 5 月 1 日之前作出的行政行为提起诉讼，请求确认行政行为无效的，人民法院不予立案。

第一百六十三条 本解释自 2018 年 2 月 8 日起施行。

本解释施行后，《最高人民法院关于执行〈中华人民共和国行政诉讼法〉若干问题的解释》（法释〔2000〕8 号）、《最高人民法院关于适用〈中华人民共和国行政诉讼法〉若干问题的解释》（法释〔2015〕9 号）同时废止。最高人民法院以前发布的司法解释与本解释不一致的，不再适用。

最高人民法院办公厅关于印发
《行政审判办案指南（一）》的通知

（2014 年 2 月 24 日 法办〔2014〕17 号）

各省、自治区、直辖市高级人民法院，解放军军事法院，新疆维吾尔自治区高级人民法院生产建设兵团分院：

为统一司法裁判尺度，明确法律适用标准，让人民群众在每一个司法案件中都感受到公平正义，我们将对各地行政审判实践中具有前沿性、普遍性、典型性的案例及问题进行归纳研究，定期编发《行政审判办案指南》。现将《行政审判指南（一）》印发给你们，请转发至各级法院，供各地在行政案件审理中参考运用。

特此通知。

附：

行政审判办案指南（一）

一、受案范围

1. 会议纪要的可诉性问题

行政机关的内部会议纪要不可诉。但其直接对公民、法人或者其他组织的权利义务产生实际影响，且通过送达等途径外化的，属于可诉的具体行政行为。（1 号）①（注①：最高人民法院行政审判庭编写的《中国行政审判案例》相关案例编号，下同。具明该号便于各级人民法院审判人员对照参考具体案例，全面准确理解本指南要旨。）

2. 规范性文件包含具体行政行为内容时的可诉性问题

行政机关发布的具有普遍约束力的规范性文件不可诉，但包含具体行政行为内容的，该部分内容具有可诉性。（44 号）

3. 行政处理过程中特定事实之确认的可诉性问题

行政机关委托有关社会组织就特定事实作出确认，并将其作为行政处理决定事实根据的，该确认行为不可诉。（40 号）

行政机关依职权就特定事实作出确认，并将其作为行政处理决定事实根据的，该确认行为不能成为独立的诉讼客体，但其直接对公民、法人或者其他组织的权利义务产生实质影响的具有可诉性。（43号）

4. 国有土地使用权拍卖行为的可诉性问题

土地管理部门出让国有土地使用权之前作出的拍卖公告等相关拍卖行为属于可诉的行政行为。（45号）

5. 延长行政许可期限行为的可诉性问题

延长行政许可期限的行为是独立于相关行政许可的行政行为，具有可诉性。在此类案件中，人民法院应当着重审查许可期限延长的理由是否合法、与此前的许可内容是否一致，以及相关行政许可是否存在重大、明显违法等情形。（42号）

二、诉讼参加人

6. 受行政行为潜在影响者的原告资格问题

公民、法人或其他组织认为行政行为对自身合法权益具有潜在的不利影响，如果这种影响以通常标准判断可以预见，则其对该行政行为具有原告资格。（2号）

7. 物权转移登记案件中债权人的原告资格问题

行政机关依债务人申请作出的物权转移登记行为，债权人一般不具有起诉的原告资格，但该登记所涉不动产或者动产因抵押、裁判执行等因素与债权产生特定联系的除外。（3号、49号）

8. 房屋转移登记案件中房屋使用人的原告资格问题

房屋使用人具有起诉房屋转移登记行为的原告资格，但其已被依法确认无权占有房屋的，原告资格随着其与房屋转移登记行为之间法律上利害关系的消失而消失。（48号）

9. 高等院校的适格被告问题

高等院校依据法律、法规授权作出颁发学历、学位证书以及开除学籍等影响学生受教育权利的行政行为，当事人不服提起行政诉讼的，以高等院校为被告。（5号、9号）

三、证据

10. "知道具体行政行为内容"的证明问题

被告或者第三人认为原告在特定时间已经知道具体行政行为内容，但其就此提供的证据无法排除合理怀疑且原告否认的，可以推定原告当时不知道具体行政行为内容。（8号）

11. 行政裁决申请事实的举证问题

最高人民法院《关于行政诉讼证据若干问题的规定》第四条第二款关于"在起诉被告不作为的案件中，原告应当提供其在行政程序中曾经提出申请的证据材料"之规定，针对的是申请人起诉的情形。被申请人起诉时，只要证明存在申请人申请裁决的事实，即可视为满足该款规定的举证要求。（52号）

12. 简易行政程序情形下执法人员陈述的证明力问题

被诉行政行为适用简易程序，只有一名执法人员从事执法活动的，该执法人员就有关事实所作的陈述具有比原告陈述更高的证明力，但其陈述存在明显影响证明力的瑕疵的除外。（6号）

四、起诉和受理

13. 行政复议机关作出不予受理决定时的起诉与受理问题

行政复议机关作出不予受理决定，并不表明原行政行为经过复议。在复议前置的情况下，当事人起诉不予受理决定的，应当依法受理；起诉原具体行政行为的，应当裁定不予受理。在法律没有规定复议前置的情况下，当事人在不予受理决定和原行政行为之间择一起诉的，应当依法受理。（4号、50号）

14. 行政复议机关受理逾期申请对起诉期限的影响问题

当事人逾期申请复议，行政复议机关决定维持原行政行为，当事人对原行政行为不服提起诉讼，人民法院认为逾期申请复议无正当理由且起诉已超出法定期限的，裁定不予受理。（51号）

五、审理和判决

15. 行政登记案件中被告履行审查义务情况的认定问题

人民法院在审理行政登记案件中，应当以登记机关的法定职责和专业能力为标准，对其是否尽到合理审慎的审查义务作出认定。（10号）

16. 视为申请人放弃申请的认定问题

行政机关要求申请人补正相关材料，申请人以无须补正为由请求继续处理的，行政机关应当依据现有申请材料作出相应处理；简单地视为放弃申请的，构成不履行法定职责。（53号）

17. 行政处罚作出过程中法律规定发生变化时的选择适用问题

被诉行政处罚决定作出过程中新法开始施行的，一般按照实体从旧、程序从新的原则作出处理，但新法对原告更有利的除外。（57号）

18. 与旧法配套的实施细则在新法实施后的适用问题

新法实施后，与之配套的实施细则尚未颁行前，原有细则与新法不相抵触的内容可以适用。（13 号）

19. 行政事业性收费免收规定的适用问题

行政机关因建设单位未依法定要求建设防空地下室而向其征收的易地建设费，系由建设单位应尽的法定义务转化而来的行政事业性收费，不适用有关部委规章中关于经济适用住房建设项目免收各种行政事业性收费的规定。（60 号）

20. 行政机关对被追究刑事责任的当事人能否再予处罚的问题

行政机关将案件移送司法机关追究刑事责任后，不宜再就当事人的同一违法事实作出与刑事处理性质相同的行政处罚。（14 号）

21. 行政机关自设义务可否归入法定职责的问题

行政机关在职权范围内以公告、允诺等形式为自己设定的义务，可以作为人民法院判断其是否对原告负有法定职责的依据。（22 号、55 号、56 号、78 号）

22. 履责判决内容具体化的问题

被告不履行法定职责，人民法院认为应当履行且无裁量余地的，可以直接判决其作出特定行政行为。（77 号）

六、法律原则的运用

23. 最小侵害原则的运用问题

行政机关未选择对相对人损害较小的执法方式达成执法目的，迳行作出被诉行政行为给相对人造成不必要的较大损害的，可以认定被诉行为违法。但在损害较小的方式不能奏效时，行政机关作出被诉行政行为给相对人造成较大损害的，不宜认定违法。（18 号、19 号）

24. 正当程序原则的运用问题

行政机关作出对利害关系人产生不利影响的行政决定前，未给予该利害关系人申辩机会的，不符合正当程序原则；由此可能损害利害关系人合法权益的，人民法院可以认定被诉行政行为违反法定程序。（20 号）

25. 行政裁量过程中考虑因素的确定问题

行政机关在作出无偿收回闲置土地决定时未考虑相对人是否存在免责事由、在作出房屋征收或者拆迁补偿决定时未考虑老年人等特定被拆迁人群体的合理需求的，属于遗漏应当考虑的因素，人民法院可以据此认定被诉行政行为违法。（68 号、71 号）

七、若干重要领域

26. **工伤认定相关法定要件的理解问题**

（1）"职工"应当包括用人单位聘用的超过法定退休年龄的人员。（69号）

（2）"工作原因"应当包括因履行工作职责、完成工作任务、遵从单位安排等与工作存在直接关系的事项。（31号、34号、35号、70号）

（3）"上下班途中"应包括职工在合理时间内为上下班而往返于居住地和工作单位之间的合理路径。（33号）

（4）申请工伤认定的"1年期限"可因不归责于申请人的正当事由中止或者中断。（36号、37号、63号）

（5）职工的旁系近亲属在职工因工伤死亡且无直系亲属时，具有申请工伤认定的资格。（64号）

27. **土地、城建类行政案件审查标准问题**

在房屋征收（拆迁）案件中，城市房屋合法附着的土地超出容积率的部分应当按照市场评估价格予以补偿。（16号）

在强制拆除违法建筑的案件中，相对人表明仍需使用建筑材料的，行政机关负有返还义务；行政机关无正当理由拒绝返还的，人民法院可以判决确认违法，并要求行政机关承担相应的赔偿责任。（79号）

28. **不予公开信息案件审理和判决的有关问题**

行政机关以申请公开的信息属于国家秘密、商业秘密、个人隐私或者危及"三安全一稳定"为由不予公开的，应当证明申请公开的信息符合《保密法》《反不正当竞争法》以及其他相关法律规范规定的要件。对于能够区分处理而没有区分处理的，人民法院可以在判决中指明需要区分的内容并责令被告重新作出处理。（23号、25号、76号）

八、行政赔偿

29. **混合过错情况下行政许可机关的赔偿责任认定问题**

相对人的损失系由其自身过错和行政机关的违法许可行为共同造成的，应依据各方行为与损害结果之间有无因果关系及在损害发生和结果中所起作用的大小，合理确定行政机关的赔偿责任。（29号）

人民检察院行政诉讼监督规则

（2021 年 4 月 8 日最高人民检察院第十三届检察委员会第六十五次会议通过 2021 年 7 月 27 日最高人民检察院公告公布 自 2021 年 9 月 1 日起施行 高检发释字〔2021〕3 号）

第一章 总 则

第一条 为了保障和规范人民检察院依法履行行政诉讼监督职责，根据《中华人民共和国行政诉讼法》《中华人民共和国民事诉讼法》《中华人民共和国人民检察院组织法》和其他有关规定，结合人民检察院工作实际，制定本规则。

第二条 人民检察院依法独立行使检察权，通过办理行政诉讼监督案件，监督人民法院依法审判和执行，促进行政机关依法行使职权，维护司法公正和司法权威，维护国家利益和社会公共利益，保护公民、法人和其他组织的合法权益，推动行政争议实质性化解，保障国家法律的统一正确实施。

第三条 人民检察院通过提出抗诉、检察建议等方式，对行政诉讼实行法律监督。

第四条 人民检察院对行政诉讼实行法律监督，应当以事实为根据，以法律为准绳，坚持公开、公平、公正，依法全面审查，监督和支持人民法院、行政机关依法行使职权。

第五条 人民检察院办理行政诉讼监督案件，应当实行繁简分流，繁案精办、简案快办。

人民检察院办理行政诉讼监督案件，应当加强智慧借助，对于重大、疑难、复杂问题，可以向专家咨询或者组织专家论证，听取专家意见建议。

第六条 人民检察院办理行政诉讼监督案件，应当查清案件事实、辨明是非，综合运用监督纠正、公开听证、释法说理、司法救助等手段，开展行政争议实质性化解工作。

第七条 负责控告申诉检察、行政检察、案件管理的部门分别承担行政诉讼监督案件的受理、办理、管理工作，各部门互相配合，互相制约。

当事人不服人民法院生效行政赔偿判决、裁定、调解书的案件，由负责行政检察的部门办理，适用本规则规定。

第八条 人民检察院办理行政诉讼监督案件，由检察官、检察长、检察委员会在各自职权范围内对办案事项作出决定，并依照规定承担相应司法责任。

检察官在检察长领导下开展工作。重大办案事项，由检察长决定。检察长可以根据案件情况，提交检察委员会讨论决定。其他办案事项，检察长可以自行决定，也可以委托检察官决定。

本规则对应当由检察长或者检察委员会决定的重大办案事项有明确规定的，依照本规则的规定；本规则没有明确规定的，省级人民检察院可以制定有关规定，报最高人民检察院批准。

以人民检察院名义制发的法律文书，由检察长签发；属于检察官职权范围内决定事项的，检察长可以授权检察官签发。

重大、疑难、复杂或者有社会影响的案件，应当向检察长报告。

第九条 人民检察院办理行政诉讼监督案件，根据案件情况，可以由一名检察官独任办理，也可以由两名以上检察官组成办案组办理。由检察官办案组办理的，检察长应当指定一名检察官担任主办检察官，组织、指挥办案组办理案件。

检察官办理行政诉讼监督案件，可以根据需要配备检察官助理、书记员、司法警察、检察技术人员等检察辅助人员。检察辅助人员依照有关规定承担相应的检察辅助事务。

第十条 最高人民检察院领导地方各级人民检察院和专门人民检察院的行政诉讼监督工作，上级人民检察院领导下级人民检察院的行政诉讼监督工作。

上级人民检察院认为下级人民检察院的决定错误的，有权指令下级人民检察院纠正，或者依法撤销、变更。上级人民检察院的决定，应当以书面形式作出，下级人民检察院应当执行。下级人民检察院对上级人民检察院的决定有不同意见的，可以在执行的同时向上级人民检察院报告。

上级人民检察院可以依法统一调用辖区的检察人员办理行政诉讼监督案件，调用的决定应当以书面形式作出。被调用的检察官可以代表办理案件的人民检察院履行相关检察职责。

第十一条 人民检察院检察长或者检察长委托的副检察长在同级人民法院审判委员会讨论行政诉讼监督案件或者其他与行政诉讼监督工作有关的议

题时，可以依照有关规定列席会议。

第十二条　检察人员办理行政诉讼监督案件，应当秉持客观公正的立场，自觉接受监督。

检察人员不得违反规定与当事人、律师、特殊关系人、中介组织接触、交往。

检察人员有收受贿赂、徇私枉法等行为的，应当追究纪律责任和法律责任。

检察人员对过问或者干预、插手行政诉讼监督案件办理等重大事项的行为，应当依照有关规定全面、如实、及时记录、报告。

第二章　回　避

第十三条　检察人员办理行政诉讼监督案件，有下列情形之一的，应当自行回避，当事人有权申请他们回避：

（一）是本案当事人或者当事人、委托代理人近亲属的；

（二）担任过本案的证人、委托代理人、审判人员、行政执法人员的；

（三）与本案有利害关系的；

（四）与本案当事人、委托代理人有其他关系，可能影响对案件公正办理的。

检察人员接受当事人、委托代理人请客送礼及其他利益，或者违反规定会见当事人、委托代理人，当事人有权申请他们回避。

上述规定，适用于书记员、翻译人员、鉴定人、勘验人等。

第十四条　检察人员自行回避的，可以口头或者书面方式提出，并说明理由。口头提出申请的，应当记录在卷。

第十五条　当事人申请回避，应当在人民检察院作出提出抗诉或者检察建议等决定前以口头或者书面方式提出，并说明理由。口头提出申请的，应当记录在卷。依照本规则第十三条第二款规定提出回避申请的，应当提供相关证据。

被申请回避的人员在人民检察院作出是否回避的决定前，应当暂停参与本案工作，但案件需要采取紧急措施的除外。

第十六条　检察长的回避，由检察委员会讨论决定；检察人员和其他人员的回避，由检察长决定。检察委员会讨论检察长回避问题时，由副检察长主持，检察长不得参加。

第十七条　人民检察院对当事人提出的回避申请，应当在三日内作出决定，并通知申请人。对明显不属于法定回避事由的申请，可以当场驳回，并记录在卷。

申请人对驳回回避申请的决定不服的，可以在接到决定时向原决定机关申请复议一次。人民检察院应当在三日内作出复议决定，并通知复议申请人。复议期间，被申请回避的人员不停止参与本案工作。

第三章　受　　理

第十八条　人民检察院受理行政诉讼监督案件的途径包括：

（一）当事人向人民检察院申请监督；

（二）当事人以外的公民、法人或者其他组织向人民检察院控告；

（三）人民检察院依职权发现。

第十九条　有下列情形之一的，当事人可以向人民检察院申请监督：

（一）人民法院驳回再审申请或者逾期未对再审申请作出裁定，当事人对已经发生法律效力的行政判决、裁定、调解书，认为确有错误的；

（二）认为再审行政判决、裁定确有错误的；

（三）认为行政审判程序中审判人员存在违法行为的；

（四）认为人民法院行政案件执行活动存在违法情形的。

当事人死亡或者终止的，其权利义务承继者可以依照前款规定向人民检察院申请监督。

第二十条　当事人依照本规则第十九条第一款第一项、第二项规定向人民检察院申请监督，应当在人民法院送达驳回再审申请裁定之日或者再审判决、裁定发生法律效力之日起六个月内提出；对人民法院逾期未对再审申请作出裁定的，应当在再审申请审查期限届满之日起六个月内提出。

当事人依照本规则第十九条第一款第一项、第二项规定向人民检察院申请监督，具有下列情形之一的，应当在知道或者应当知道之日起六个月内提出：

（一）有新的证据，足以推翻原生效判决、裁定的；

（二）原生效判决、裁定认定事实的主要证据系伪造的；

（三）据以作出原生效判决、裁定的法律文书被撤销或者变更的；

（四）审判人员在审理该案件时有贪污受贿、徇私舞弊、枉法裁判行为的。

当事人依照本规则第十九条第一款第三项、第四项向人民检察院申请监督，应当在知道或者应当知道审判人员违法行为或者执行活动违法情形发生之日起六个月内提出。

本条规定的期间为不变期间，不适用中止、中断、延长的规定。

第二十一条　当事人向人民检察院申请监督，应当提交监督申请书、身份证明、相关法律文书及证据材料。提交证据材料的，应当附证据清单。

申请监督材料不齐备的，人民检察院应当要求申请人限期补齐，并一次性明确告知应当补齐的全部材料以及逾期未按要求补齐视为撤回监督申请的法律后果。申请人逾期未补齐主要材料的，视为撤回监督申请。

第二十二条　本规则第二十一条规定的监督申请书应当记明下列事项：

（一）申请人的姓名、性别、年龄、民族、职业、工作单位、住址、有效联系方式，法人或者其他组织的名称、住所和法定代表人或者主要负责人的姓名、职务、有效联系方式；

（二）其他当事人的姓名、性别、工作单位、住址、有效联系方式等信息，法人或者其他组织的名称、住所、法定代表人或者主要负责人的姓名、职务、有效联系方式等信息；

（三）申请监督请求；

（四）申请监督的具体法定情形及事实、理由。

申请人应当按照其他当事人的人数提交监督申请书副本。

第二十三条　本规则第二十一条规定的身份证明包括：

（一）公民的居民身份证、军官证、士兵证、护照等能够证明本人身份的有效证件；

（二）法人或者其他组织的统一社会信用代码证书或者营业执照、法定代表人或者主要负责人的身份证明等有效证照。

对当事人提交的身份证明，人民检察院经核对无误留存复印件。

第二十四条　本规则第二十一条规定的相关法律文书是指人民法院在该案件诉讼过程中作出的全部判决书、裁定书、决定书、调解书等法律文书。

第二十五条　当事人申请监督，可以依照《中华人民共和国行政诉讼法》的规定委托代理人。

第二十六条　当事人申请监督同时符合下列条件的，人民检察院应当受理：

（一）符合本规则第十九条的规定；

（二）符合本规则第二十条的规定；

（三）申请人提供的材料符合本规则第二十一条至第二十四条的规定；

（四）属于本院受理案件范围；

（五）不具有本规则规定的不予受理情形。

第二十七条 当事人向人民检察院申请监督，有下列情形之一的，人民检察院不予受理：

（一）当事人对生效行政判决、裁定、调解书未向人民法院申请再审的；

（二）当事人申请再审超过法律规定的期限的；

（三）人民法院在法定期限内正在对再审申请进行审查的；

（四）人民法院已经裁定再审且尚未审结的；

（五）人民检察院已经审查终结作出决定的；

（六）行政判决、裁定、调解书是人民法院根据人民检察院的抗诉或者再审检察建议再审后作出的；

（七）申请监督超过本规则第二十条规定的期限的；

（八）根据法律规定可以对人民法院的执行活动提出异议、申请复议或者提起诉讼，当事人、利害关系人、案外人没有提出异议、申请复议或者提起诉讼的，但有正当理由或者人民检察院依职权监督的除外；

（九）当事人提出有关执行的异议、申请复议、申诉或者提起诉讼后，人民法院已经受理并正在审查处理的，但超过法定期限未作出处理的除外；

（十）其他不应当受理的情形。

第二十八条 当事人对已经发生法律效力的行政判决、裁定、调解书向人民检察院申请监督的，由作出生效判决、裁定、调解书的人民法院所在地同级人民检察院负责控告申诉检察的部门受理。

第二十九条 当事人认为行政审判程序中审判人员存在违法行为或者执行活动存在违法情形，向人民检察院申请监督的，由审理、执行案件的人民法院所在地同级人民检察院负责控告申诉检察的部门受理。

当事人不服审理、执行案件人民法院的上级人民法院作出的复议裁定、决定等，向人民检察院申请监督的，由作出复议裁定、决定等的人民法院所在地同级人民检察院负责控告申诉检察的部门受理。

第三十条 人民检察院不依法受理当事人监督申请的，当事人可以向上一级人民检察院申请监督。上一级人民检察院认为当事人监督申请符合受理条件的，应当指令下一级人民检察院受理，必要时也可以直接受理。

第三十一条　人民检察院负责控告申诉检察的部门对监督申请，应当在七日内根据以下情形作出处理，并答复申请人：

（一）符合受理条件的，应当依照本规则规定作出受理决定；

（二）不属于本院受理案件范围的，应当告知申请人向有关人民检察院申请监督；

（三）不属于人民检察院主管范围的，告知申请人向有关机关反映；

（四）不符合受理条件，且申请人不撤回监督申请的，可以决定不予受理。

第三十二条　负责控告申诉检察的部门应当在决定受理之日起三日内制作《受理通知书》，发送申请人，并告知其权利义务。

需要通知其他当事人的，应当将《受理通知书》和监督申请书副本发送其他当事人，并告知其权利义务。其他当事人可以在收到监督申请书副本之日起十五日内提出书面意见；不提出意见的，不影响人民检察院对案件的审查。

第三十三条　负责控告申诉检察的部门应当在决定受理之日起三日内将案件材料移送本院负责行政检察的部门，同时将《受理通知书》抄送本院负责案件管理的部门。负责控告申诉检察的部门收到其他当事人提交的书面意见等材料，应当及时移送负责行政检察的部门。

第三十四条　当事人以外的公民、法人或者其他组织认为人民法院行政审判程序中审判人员存在违法行为或者执行活动存在违法情形的，可以向同级人民检察院控告。控告由人民检察院负责控告申诉检察的部门受理。

负责控告申诉检察的部门对收到的控告，应当依照《人民检察院信访工作规定》等办理。

第三十五条　负责控告申诉检察的部门可以依照《人民检察院信访工作规定》，向下级人民检察院交办涉及行政诉讼监督的信访案件。

第三十六条　人民检察院在履行职责中发现行政案件有下列情形之一的，应当依职权监督：

（一）损害国家利益或者社会公共利益的；

（二）审判人员、执行人员审理和执行行政案件时有贪污受贿、徇私舞弊、枉法裁判等行为的；

（三）依照有关规定需要人民检察院跟进监督的；

（四）人民检察院作出的不支持监督申请决定确有错误的；

（五）其他确有必要进行监督的。

人民检察院对行政案件依职权监督，不受当事人是否申请再审的限制。

第三十七条　下级人民检察院提请抗诉、提请其他监督等案件，由上一级人民检察院负责案件管理的部门受理。

依职权监督的案件，负责行政检察的部门应当到负责案件管理的部门登记受理。

第三十八条　负责案件管理的部门接收案件材料后，应当在三日内登记并将案件材料和案件登记表移送负责行政检察的部门；案件材料不符合规定的，应当要求补齐。

负责案件管理的部门登记受理后，需要通知当事人的，负责行政检察的部门应当制作《受理通知书》，并在三日内发送当事人。

第四章　审　　查

第一节　一般规定

第三十九条　人民检察院负责行政检察的部门负责对受理后的行政诉讼监督案件进行审查。

第四十条　负责行政检察的部门收到负责控告申诉检察、案件管理的部门移送的行政诉讼监督案件后，应当按照随机分案为主、指定分案为辅的原则，确定承办案件的独任检察官或者检察官办案组。

第四十一条　上级人民检察院可以将受理的行政诉讼监督案件交由下级人民检察院办理，并限定办理期限。交办的案件应当制作《交办通知书》，并将有关材料移送下级人民检察院。下级人民检察院应当依法办理，在规定期限内提出处理意见并报送上级人民检察院，上级人民检察院应当在法定期限内作出决定。

上级人民检察院交办案件需要通知当事人的，应当制作通知文书，并发送当事人。

第四十二条　上级人民检察院认为确有必要的，可以办理下级人民检察院受理的行政诉讼监督案件。

下级人民检察院受理的行政诉讼监督案件，认为需要由上级人民检察院办理的，可以报请上级人民检察院办理。

最高人民检察院、省级人民检察院根据实质性化解行政争议等需要，可以指定下级人民检察院办理案件。

第四十三条 人民检察院审查行政诉讼监督案件，应当围绕申请人的申请监督请求、争议焦点、本规则第三十六条规定的情形以及发现的其他违法情形，对行政诉讼活动进行全面审查。其他当事人在人民检察院作出决定前也申请监督的，应当将其列为申请人，对其申请监督请求一并审查。

第四十四条 人民检察院在审查行政诉讼监督案件期间收到申请人或者其他当事人提交的证据材料的，应当出具收据。

第四十五条 被诉行政机关以外的当事人对不能自行收集的证据，在原审中向人民法院申请调取，人民法院应当调取而未予以调取，在诉讼监督阶段向人民检察院申请调取，符合下列情形之一的，人民检察院可以调取：

（一）由国家机关保存只能由国家机关调取的证据；

（二）涉及国家秘密、商业秘密和个人隐私的证据；

（三）确因客观原因不能自行收集的其他证据。

当事人依照前款规定申请调取证据，人民检察院认为与案件事实无关联、对证明案件事实无意义或者其他无调取收集必要的，不予调取。

第四十六条 人民检察院应当告知当事人有申请回避的权利，并告知办理行政诉讼监督案件的检察人员、书记员等的姓名、法律职务。

第四十七条 人民检察院审查案件，应当听取当事人意见，调查核实有关情况，必要时可以举行听证，也可以听取专家意见。

对于当事人委托律师担任代理人的，人民检察院应当听取代理律师意见，尊重和支持代理律师依法履行职责，依法为代理律师履职提供相关协助和便利，保障代理律师执业权利。

第四十八条 人民检察院可以采取当面、视频、电话、传真、电子邮件、由当事人提交书面意见等方式听取当事人意见。

听取意见的内容包括：

（一）申请人认为生效行政判决、裁定、调解书符合再审情形的主要事实和理由；

（二）申请人认为人民法院行政审判程序中审判人员违法的事实和理由；

（三）申请人认为人民法院行政案件执行活动违法的事实和理由；

（四）其他当事人针对申请人申请监督请求所提出的意见及理由；

（五）行政机关作出行政行为的事实和理由；

（六）申请人与其他当事人有无和解意愿；

（七）其他需要听取的意见。

第四十九条　人民检察院审查案件，可以依照有关规定调阅人民法院的诉讼卷宗、执行卷宗。

通过拷贝电子卷、查阅、复制、摘录等方式能够满足办案需要的，可以不调阅卷宗。

对于人民法院已经结案尚未归档的行政案件，正在办理或者已经结案尚未归档的执行案件，人民检察院可以直接到办理部门查阅、复制、拷贝、摘录案件材料，不调阅卷宗。

在对生效行政判决、裁定或者调解书的监督案件进行审查过程中，需要调取人民法院正在办理的其他案件材料的，人民检察院可以商办理案件的人民法院调取。

第五十条　人民检察院审查案件，对于事实认定、法律适用的重大、疑难、复杂问题，可以采用以下方式听取专家意见：

（一）召开专家论证会；

（二）口头或者书面咨询；

（三）其他咨询或者论证方式。

第五十一条　人民检察院办理行政诉讼监督案件，应当全面检索相关指导性案例、典型案例和关联案例，并在审查终结报告中作出说明。

第五十二条　承办检察官对审查认定的事实负责。审查终结后，应当制作审查终结报告。审查终结报告应当全面、客观、公正地叙述案件事实，依照法律提出明确的处理意见。

第五十三条　承办检察官办理案件过程中，可以提请负责行政检察的部门负责人召集检察官联席会议讨论。

负责行政检察的部门负责人对本部门的办案活动进行监督管理。需要报请检察长决定的事项和需要向检察长报告的案件，应当先由部门负责人审核。部门负责人可以主持召开检察官联席会议进行讨论，也可以直接报请检察长决定或者向检察长报告。

检察官联席会议讨论情况和意见应当如实记录，由参加会议的检察官签名后附卷保存。讨论结果供办案参考。

第五十四条　检察长不同意检察官意见的，可以要求检察官复核，也可以直接作出决定，或者提请检察委员会讨论决定。

检察官执行检察长决定时，认为决定错误的，应当书面提出意见。检察长不改变原决定的，检察官应当执行。

第五十五条　人民检察院对审查终结的案件，应当区分情况依法作出下列决定：

　　（一）提出再审检察建议；

　　（二）提请抗诉或者提请其他监督；

　　（三）提出抗诉；

　　（四）提出检察建议；

　　（五）不支持监督申请；

　　（六）终结审查。

　　对于负责控告申诉检察的部门受理的当事人申请监督案件，负责行政检察的部门应当将案件办理结果告知负责控告申诉检察的部门。

　　第五十六条　人民检察院受理当事人申请对人民法院已经发生法律效力的行政判决、裁定、调解书监督的案件，应当在三个月内审查终结并作出决定，但调卷、鉴定、评估、审计、专家咨询等期间不计入审查期限。

　　有需要调查核实、实质性化解行政争议及其他特殊情况需要延长审查期限的，由本院检察长批准。

　　人民检察院受理当事人申请对行政审判程序中审判人员违法行为监督的案件和申请对行政案件执行活动监督的案件的审查期限，参照第一款、第二款规定执行。

　　第五十七条　人民检察院办理行政诉讼监督案件，在当面听取当事人意见、调查核实、举行听证、出席法庭时，可以依照有关规定指派司法警察执行职务。

第二节　调查核实

　　第五十八条　人民检察院因履行法律监督职责的需要，有下列情形之一的，可以向当事人或者案外人调查核实有关情况：

　　（一）行政判决、裁定、调解书可能存在法律规定需要监督的情形，仅通过阅卷及审查现有材料难以认定的；

　　（二）行政审判程序中审判人员可能存在违法行为的；

　　（三）人民法院行政案件执行活动可能存在违法情形的；

　　（四）被诉行政行为及相关行政行为可能违法的；

　　（五）行政相对人、权利人合法权益未得到依法实现的；

　　（六）其他需要调查核实的情形。

　　人民检察院不得为证明行政行为的合法性调取行政机关作出行政行为时未收集的证据。

第五十九条　人民检察院通过阅卷以及调查核实难以认定有关事实的，可以听取人民法院相关审判、执行人员的意见，全面了解案件审判、执行的相关事实和理由。

第六十条　人民检察院可以采取以下调查核实措施：

（一）查询、调取、复制相关证据材料；

（二）询问当事人、有关知情人员或者其他相关人员；

（三）咨询专业人员、相关部门或者行业协会等对专门问题的意见；

（四）委托鉴定、评估、审计；

（五）勘验物证、现场；

（六）查明案件事实所需要采取的其他措施。

检察人员应当保守国家秘密和工作秘密，对调查核实中知悉的商业秘密和个人隐私予以保密。

人民检察院调查核实，不得采取限制人身自由和查封、扣押、冻结财产等强制性措施。

第六十一条　有下列情形之一的，人民检察院可以向银行业金融机构查询、调取、复制相关证据材料：

（一）可能损害国家利益、社会公共利益的；

（二）审判、执行人员可能存在违法行为的；

（三）当事人有伪造证据、恶意串通损害他人合法权益可能的。

人民检察院可以依照有关规定指派具备相应资格的检察技术人员对行政诉讼监督案件中的鉴定意见等技术性证据进行专门审查，并出具审查意见。

第六十二条　人民检察院可以就专门性问题书面或者口头咨询有关专业人员、相关部门或者行业协会的意见。口头咨询的，应当制作笔录，由接受咨询的专业人员签名或者盖章。拒绝签名盖章的，应当记明情况。

人民检察院对专门性问题认为需要鉴定、评估、审计的，可以委托具备资格的机构进行鉴定、评估、审计。在诉讼过程中已经进行过鉴定、评估、审计的，除确有必要外，一般不再委托鉴定、评估、审计。

第六十三条　人民检察院认为确有必要的，可以勘验物证或者现场。勘验人应当出示人民检察院的证件，并邀请当地基层组织或者当事人所在单位派人参加。当事人或者当事人的成年家属应当到场，拒不到场的，不影响勘验的进行。

勘验人应当将勘验情况和结果制作笔录，由勘验人、当事人和被邀参加人签名或者盖章。

第六十四条 需要调查核实的，由承办检察官在职权范围内决定，或者报检察长决定。

第六十五条 人民检察院调查核实，应当由二人以上共同进行。

调查笔录经被调查人校阅后，由调查人、被调查人签名或者盖章。被调查人拒绝签名盖章的，应当记明情况。

第六十六条 人民检察院可以指令下级人民检察院或者委托外地人民检察院调查核实。

人民检察院指令调查或者委托调查的，应当发送《指令调查通知书》或者《委托调查函》，载明调查核实事项、证据线索及要求。受指令或者受委托人民检察院收到《指令调查通知书》或者《委托调查函》后，应当在十五日内完成调查核实工作并书面回复。因客观原因不能完成调查的，应当在上述期限内书面回复指令或者委托的人民检察院。

人民检察院到外地调查的，当地人民检察院应当配合。

第六十七条 人民检察院调查核实，有关单位和个人应当配合。拒绝或者妨碍人民检察院调查核实的，人民检察院可以向有关单位或者其上级主管机关提出检察建议，责令纠正，必要时可以通报同级政府、监察机关；涉嫌违纪违法犯罪的，依照规定移送有关机关处理。

第三节 听　　证

第六十八条 人民检察院审查行政诉讼监督案件，在事实认定、法律适用、案件处理等方面存在较大争议，或者有重大社会影响，需要当面听取当事人和其他相关人员意见的，可以召开听证会。

第六十九条 人民检察院召开听证会，可以邀请与案件没有利害关系的人大代表、政协委员、人民监督员、特约检察员、专家咨询委员、人民调解员或者当事人所在单位、居住地的居民委员会、村民委员会成员以及专家、学者、律师等其他社会人士担任听证员。

人民检察院应当邀请人民监督员参加听证会，依照有关规定接受人民监督员监督。

第七十条 人民检察院决定召开听证会的，应当做好以下准备工作：

（一）制定听证方案，确定听证会参加人；

（二）在听证三日前告知听证会参加人案由、听证时间和地点；

（三）告知当事人主持听证会的检察官及听证员的姓名、身份。

第七十一条 当事人和其他相关人员应当按时参加听证会。当事人无正当理由缺席或者未经许可中途退席的，听证程序是否继续进行，由主持人决定。

第七十二条 听证会由检察官主持，书记员负责记录，司法警察负责维持秩序。

听证过程应当全程录音录像。经检察长批准，人民检察院可以通过中国检察听证网和其他公共媒体，对听证会进行图文、音频、视频直播或者录播。

第七十三条 听证会应当围绕行政诉讼监督案件中的事实认定和法律适用等问题进行。

对当事人提交的有争议的或者新的证据材料和人民检察院调查取得的证据，应当充分听取各方当事人的意见。

第七十四条 听证会一般按照下列步骤进行：

（一）承办案件的检察官介绍案件情况和需要听证的问题；

（二）申请人陈述申请监督请求、事实和理由；

（三）其他当事人发表意见；

（四）申请人和其他当事人提交新证据的，应当出示并予以说明；

（五）出示人民检察院调查取得的证据；

（六）案件各方当事人陈述对听证中所出示证据的意见；

（七）听证员、检察官向申请人和其他当事人提问；

（八）当事人发表最后陈述意见；

（九）主持人对听证会进行总结。

第七十五条 听证应当制作笔录，经参加听证的人员校阅后，由参加听证的人员签名。拒绝签名的，应当记明情况。

听证会结束后，主持人可以组织听证员对事实认定、法律适用和案件处理等进行评议，并制作评议笔录，由主持人、听证员签名。

听证员的意见是人民检察院依法处理案件的重要参考。

第七十六条 参加听证的人员应当服从听证主持人指挥。

对违反听证秩序的，人民检察院可以予以批评教育，责令退出听证场所；对哄闹、冲击听证场所，侮辱、诽谤、威胁、殴打他人等严重扰乱听证秩序的，依法追究相应法律责任。

第四节　简易案件办理

第七十七条 行政诉讼监督案件具有下列情形之一的，可以确定为简易案件：

（一）原一审人民法院适用简易程序审理的；

（二）案件事实清楚，法律关系简单的。

地方各级人民检察院可以结合本地实际确定简易案件具体情形。

第七十八条 审查简易案件，承办检察官通过审查监督申请书等材料即可以认定案件事实的，可以直接制作审查终结报告，提出处理建议。

审查过程中发现案情复杂或者需要调查核实，不宜适用简易程序的，转为普通案件办理程序。

第七十九条 办理简易案件，不适用延长审查期限的规定。

简易案件的审查终结报告、审批程序应当简化。

第五节 中止审查和终结审查

第八十条 有下列情形之一的，人民检察院可以中止审查：

（一）申请监督的公民死亡，需要等待继承人表明是否继续申请监督的；

（二）申请监督的法人或者其他组织终止，尚未确定权利义务承受人的；

（三）本案必须以另一案的处理结果为依据，而另一案尚未审结的；

（四）其他可以中止审查的情形。

中止审查的，应当制作《中止审查决定书》，并发送当事人。中止审查的原因消除后，应当及时恢复审查。

第八十一条 有下列情形之一的，人民检察院应当终结审查：

（一）人民法院已经裁定再审或者已经纠正违法行为的；

（二）申请人撤回监督申请，且不损害国家利益、社会公共利益或者他人合法权益的；

（三）申请人在与其他当事人达成的和解协议中声明放弃申请监督权利，且不损害国家利益、社会公共利益或者他人合法权益的；

（四）申请监督的公民死亡，没有继承人或者继承人放弃申请，且没有发现其他应当监督的违法情形的；

（五）申请监督的法人或者其他组织终止，没有权利义务承受人或者权利义务承受人放弃申请，且没有发现其他应当监督的违法情形的；

（六）发现已经受理的案件不符合受理条件的；

（七）人民检察院依职权发现的案件，经审查不需要监督的；

（八）其他应当终结审查的情形。

114

终结审查的，应当制作《终结审查决定书》，需要通知当事人的，发送当事人。

第五章　对生效行政判决、裁定、调解书的监督

第一节　一般规定

第八十二条　申请人提供的新证据以及人民检察院调查取得的证据，能够证明原判决、裁定确有错误的，应当认定为《中华人民共和国行政诉讼法》第九十一条第二项规定的情形，但原审被诉行政机关无正当理由逾期提供证据的除外。

第八十三条　有下列情形之一的，应当认定为《中华人民共和国行政诉讼法》第九十一条第三项规定的"认定事实的主要证据不足"：

（一）认定的事实没有证据支持，或者认定的事实所依据的证据虚假的；

（二）认定的事实所依据的主要证据不合法的；

（三）对认定事实的主要证据有无证明力、证明力大小或者证明对象的判断违反证据规则、逻辑推理或者经验法则的；

（四）认定事实的主要证据不足的其他情形。

第八十四条　有下列情形之一，导致原判决、裁定结果确有错误的，应当认定为《中华人民共和国行政诉讼法》第九十一条第四项规定的"适用法律、法规确有错误"：

（一）适用的法律、法规与案件性质明显不符的；

（二）适用的法律、法规已经失效或者尚未施行的；

（三）违反《中华人民共和国立法法》规定的法律适用规则的；

（四）违背法律、法规的立法目的和基本原则的；

（五）应当适用的法律、法规未适用的；

（六）适用法律、法规错误的其他情形。

第八十五条　有下列情形之一的，应当认定为《中华人民共和国行政诉讼法》第九十一条第五项规定的"违反法律规定的诉讼程序，可能影响公正审判"：

（一）审判组织的组成不合法的；

（二）依法应当回避的审判人员没有回避的；

（三）未经合法传唤缺席判决的；

（四）无诉讼行为能力人未经法定代理人代为诉讼的；

（五）遗漏应当参加诉讼的当事人的；

（六）违反法律规定，剥夺当事人辩论权、上诉权等重大诉讼权利的；

（七）其他严重违反法定程序的情形。

第八十六条 有下列情形之一的，应当认定为本规则第八十五条第一项规定的"审判组织的组成不合法"：

（一）应当组成合议庭审理的案件独任审判的；

（二）再审、发回重审的案件没有另行组成合议庭的；

（三）审理案件的人员不具有审判资格的；

（四）审判组织或者人员不合法的其他情形。

第八十七条 有下列情形之一的，应当认定为本规则第八十五条第六项规定的"违反法律规定，剥夺当事人辩论权"：

（一）不允许或者严重限制当事人行使辩论权利的；

（二）应当开庭审理而未开庭审理的；

（三）违反法律规定送达起诉状副本或者上诉状副本，致使当事人无法行使辩论权利的；

（四）违法剥夺当事人辩论权利的其他情形。

第二节 提出再审检察建议和提请抗诉、提出抗诉

第八十八条 地方各级人民检察院发现同级人民法院已经发生法律效力的行政判决、裁定有下列情形之一的，可以向同级人民法院提出再审检察建议：

（一）不予立案或者驳回起诉确有错误的；

（二）有新的证据，足以推翻原判决、裁定的；

（三）原判决、裁定认定事实的主要证据不足、未经质证或者系伪造的；

（四）违反法律规定的诉讼程序，可能影响公正审判的；

（五）原判决、裁定遗漏诉讼请求的；

（六）据以作出原判决、裁定的法律文书被撤销或者变更的。

第八十九条 符合本规则第八十八条规定的案件有下列情形之一的，地方各级人民检察院应当提请上一级人民检察院抗诉：

（一）判决、裁定是经同级人民法院再审后作出的；

（二）判决、裁定是经同级人民法院审判委员会讨论作出的；

（三）其他不适宜由同级人民法院再审纠正的。

第九十条　地方各级人民检察院发现同级人民法院已经发生法律效力的行政判决、裁定具有下列情形之一的，应当提请上一级人民检察院抗诉：

（一）原判决、裁定适用法律、法规确有错误的；

（二）审判人员在审理该案件时有贪污受贿、徇私舞弊、枉法裁判行为的。

审判人员在审理该案件时有贪污受贿、徇私舞弊、枉法裁判行为，是指已经由生效刑事法律文书或者纪律处分决定所确认的行为。

第九十一条　地方各级人民检察院发现同级人民法院已经发生法律效力的行政调解书损害国家利益或者社会公共利益的，可以向同级人民法院提出再审检察建议，也可以提请上一级人民检察院抗诉。

第九十二条　人民检察院提出再审检察建议，应当制作《再审检察建议书》，在决定之日起十五日内将《再审检察建议书》连同案件卷宗移送同级人民法院，并制作通知文书，发送当事人。

人民检察院提出再审检察建议，应当经本院检察委员会决定，并在提出再审检察建议之日起五日内将《再审检察建议书》及审查终结报告等案件材料报上一级人民检察院备案。上一级人民检察院认为下级人民检察院发出的《再审检察建议书》错误或者不当的，应当指令下级人民检察院撤回或者变更。

第九十三条　人民检察院提请抗诉，应当制作《提请抗诉报告书》，在决定之日起十五日内将《提请抗诉报告书》连同案件卷宗等材料报送上一级人民检察院，并制作通知文书，发送当事人。

第九十四条　最高人民检察院对各级人民法院已经发生法律效力的行政判决、裁定、调解书，上级人民检察院对下级人民法院已经发生法律效力的行政判决、裁定、调解书，发现有《中华人民共和国行政诉讼法》第九十一条、第九十三条规定情形的，应当向同级人民法院提出抗诉。

人民检察院提出抗诉后，接受抗诉的人民法院未在法定期限内作出审判监督的相关裁定的，人民检察院可以采取询问、走访等方式进行督促，并制作工作记录。人民法院对抗诉案件裁定再审后，对于人民法院在审判活动中存在违反法定审理期限等违法情形的，依照本规则第六章规定办理。

人民检察院提出抗诉的案件，接受抗诉的人民法院将案件交下一级人民法院再审，下一级人民法院审理后作出的再审判决、裁定仍符合抗诉条件且存在明显错误的，原提出抗诉的人民检察院可以再次提出抗诉。

第九十五条 人民检察院提出抗诉，应当制作《抗诉书》，在决定之日起十五日内将《抗诉书》连同案件卷宗移送同级人民法院，并由接受抗诉的人民法院向当事人送达再审裁定时一并送达《抗诉书》。

人民检察院应当制作决定抗诉的通知文书，发送当事人。上级人民检察院可以委托提请抗诉的人民检察院将通知文书发送当事人。

第九十六条 人民检察院认为当事人不服人民法院生效行政判决、裁定、调解书的监督申请不符合监督条件，应当制作《不支持监督申请决定书》，在决定之日起十五日内发送当事人。

下级人民检察院提请抗诉的案件，上级人民检察院可以委托提请抗诉的人民检察院将《不支持监督申请决定书》发送当事人。

第九十七条 人民检察院办理行政诉讼监督案件，发现地方性法规同行政法规相抵触的，或者认为规章以及国务院各部门、省、自治区、直辖市和设区的市、自治州的人民政府发布的其他具有普遍约束力的行政决定、命令同法律、行政法规相抵触的，可以层报最高人民检察院，由最高人民检察院向国务院书面提出审查建议。

第三节 出席法庭

第九十八条 人民检察院提出抗诉的案件，人民法院再审时，人民检察院应当派员出席法庭，并全程参加庭审活动。

接受抗诉的人民法院将抗诉案件交下级人民法院再审的，提出抗诉的人民检察院可以指令再审人民法院的同级人民检察院派员出庭。

第九十九条 检察人员在出庭前，应当做好以下准备工作：

（一）进一步熟悉案情，掌握证据情况；

（二）深入研究与本案有关的法律问题；

（三）拟定出示和说明证据的计划；

（四）对可能出现证据真实性、合法性和关联性争议的，拟定应对方案并准备相关材料；

（五）做好其他出庭准备工作。

第一百条 检察人员出席再审法庭的任务是：

（一）宣读抗诉书；

（二）对人民检察院调查取得的证据予以出示和说明；

（三）经审判长许可，对证据采信、法律适用和案件情况予以说明，针对争议焦点，客观、公正、全面地阐述法律监督意见；

（四）对法庭审理中违反诉讼程序的情况予以记录；

（五）依法从事其他诉讼活动。

出席法庭的检察人员发现庭审活动违反诉讼程序的，应当待休庭或者庭审结束之后，及时向检察长报告。人民检察院对违反诉讼程序的庭审活动提出检察建议，应当由人民检察院在庭审后提出。

第一百零一条 当事人或者其他参加庭审人员在庭审中有哄闹法庭，对检察机关或者出庭检察人员有侮辱、诽谤、威胁等不当言论或者行为，法庭未予制止的，出庭检察人员应当建议法庭即时制止；情节严重的，应当建议法庭依照规定予以处理，并在庭审结束后向检察长报告。

第一百零二条 人民法院开庭审理人民检察院提出再审检察建议的案件，人民检察院派员出席再审法庭的，参照适用本节规定。

人民检察院派员出席法庭的再审案件公开审理的，可以协调人民法院安排人民监督员旁听。

第六章 对行政审判程序中审判人员违法行为的监督

第一百零三条 人民检察院依法对人民法院下列行政审判程序中审判人员违法行为进行监督：

（一）第一审普通程序；

（二）简易程序；

（三）第二审程序；

（四）审判监督程序。

《中华人民共和国行政诉讼法》第九十三条第三款的规定适用于法官、人民陪审员、法官助理、书记员。

第一百零四条 人民检察院发现人民法院行政审判活动有下列情形之一的，应当向同级人民法院提出检察建议：

（一）判决、裁定确有错误，但不适用再审程序纠正的；

（二）调解违反自愿原则或者调解协议内容违反法律的；

（三）对公民、法人或者其他组织提起的诉讼未在法定期限内决定是否立案的；

（四）当事人依照《中华人民共和国行政诉讼法》第五十二条规定向上一级人民法院起诉，上一级人民法院未按该规定处理的；

（五）审理案件适用审判程序错误的；

（六）保全、先予执行、停止执行或者不停止执行行政行为裁定违反法律规定的；

（七）诉讼中止或者诉讼终结违反法律规定的；

（八）违反法定审理期限的；

（九）对当事人采取罚款、拘留等妨害行政诉讼的强制措施违反法律规定的；

（十）违反法律规定送达的；

（十一）其他违反法律规定的情形。

第一百零五条　人民检察院发现同级人民法院行政审判程序中审判人员有《中华人民共和国法官法》第四十六条等规定的违法行为且可能影响案件公正审判、执行的，应当向同级人民法院提出检察建议。

第一百零六条　人民检察院依照本章规定提出检察建议，应当经检察长批准或者检察委员会决定，制作《检察建议书》，在决定之日起十五日内将《检察建议书》连同案件卷宗移送同级人民法院。当事人申请监督的案件，人民检察院应当制作通知文书，发送申请人。

第一百零七条　人民检察院认为当事人申请监督的行政审判程序中审判人员违法行为认定依据不足的，应当作出不支持监督申请的决定，并在决定之日起十五日内制作《不支持监督申请决定书》，发送申请人。

第七章　对行政案件执行活动的监督

第一百零八条　人民检察院对人民法院行政案件执行活动实行法律监督。

第一百零九条　人民检察院发现人民法院执行裁定、决定等有下列情形之一的，应当向同级人民法院提出检察建议：

（一）提级管辖、指定管辖或者对管辖异议的裁定违反法律规定的；

（二）裁定受理、不予受理、中止执行、终结执行、终结本次执行程序、恢复执行、执行回转等违反法律规定的；

（三）变更、追加执行主体错误的；

（四）裁定采取财产调查、控制、处置等措施违反法律规定的；

（五）审查执行异议、复议以及案外人异议作出的裁定违反法律规定的；

（六）决定罚款、拘留、暂缓执行等事项违反法律规定的；

（七）执行裁定、决定等违反法定程序的；

（八）对行政机关申请强制执行的行政行为作出准予执行或者不准予执行的裁定违反法律规定的；

（九）执行裁定、决定等有其他违法情形的。

第一百一十条 人民检察院发现人民法院在执行活动中违反规定采取调查、查封、扣押、冻结、评估、拍卖、变卖、保管、发还财产，以及信用惩戒等执行实施措施的，应当向同级人民法院提出检察建议。

第一百一十一条 人民检察院发现人民法院有下列不履行或者怠于履行执行职责情形之一的，应当向同级人民法院提出检察建议：

（一）对依法应当受理的执行申请不予受理又不依法作出不予受理裁定的；

（二）对已经受理的执行案件不依法作出执行裁定、无正当理由未在法定期限内采取执行措施或者执行结案的；

（三）违法不受理执行异议、复议或者受理后逾期未作出裁定、决定的；

（四）暂缓执行、停止执行、中止执行的原因消失后，不按规定恢复执行的；

（五）依法应当变更或者解除执行措施而不变更、解除的；

（六）对拒绝履行行政判决、裁定、调解书的行政机关未依照《中华人民共和国行政诉讼法》第九十六条规定采取执行措施的；

（七）其他不履行或者怠于履行执行职责行为的。

第一百一十二条 人民检察院认为人民法院在行政案件执行活动中可能存在怠于履行职责情形的，可以向人民法院发出《说明案件执行情况通知书》，要求说明案件的执行情况及理由，并在十五日内书面回复人民检察院。

第一百一十三条 人民检察院依照本章规定提出检察建议，适用本规则第一百零六条的规定。

第一百一十四条 对于当事人申请的执行监督案件，人民检察院认为人民法院执行活动不存在违法情形的，应当作出不支持监督申请的决定，并在决定之日起十五日内制作《不支持监督申请决定书》，发送申请人。

第一百一十五条 人民检察院发现同级人民法院行政案件执行活动中执行人员存在违法行为的，参照本规则第六章有关规定执行。

第八章　案件管理

第一百一十六条　人民检察院负责案件管理的部门对行政诉讼监督案件的受理、期限、程序、质量等进行管理、监督、预警。

第一百一十七条　负责案件管理的部门对以本院名义制发行政诉讼监督法律文书实施监督管理。

第一百一十八条　负责案件管理的部门发现本院办案活动有下列情形之一的，应当及时提出纠正意见：

（一）法律文书制作、使用不符合法律和有关规定的；

（二）违反办案期限有关规定的；

（三）侵害当事人、委托代理人诉讼权利的；

（四）未依法对行政诉讼活动中的违法行为履行法律监督职责的；

（五）其他应当提出纠正意见的情形。

情节轻微的，可以口头提示；情节较重的，应当发送《案件流程监控通知书》，提示办案部门及时查明情况并予以纠正；情节严重的，应当同时向检察长报告。

负责行政检察的部门收到《案件流程监控通知书》后，应当在十日内将核查情况书面回复负责案件管理的部门。

第九章　其他规定

第一百一十九条　人民检察院发现人民法院在多起同一类行政案件中有下列情形之一的，可以提出检察建议：

（一）同类问题适用法律不一致的；

（二）适用法律存在同类错误的；

（三）其他同类违法行为。

人民检察院发现有关单位的工作制度、管理方法、工作程序违法或者不当，需要改正、改进的，可以提出检察建议。

第一百二十条　人民检察院依照有关规定提出改进工作、完善治理的检察建议，对同类违法情形，应当制发一份检察建议。

第一百二十一条　人民检察院办理行政诉讼监督案件，可以对行政诉讼监督情况进行年度或者专题分析，向人民法院、行政机关通报，向党委、人大报告。通报、报告包括以下内容：

（一）审判机关、行政机关存在的普遍性问题和突出问题；

（二）审判机关、行政机关存在的苗头性、倾向性问题或者某方面问题的特点和趋势；

（三）促进依法行政、公正司法的意见和建议；

（四）认为需要通报、报告的其他情形。

第一百二十二条 人民检察院可以针对行政诉讼监督中的普遍性问题或者突出问题，组织开展专项监督活动。

第一百二十三条 人民检察院负责行政检察的部门在履行职责过程中，发现涉嫌违纪违法犯罪以及需要追究司法责任的行为，经检察长批准，应当及时将相关线索及材料移送有管辖权的机关或者部门。

人民检察院其他职能部门在履行职责中发现符合本规则规定的应当依职权监督的行政诉讼监督案件线索，应当及时向负责行政检察的部门通报。

第一百二十四条 人民法院对行政诉讼监督案件作出再审判决、裁定或者其他处理决定后，提出监督意见的人民检察院应当对处理结果进行审查，并填写《行政诉讼监督案件处理结果审查登记表》。

第一百二十五条 有下列情形之一的，人民检察院可以依照有关规定跟进监督或者提请上级人民检察院监督：

（一）人民法院审理行政抗诉案件作出的判决、裁定、调解书仍符合抗诉条件且存在明显错误的；

（二）人民法院、行政机关对人民检察院提出的检察建议未在规定的期限内作出处理并书面回复的；

（三）人民法院、行政机关对检察建议的处理错误的。

第一百二十六条 地方各级人民检察院对适用法律确属疑难、复杂，本院难以决断的重大行政诉讼监督案件，可以向上一级人民检察院请示。

请示案件依照最高人民检察院关于办理下级人民检察院请示件、下级人民检察院向最高人民检察院报送公文的相关规定办理。

第一百二十七条 人民检察院发现作出的相关决定确有错误或者有其他情形需要撤回、变更的，应当经检察长批准或者检察委员会决定。

第一百二十八条 人民法院对人民检察院监督行为提出书面异议的，人民检察院应当在规定期限内将处理结果书面回复人民法院。人民法院对回复意见仍有异议，并通过上一级人民法院向上一级人民检察院提出的，上一级人民检察院认为人民法院异议正确，应当要求下级人民检察院及时纠正。

第一百二十九条 制作行政诉讼监督法律文书，应当符合规定的格式。

行政诉讼监督法律文书的格式另行制定。

第一百三十条 人民检察院可以参照《中华人民共和国行政诉讼法》《中华人民共和国民事诉讼法》有关规定发送法律文书。

第一百三十一条 人民检察院发现制作的法律文书存在笔误的，应当作出《补正决定书》予以补正。

第一百三十二条 人民检察院办理行政诉讼监督案件，应当依照规定立卷归档。

第一百三十三条 人民检察院办理行政诉讼监督案件，不收取案件受理费。申请复印、鉴定、审计、勘验等产生的费用由申请人直接支付给有关机构或者单位，人民检察院不得代收代付。

第一百三十四条 人民检察院办理行政诉讼监督案件，对于申请人诉求具有一定合理性，但通过法律途径难以解决，且生活困难的，可以依法给予司法救助。

对于未纳入国家司法救助范围或者实施国家司法救助后仍然面临生活困难的申请人，可以引导其依照相关规定申请社会救助。

第十章 附 则

第一百三十五条 人民检察院办理行政诉讼监督案件，本规则没有规定的，适用《人民检察院民事诉讼监督规则》的相关规定。

第一百三十六条 人民检察院办理行政诉讼监督案件，向有关单位和部门提出检察建议，本规则没有规定的，适用《人民检察院检察建议工作规定》的相关规定。

第一百三十七条 本规则自 2021 年 9 月 1 日起施行，《人民检察院行政诉讼监督规则（试行）》同时废止。本院之前公布的其他规定与本规则内容不一致的，以本规则为准。

最高人民法院关于审理
行政协议案件若干问题的规定

（2019 年 11 月 12 日最高人民法院审判委员会第 1781 次会议通过　2019 年 11 月 27 日最高人民法院公告公布　自 2020 年 1 月 1 日起施行　法释〔2019〕17 号）

为依法公正、及时审理行政协议案件，根据《中华人民共和国行政诉讼法》等法律的规定，结合行政审判工作实际，制定本规定。

第一条　行政机关为了实现行政管理或者公共服务目标，与公民、法人或者其他组织协商订立的具有行政法上权利义务内容的协议，属于行政诉讼法第十二条第一款第十一项规定的行政协议。

第二条　公民、法人或者其他组织就下列行政协议提起行政诉讼的，人民法院应当依法受理：

（一）政府特许经营协议；

（二）土地、房屋等征收征用补偿协议；

（三）矿业权等国有自然资源使用权出让协议；

（四）政府投资的保障性住房的租赁、买卖等协议；

（五）符合本规定第一条规定的政府与社会资本合作协议；

（六）其他行政协议。

第三条　因行政机关订立的下列协议提起诉讼的，不属于人民法院行政诉讼的受案范围：

（一）行政机关之间因公务协助等事由而订立的协议；

（二）行政机关与其工作人员订立的劳动人事协议。

第四条　因行政协议的订立、履行、变更、终止等发生纠纷，公民、法人或者其他组织作为原告，以行政机关为被告提起行政诉讼的，人民法院应当依法受理。

因行政机关委托的组织订立的行政协议发生纠纷的，委托的行政机关是被告。

第五条　下列与行政协议有利害关系的公民、法人或者其他组织提起行政诉讼的，人民法院应当依法受理：

（一）参与招标、拍卖、挂牌等竞争性活动，认为行政机关应当依法与其订立行政协议但行政机关拒绝订立，或者认为行政机关与他人订立行政协议损害其合法权益的公民、法人或者其他组织；

（二）认为征收征用补偿协议损害其合法权益的被征收征用土地、房屋等不动产的用益物权人、公房承租人；

（三）其他认为行政协议的订立、履行、变更、终止等行为损害其合法权益的公民、法人或者其他组织。

第六条　人民法院受理行政协议案件后，被告就该协议的订立、履行、变更、终止等提起反诉的，人民法院不予准许。

第七条　当事人书面协议约定选择被告所在地、原告所在地、协议履行地、协议订立地、标的物所在地等与争议有实际联系地点的人民法院管辖的，人民法院从其约定，但违反级别管辖和专属管辖的除外。

第八条　公民、法人或者其他组织向人民法院提起民事诉讼，生效法律文书以涉案协议属于行政协议为由裁定不予立案或者驳回起诉，当事人又提起行政诉讼的，人民法院应当依法受理。

第九条　在行政协议案件中，行政诉讼法第四十九条第三项规定的"有具体的诉讼请求"是指：

（一）请求判决撤销行政机关变更、解除行政协议的行政行为，或者确认该行政行为违法；

（二）请求判决行政机关依法履行或者按照行政协议约定履行义务；

（三）请求判决确认行政协议的效力；

（四）请求判决行政机关依法或者按照约定订立行政协议；

（五）请求判决撤销、解除行政协议；

（六）请求判决行政机关赔偿或者补偿；

（七）其他有关行政协议的订立、履行、变更、终止等诉讼请求。

第十条　被告对于自己具有法定职权、履行法定程序、履行相应法定职责以及订立、履行、变更、解除行政协议等行为的合法性承担举证责任。

原告主张撤销、解除行政协议的，对撤销、解除行政协议的事由承担举证责任。

对行政协议是否履行发生争议的，由负有履行义务的当事人承担举证责任。

第十一条　人民法院审理行政协议案件，应当对被告订立、履行、变

126

更、解除行政协议的行为是否具有法定职权、是否滥用职权、适用法律法规是否正确、是否遵守法定程序、是否明显不当、是否履行相应法定职责进行合法性审查。

原告认为被告未依法或者未按照约定履行行政协议的，人民法院应当针对其诉讼请求，对被告是否具有相应义务或者履行相应义务等进行审查。

第十二条 行政协议存在行政诉讼法第七十五条规定的重大且明显违法情形的，人民法院应当确认行政协议无效。

人民法院可以适用民事法律规范确认行政协议无效。

行政协议无效的原因在一审法庭辩论终结前消除的，人民法院可以确认行政协议有效。

第十三条 法律、行政法规规定应当经过其他机关批准等程序后生效的行政协议，在一审法庭辩论终结前未获得批准的，人民法院应当确认该协议未生效。

行政协议约定被告负有履行批准程序等义务而被告未履行，原告要求被告承担赔偿责任的，人民法院应予支持。

第十四条 原告认为行政协议存在胁迫、欺诈、重大误解、显失公平等情形而请求撤销，人民法院经审理认为符合法律规定可撤销情形的，可以依法判决撤销该协议。

第十五条 行政协议无效、被撤销或者确定不发生效力后，当事人因行政协议取得的财产，人民法院应当判决予以返还；不能返还的，判决折价补偿。

因被告的原因导致行政协议被确认无效或者被撤销，可以同时判决责令被告采取补救措施；给原告造成损失的，人民法院应当判决被告予以赔偿。

第十六条 在履行行政协议过程中，可能出现严重损害国家利益、社会公共利益的情形，被告作出变更、解除协议的行政行为后，原告请求撤销该行为，人民法院经审理认为该行为合法的，判决驳回原告诉讼请求；给原告造成损失的，判决被告予以补偿。

被告变更、解除行政协议的行政行为存在行政诉讼法第七十条规定情形的，人民法院判决撤销或者部分撤销，并可以责令被告重新作出行政行为。

被告变更、解除行政协议的行政行为违法，人民法院可以依据行政诉讼法第七十八条的规定判决被告继续履行协议、采取补救措施；给原告造成损失的，判决被告予以赔偿。

第十七条 原告请求解除行政协议，人民法院认为符合约定或者法定解除情形且不损害国家利益、社会公共利益和他人合法权益的，可以判决解除该协议。

第十八条 当事人依据民事法律规范的规定行使履行抗辩权的，人民法院应予支持。

第十九条 被告未依法履行、未按照约定履行行政协议，人民法院可以依据行政诉讼法第七十八条的规定，结合原告诉讼请求，判决被告继续履行，并明确继续履行的具体内容；被告无法履行或者继续履行无实际意义的，人民法院可以判决被告采取相应的补救措施；给原告造成损失的，判决被告予以赔偿。

原告要求按照约定的违约金条款或者定金条款予以赔偿的，人民法院应予支持。

第二十条 被告明确表示或者以自己的行为表明不履行行政协议，原告在履行期限届满之前向人民法院起诉请求其承担违约责任的，人民法院应予支持。

第二十一条 被告或者其他行政机关因国家利益、社会公共利益的需要依法行使行政职权，导致原告履行不能、履行费用明显增加或者遭受损失，原告请求判令被告给予补偿的，人民法院应予支持。

第二十二条 原告以被告违约为由请求人民法院判令其承担违约责任，人民法院经审理认为行政协议无效的，应当向原告释明，并根据原告变更后的诉讼请求判决确认行政协议无效；因被告的行为造成行政协议无效的，人民法院可以依法判决被告承担赔偿责任。原告经释明后拒绝变更诉讼请求的，人民法院可以判决驳回其诉讼请求。

第二十三条 人民法院审理行政协议案件，可以依法进行调解。

人民法院进行调解时，应当遵循自愿、合法原则，不得损害国家利益、社会公共利益和他人合法权益。

第二十四条 公民、法人或者其他组织未按照行政协议约定履行义务，经催告后不履行，行政机关可以作出要求其履行协议的书面决定。公民、法人或者其他组织收到书面决定后在法定期限内未申请行政复议或者提起行政诉讼，且仍不履行，协议内容具有可执行性的，行政机关可以向人民法院申请强制执行。

法律、行政法规规定行政机关对行政协议享有监督协议履行的职权，公民、法人或者其他组织未按照约定履行义务，经催告后不履行，行政机关可以依法作出处理决定。公民、法人或者其他组织在收到该处理决定后在法定期限内未申请行政复议或者提起行政诉讼，且仍不履行，协议内容具有可执行性的，行政机关可以向人民法院申请强制执行。

第二十五条　公民、法人或者其他组织对行政机关不依法履行、未按照约定履行行政协议提起诉讼的，诉讼时效参照民事法律规范确定；对行政机关变更、解除行政协议等行政行为提起诉讼的，起诉期限依照行政诉讼法及其司法解释确定。

第二十六条　行政协议约定仲裁条款的，人民法院应当确认该条款无效，但法律、行政法规或者我国缔结、参加的国际条约另有规定的除外。

第二十七条　人民法院审理行政协议案件，应当适用行政诉讼法的规定；行政诉讼法没有规定的，参照适用民事诉讼法的规定。

人民法院审理行政协议案件，可以参照适用民事法律规范关于民事合同的相关规定。

第二十八条　2015 年 5 月 1 日后订立的行政协议发生纠纷的，适用行政诉讼法及本规定。

2015 年 5 月 1 日前订立的行政协议发生纠纷的，适用当时的法律、行政法规及司法解释。

第二十九条　本规定自 2020 年 1 月 1 日起施行。最高人民法院以前发布的司法解释与本规定不一致的，适用本规定。

最高人民法院关于行政诉讼应诉
若干问题的通知

（2016 年 7 月 28 日　法〔2016〕260 号）

各省、自治区、直辖市高级人民法院，解放军军事法院，新疆维吾尔自治区高级人民法院生产建设兵团分院：

中央全面深化改革领导小组于 2015 年 10 月 13 日讨论通过了《关于加强和改进行政应诉工作的意见》（以下简称《意见》），明确提出行政机关要支持人民法院受理和审理行政案件，保障公民、法人和其他组织的起诉权利，认真做好答辩举证工作，依法履行出庭应诉职责，配合人民法院做好开庭审理工作。2016 年 6 月 27 日，国务院办公厅以国办发〔2016〕54号文形式正式发布了《意见》。《意见》的出台，对于人民法院进一步做好行政案件的受理、审理和执行工作，全面发挥行政审判职能，有效监督行政机关依法行政，提高领导干部学法用法的能力，具有重大意义。根据行政诉讼法的相关规定，为进一步规范和促进行政应诉工作，现就有关问题通知如下：

一、充分认识规范行政诉讼应诉的重大意义

推动行政机关负责人出庭应诉，是贯彻落实修改后的行政诉讼法的重要举措；规范行政诉讼应诉，是保障行政诉讼法有效实施，全面推进依法行政，加快建设法治政府的重要举措。为贯彻落实《中共中央关于全面推进依法治国若干重大问题的决定》关于"健全行政机关依法出庭应诉、支持法院受理行政案件、尊重并执行法院生效裁判的制度"的要求，《意见》从"高度重视行政应诉工作""支持人民法院依法受理和审理行政案件""认真做好答辩举证工作""依法履行出庭应诉职责""积极履行人民法院生效裁判"等十个方面对加强和改进行政应诉工作提出明确要求，作出具体部署。《意见》是我国首个全面规范行政应诉工作的专门性文件，各级人民法院要结合行政诉讼法的规定精神，全面把握《意见》内容，深刻领会精神实质，充分认识《意见》出台的重大意义，确保《意见》在人民法院行政审判领域落地生根。要及时向当地党委、人大汇报《意见》贯彻落实情况，加强与政府的沟通联系，支持地方党委政府出台本地区的具体实施办法，细化完善相关工作制度，促进行政机关做好出庭应诉工作。

二、依法做好行政案件受理和审理工作

严格执行行政诉讼法和《最高人民法院关于人民法院登记立案若干问题的规定》，进一步强化行政诉讼中的诉权保护，不得违法限缩受案范围、违法增设起诉条件，严禁以反复要求起诉人补正起诉材料的方式变相拖延、拒绝立案。对于不接收起诉状、接收起诉状后不出具书面凭证，以及不一次性告知当事人需要补正的起诉状内容的，要依照《人民法院审判人员违法审判责任追究办法（试行）》《人民法院工作人员处分条例》等相关规定，对直接负责的主管人员和其他直接责任人员依法依纪作出处理。坚决抵制干扰、阻碍人民法院依法受理和审理行政案件的各种违法行为，对领导干部或者行政机关以开协调会、发文件或者口头要求等任何形式明示或者暗示人民法院不受理案件、不判决行政机关败诉、不履行人民法院生效裁判的，要严格贯彻落实《领导干部干预司法活动、插手具体案件处理的记录、通报和责任追究规定》《司法机关内部人员过问案件的记录和责任追究规定》，全面、如实做好记录工作，做到全程留痕，有据可查。

三、依法推进行政机关负责人出庭应诉

准确理解行政诉讼法和相关司法解释的有关规定，正确把握行政机关负责人出庭应诉的基本要求，依法推进行政机关负责人出庭应诉工作。一是出庭应诉的行政机关负责人，既包括正职负责人，也包括副职负责人以及其他参与分管的负责人。二是行政机关负责人不能出庭的，应当委托行政机关相应的工作人员出庭，不得仅委托律师出庭。三是涉及重大公共利益、社会高度关注或者可能引发群体性事件等案件以及人民法院书面建议行政机关负责人出庭的案件，被诉行政机关负责人应当出庭。四是行政诉讼法第三条第三款规定的"行政机关相应的工作人员"，包括该行政机关具有国家行政编制身份的工作人员以及其他依法履行公职的人员。被诉行政行为是人民政府作出的，人民政府所属法制工作机构的工作人员，以及被诉行政行为具体承办机关的工作人员，也可以视为被诉人民政府相应的工作人员。

行政机关负责人和行政机关相应的工作人员均不出庭，仅委托律师出庭的；或者人民法院书面建议行政机关负责人出庭应诉，行政机关负责人不出庭应诉的，人民法院应当记录在案并在裁判文书中载明，可以依照行政诉讼法第六十六条第二款的规定予以公告，建议任免机关、监察机关或者上一级行政机关对相关责任人员严肃处理。

四、为行政机关依法履行出庭应诉职责提供必要条件

各级人民法院要在坚持依法独立公正行使审判权、平等保护各方当事人诉讼权利的前提下，加强与政府法制部门和行政执法机关的联系，探索建立行政审判和行政应诉联络工作机制，及时沟通、协调行政机关负责人出庭建议书发送和庭审时间等具体事宜，切实贯彻行政诉讼法和《意见》规定的精神，稳步推进行政机关出庭应诉工作。要为行政机关负责人、工作人员、政府法律顾问和公职律师依法履行出庭应诉职责提供必要的保障和相应的便利。要正确理解行政行为合法性审查原则，行政复议机关和作出原行政行为的行政机关为共同被告，可以根据具体情况确定由一个机关实施举证行为，确保庭审的针对性，提高庭审效率。改革案件审理模式，推广繁简分流，实现简案快审、繁案精审，减轻当事人的诉讼负担。对符合《最高人民法院关于适用〈中华人民共和国行政诉讼法〉若干问题的解释》第三条第二款规定的案件，人民法院认为不需要开庭审理的，可以径行裁定驳回起诉。要及时就行政机关出庭应诉和行政执法工作中的问题和不足提出司法建议，及时向政府法制部门通报司法建议落实和反馈情况，从源头上预防和化解争议。要积极参与行政应诉教育培训工作，提高行政机关负责人、行政执法人

员等相关人员的行政应诉能力。

五、支持行政机关建立健全依法行政考核体系

人民法院要支持当地党委政府建立和完善依法行政考核体系，结合行政审判工作实际提出加强和改进行政应诉工作的意见和建议。对本地区行政机关出庭应诉工作和依法行政考核指标的实施情况、运行成效等，人民法院可以通过司法建议、白皮书等适当形式，及时向行政机关作出反馈、评价，并可以适当方式将本地区行政机关出庭应诉情况向社会公布，促进发挥考核指标的倒逼作用。

地方各级人民法院要及时总结本通知贯彻实施过程中形成的好经验好做法；对贯彻实施中遇到的困难和问题，要及时层报最高人民法院。

最高人民法院关于行政机关负责人
出庭应诉若干问题的规定

（2020 年 3 月 23 日最高人民法院审判委员会第 1797 次会议通过　2020 年 6 月 22 日最高人民法院公告公布　自 2020 年 7 月 1 日起施行　法释〔2020〕3 号）

为进一步规范行政机关负责人出庭应诉活动，根据《中华人民共和国行政诉讼法》等法律规定，结合人民法院行政审判工作实际，制定本规定。

第一条　行政诉讼法第三条第三款规定的被诉行政机关负责人应当出庭应诉，是指被诉行政机关负责人依法应当在第一审、第二审、再审等诉讼程序中出庭参加诉讼，行使诉讼权利，履行诉讼义务。

法律、法规、规章授权独立行使行政职权的行政机关内设机构、派出机构或者其他组织的负责人出庭应诉，适用本规定。

应当追加为被告而原告不同意追加，人民法院通知以第三人身份参加诉讼的行政机关，其负责人出庭应诉活动参照前款规定。

第二条　行政诉讼法第三条第三款规定的被诉行政机关负责人，包括行政机关的正职、副职负责人、参与分管被诉行政行为实施工作的副职级别的负责人以及其他参与分管的负责人。

被诉行政机关委托的组织或者下级行政机关的负责人，不能作为被诉行政机关负责人出庭。

第三条 有共同被告的行政案件，可以由共同被告协商确定行政机关负责人出庭应诉；也可以由人民法院确定。

第四条 对于涉及食品药品安全、生态环境和资源保护、公共卫生安全等重大公共利益，社会高度关注或者可能引发群体性事件等的案件，人民法院应当通知行政机关负责人出庭应诉。

有下列情形之一，需要行政机关负责人出庭的，人民法院可以通知行政机关负责人出庭应诉：

（一）被诉行政行为涉及公民、法人或者其他组织重大人身、财产权益的；

（二）行政公益诉讼；

（三）被诉行政机关的上级机关规范性文件要求行政机关负责人出庭应诉的；

（四）人民法院认为需要通知行政机关负责人出庭应诉的其他情形。

第五条 人民法院在向行政机关送达的权利义务告知书中，应当一并告知行政机关负责人出庭应诉的法定义务及相关法律后果等事项。

人民法院通知行政机关负责人出庭的，应当在开庭三日前送达出庭通知书，并告知行政机关负责人不出庭可能承担的不利法律后果。

行政机关在庭审前申请更换出庭应诉负责人且不影响正常开庭的，人民法院应当准许。

第六条 行政机关负责人出庭应诉的，应当于开庭前向人民法院提交出庭应诉负责人的身份证明。身份证明应当载明该负责人的姓名、职务等基本信息，并加盖行政机关印章。

人民法院应当对出庭应诉负责人的身份证明进行审查，经审查认为不符合条件，可以补正的，应当告知行政机关予以补正；不能补正或者补正可能影响正常开庭的，视为行政机关负责人未出庭应诉。

第七条 对于同一审级需要多次开庭的同一案件，行政机关负责人到庭参加一次庭审的，一般可以认定其已经履行出庭应诉义务，但人民法院通知行政机关负责人再次出庭的除外。

行政机关负责人在一个审理程序中出庭应诉，不免除其在其他审理程序出庭应诉的义务。

第八条 有下列情形之一的，属于行政诉讼法第三条第三款规定的行政机关负责人不能出庭的情形：

（一）不可抗力；

（二）意外事件；

（三）需要履行他人不能代替的公务；

（四）无法出庭的其他正当事由。

第九条 行政机关负责人有正当理由不能出庭的，应当提交相关证明材料，并加盖行政机关印章或者由该机关主要负责人签字认可。

人民法院应当对行政机关负责人不能出庭的理由以及证明材料进行审查。

行政机关负责人有正当理由不能出庭，行政机关申请延期开庭审理的，人民法院可以准许；人民法院也可以依职权决定延期开庭审理。

第十条 行政诉讼法第三条第三款规定的相应的工作人员，是指被诉行政机关中具体行使行政职权的工作人员。

行政机关委托行使行政职权的组织或者下级行政机关的工作人员，可以视为行政机关相应的工作人员。

人民法院应当参照本规定第六条第二款的规定，对行政机关相应的工作人员的身份证明进行审查。

第十一条 诉讼参与人参加诉讼活动，应当依法行使诉讼权利，履行诉讼义务，遵守法庭规则，自觉维护诉讼秩序。

行政机关负责人或者行政机关委托的相应工作人员在庭审过程中应当就案件情况进行陈述、答辩、提交证据、辩论、发表最后意见，对所依据的规范性文件进行解释说明。

行政机关负责人出庭应诉的，应当就实质性解决行政争议发表意见。

诉讼参与人和其他人以侮辱、谩骂、威胁等方式扰乱法庭秩序的，人民法院应当制止，并根据行政诉讼法第五十九条规定进行处理。

第十二条 有下列情形之一的，人民法院应当向监察机关、被诉行政机关的上一级行政机关提出司法建议：

（一）行政机关负责人未出庭应诉，且未说明理由或者理由不成立的；

（二）行政机关有正当理由申请延期开庭审理，人民法院准许后再次开庭审理时行政机关负责人仍未能出庭应诉，且无正当理由的；

（三）行政机关负责人和行政机关相应的工作人员均不出庭应诉的；

（四）行政机关负责人未经法庭许可中途退庭的；

（五）人民法院在庭审中要求行政机关负责人就有关问题进行解释或者说明，行政机关负责人拒绝解释或者说明，导致庭审无法进行的。

有前款情形之一的，人民法院应当记录在案并在裁判文书中载明。

第十三条　当事人对行政机关具有本规定第十二条第一款情形提出异议的，人民法院可以在庭审笔录中载明，不影响案件的正常审理。

原告以行政机关具有本规定第十二条第一款情形为由拒不到庭、未经法庭许可中途退庭的，人民法院可以按照撤诉处理。

原告以行政机关具有本规定第十二条第一款情形为由在庭审中明确拒绝陈述或者以其他方式拒绝陈述，导致庭审无法进行，经法庭释明法律后果后仍不陈述意见的，人民法院可以视为放弃陈述权利，由其承担相应的法律后果。

第十四条　人民法院可以通过适当形式将行政机关负责人出庭应诉情况向社会公开。

人民法院可以定期将辖区内行政机关负责人出庭应诉情况进行统计、分析、评价，向同级人民代表大会常务委员会报告，向同级人民政府进行通报。

第十五条　本规定自 2020 年 7 月 1 日起施行。

最高人民法院关于办理行政申请再审案件若干问题的规定

（2021 年 3 月 1 日最高人民法院审判委员会第 1833 次会议通过　2021 年 3 月 25 日最高人民法院公告公布　自 2021 年 4 月 1 日起施行　法释〔2021〕6 号）

为切实保障当事人申请再审的权利，切实有效解决行政争议，结合人民法院行政审判工作实践，根据《中华人民共和国行政诉讼法》的规定，制定本解释。

第一条　当事人不服高级人民法院已经发生法律效力的判决、裁定，依照行政诉讼法第九十条的规定向最高人民法院申请再审的，最高人民法院应当依法审查，分别情况予以处理。

第二条　下列行政申请再审案件中，原判决、裁定适用法律、法规确有错误的，最高人民法院应当裁定再审：

（一）在全国具有普遍法律适用指导意义的案件；

（二）在全国范围内或者省、自治区、直辖市有重大影响的案件；

（三）跨省、自治区、直辖市的案件；

（四）重大涉外或者涉及香港特别行政区、澳门特别行政区、台湾地区的案件；

（五）涉及重大国家利益、社会公共利益的案件；

（六）经高级人民法院审判委员会讨论决定的案件；

（七）最高人民法院认为应当再审的其他案件。

第三条 行政申请再审案件有下列情形之一的，最高人民法院可以决定由作出生效判决、裁定的高级人民法院审查：

（一）案件基本事实不清、诉讼程序违法、遗漏诉讼请求的；

（二）再审申请人或者第三人人数众多的；

（三）由高级人民法院审查更适宜实质性化解行政争议的；

（四）最高人民法院认为可以由高级人民法院审查的其他情形。

第四条 已经发生法律效力的判决、裁定认定事实清楚，适用法律、法规正确，当事人主张的再审事由不成立的，最高人民法院可以迳行裁定驳回再审申请。

第五条 当事人不服人民法院再审判决、裁定的，可以依法向人民检察院申请抗诉或者检察建议。

第六条 本解释自 2021 年 4 月 1 日起施行。本解释施行后，最高人民法院此前作出的相关司法解释与本解释相抵触的，以本解释为准。

附件：1. 中华人民共和国最高人民法院决定书（最高人民法院决定由高级人民法院审查用）

2. 中华人民共和国最高人民法院通知书（最高人民法院决定由高级人民法院审查时通知再审申请人用）

3. 中华人民共和国最高人民法院行政裁定书（最高人民法院迳行驳回再审申请用）

中华人民共和国最高人民法院
决定书

（××××）最高法行决×号

××××高级人民法院：

根据《中华人民共和国行政诉讼法》第九十条、《最高人民法院关于办理行政申请再审案件若干问题的规定》第三条的规定，现将再审申请人×××诉×××（机关名称）一案，交由你院审查。请你院依照《中华人民共和国行政诉讼法》及其司法解释的相关规定进行审查处理。

××××年××月××日
（院印）

中华人民共和国最高人民法院
通知书

（××××）最高法行通×号

×××（再审申请人）：

根据《中华人民共和国行政诉讼法》第九十条、《最高人民法院关于办理行政申请再审案件若干问题的规定》第三条的规定，本院将再审申请人×××诉×××（机关名称）一案，交由××××高级人民法院审查。请等待审查结果。对高级人民法院审查后作出的判决、裁定仍然不服的，可以依照《最高人民法院关于适用〈中华人民共和国行政诉讼法〉的解释》第一百一十七条的规定向人民检察院申请抗诉或者检察建议。

特此通知。

××××年××月××日

（院印）

中华人民共和国最高人民法院
行政裁定书

（××××）最高法行申×号

再审申请人（一、二审诉讼地位）：×××，……。

被申请人（一、二审诉讼地位）：×××，……。

（以上写明当事人和其他诉讼参与人的姓名或者名称等基本信息）

再审申请人×××因诉×××（机关名称）一案，不服××××高级人民法院×××号行政判决（裁定），向本院申请再审。本院依法对本案进行了审查，现已审查终结。

×××向本院申请再审，请求……（简要列明请求和理由）。

本院认为，×××的再审申请不符合《中华人民共和国行政诉讼法》第九十一条规定的情形。依照《最高人民法院关于适用〈中华人民共和国行政诉讼法〉的解释》第一百一十六条第二款、《最高人民法院关于办理行政申请再审案件若干问题的规定》第四条之规定，裁定如下：

驳回×××的再审申请。

审判长×××

审判员×××

审判员×××

××××年××月××日

（院印）

法官助理×××

书记员×××

最高人民法院关于正确确定县级以上地方人民政府行政诉讼被告资格若干问题的规定

（2021 年 2 月 22 日最高人民法院审判委员会第 1832 次会议通过　2021 年 3 月 25 日最高人民法院公告公布　自 2021 年 4 月 1 日起施行　法释〔2021〕5 号）

为准确适用《中华人民共和国行政诉讼法》，依法正确确定县级以上地方人民政府的行政诉讼被告资格，结合人民法院行政审判工作实际，制定本解释。

第一条　法律、法规、规章规定属于县级以上地方人民政府职能部门的行政职权，县级以上地方人民政府通过听取报告、召开会议、组织研究、下发文件等方式进行指导，公民、法人或者其他组织不服县级以上地方人民政府的指导行为提起诉讼的，人民法院应当释明，告知其以具体实施行政行为的职能部门为被告。

第二条　县级以上地方人民政府根据城乡规划法的规定，责成有关职能部门对违法建筑实施强制拆除，公民、法人或者其他组织不服强制拆除行为提起诉讼，人民法院应当根据行政诉讼法第二十六条第一款的规定，以作出强制拆除决定的行政机关为被告；没有强制拆除决定书的，以具体实施强制拆除行为的职能部门为被告。

第三条　公民、法人或者其他组织对集体土地征收中强制拆除房屋等行为不服提起诉讼的，除有证据证明系县级以上地方人民政府具体实施外，人民法院应当根据行政诉讼法第二十六条第一款的规定，以作出强制拆除决定的行政机关为被告；没有强制拆除决定书的，以具体实施强制拆除等行为的行政机关为被告。

县级以上地方人民政府已经作出国有土地上房屋征收与补偿决定，公民、法人或者其他组织不服具体实施房屋征收与补偿工作中的强制拆除房屋等行为提起诉讼的，人民法院应当根据行政诉讼法第二十六条第一款的规定，以作出强制拆除决定的行政机关为被告；没有强制拆除决定书的，以县级以上地方人民政府确定的房屋征收部门为被告。

第四条 公民、法人或者其他组织向县级以上地方人民政府申请履行法定职责或者给付义务，法律、法规、规章规定该职责或者义务属于下级人民政府或者相应职能部门的行政职权，县级以上地方人民政府已经转送下级人民政府或者相应职能部门处理并告知申请人，申请人起诉要求履行法定职责或者给付义务的，以下级人民政府或者相应职能部门为被告。

第五条 县级以上地方人民政府确定的不动产登记机构或者其他实际履行该职责的职能部门按照《不动产登记暂行条例》的规定办理不动产登记，公民、法人或者其他组织不服提起诉讼的，以不动产登记机构或者实际履行该职责的职能部门为被告。

公民、法人或者其他组织对《不动产登记暂行条例》实施之前由县级以上地方人民政府作出的不动产登记行为不服提起诉讼的，以继续行使其职权的不动产登记机构或者实际履行该职责的职能部门为被告。

第六条 县级以上地方人民政府根据《中华人民共和国政府信息公开条例》的规定，指定具体机构负责政府信息公开日常工作，公民、法人或者其他组织对该指定机构以自己名义所作的政府信息公开行为不服提起诉讼的，以该指定机构为被告。

第七条 被诉行政行为不是县级以上地方人民政府作出，公民、法人或者其他组织以县级以上地方人民政府作为被告的，人民法院应当予以指导和释明，告知其向有管辖权的人民法院起诉；公民、法人或者其他组织经人民法院释明仍不变更的，人民法院可以裁定不予立案，也可以将案件移送有管辖权的人民法院。

第八条 本解释自 2021 年 4 月 1 日起施行。本解释施行后，最高人民法院此前作出的相关司法解释与本解释相抵触的，以本解释为准。

二、诉讼案由及受案范围

最高人民法院印发《关于行政案件案由的暂行规定》的通知

（2020 年 12 月 25 日　法发〔2020〕44 号）

各省、自治区、直辖市高级人民法院，解放军军事法院，新疆维吾尔自治区高级人民法院生产建设兵团分院：

《最高人民法院关于行政案件案由的暂行规定》已于 2020 年 12 月 7 日由最高人民法院审判委员会第 1820 次会议讨论通过，自 2021 年 1 月 1 日起施行，《最高人民法院关于规范行政案件案由的通知》（法发〔2004〕2 号，以下简称 2004 年案由通知）同时废止。现将《最高人民法院关于行政案件案由的暂行规定》（以下简称《暂行规定》）印发给你们，并将适用《暂行规定》的有关问题通知如下。

一、认真学习和准确适用《暂行规定》

行政案件案由是行政案件名称的核心组成部分，起到明确被诉对象、区分案件性质、提示法律适用、引导当事人正确行使诉讼权利等作用。准确确定行政案件案由，有利于人民法院在行政立案、审判中准确确定被诉行政行为、正确适用法律，有利于提高行政审判工作的规范化程度，有利于提高行政案件司法统计的准确性和科学性，有利于为人民法院司法决策提供更有价值的参考，有利于提升人民法院服务大局、司法为民的能力和水平。各级人民法院要认真组织学习《暂行规定》，全面准确领会，确保该规定得到正确实施。

二、准确把握案由的基本结构

根据行政诉讼法和相关行政法律规范的规定，遵循简洁、明确、规范、开放的原则，行政案件案由按照被诉行政行为确定，表述为"××（行政行为）"。例如，不服行政机关作出的行政拘留处罚提起的行政诉讼，案件案由表述为"行政拘留"。

此次起草《暂行规定》时，案由基本结构中删除了 2004 年案由通知规定的"行政管理范围"。司法统计时，可以通过提取被告行政机关要素，确定和掌握相关行政管理领域某类行政案件的基本情况。

三、准确把握案由的适用范围

《暂行规定》适用于行政案件的立案、审理、裁判、执行的各阶段，也适用于一审、二审、申请再审和再审等诉讼程序。在立案阶段，人民法院可以根据起诉状所列被诉行政行为确定初步案由。在审理、裁判阶段，人民法院发现初步确定的案由不准确时，可以重新确定案由。二审、申请再审、再审程序中发现原审案由不准确的，人民法院应当重新确定案由。在执行阶段，人民法院应当采用据以执行的生效法律文书确定的结案案由。

案件卷宗封面、开庭传票、送达回证等材料上应当填写案由。司法统计一般以生效法律文书确定的案由为准，也可以根据统计目的的实际需要，按照相应诉讼阶段或者程序确定的案由进行统计。

四、准确理解案由的确定规则

（一）行政案件案由分为三级

1. 一级案由。行政案件的一级案由为"行政行为"，是指行政机关与行政职权相关的所有作为和不作为。

2. 二、三级案由的确定和分类。二、三级案由是对一级案由的细化。目前我国法律、法规对行政机关作出的行政行为并无明确的分类标准。三级案由主要是按照法律法规等列举的行政行为名称，以及行政行为涉及的权利内容等进行划分。目前列举的二级案由主要包括：行政处罚、行政强制措施、行政强制执行、行政许可、行政征收或者征用、行政登记、行政确认、行政给付、行政允诺、行政征缴、行政奖励、行政收费、政府信息公开、行政批复、行政处理、行政复议、行政裁决、行政协议、行政补偿、行政赔偿及不履行职责、公益诉讼。

3. 优先适用三级案由。人民法院在确定行政案件案由时，应当首先适用三级案由；无对应的三级案由时，适用二级案由；二级案由仍然无对应的名称，适用一级案由。例如，起诉行政机关作出的罚款行政处罚，该案案由只能按照三级案由确定为"罚款"，不能适用二级或者一级案由。

（二）起诉多个被诉行政行为案件案由的确定

在同一个案件中存在多个被诉行政行为时，可以并列适用不同的案由。例如，起诉行政机关作出的罚款、行政拘留、没收违法所得的行政处罚时，该案案由表述为"罚款、行政拘留及没收违法所得"。如果是两个以上的被诉行政行为，其中一个行政行为适用三级案由，另一个只能适用二级案由的，可以并列适用不同层级的案由。

（三）不可诉行为案件案由的确定

当事人对不属于行政诉讼受案范围的行政行为或者民事行为、刑事侦查行为等提起行政诉讼的案件，人民法院根据《中华人民共和国行政诉讼法》第十三条和《最高人民法院关于适用〈中华人民共和国行政诉讼法〉的解释》第一条第二款规定中的相关表述确定案由，具体表述为：国防外交行为、发布决定命令行为、奖惩任免行为、最终裁决行为、刑事司法行为、行政调解行为、仲裁行为、行政指导行为、重复处理行为、执行生效裁判行为、信访处理行为等。例如，起诉行政机关行政指导行为的案件，案由表述为"行政指导行为"。应当注意的是，"内部层级监督行为""过程性行为"均是对行政行为性质的概括，在确定案件案由时还应根据被诉行为名称来确定。对于前述规定没有列举，但法律、法规、规章或者司法解释有明确的法定名称表述的案件，以法定名称表述案由；尚无法律、法规、规章或者司法解释明确法定名称的行为或事项，人民法院可以通过概括当事人诉讼请求所指向的行为或者事项确定案由，例如，起诉行政机关要求为其子女安排工作的案件，案由表述为"安排子女工作"。

五、关于几种特殊行政案件案由确定规则

（一）行政复议案件

行政复议机关成为行政诉讼被告，主要有三种情形：一是行政复议机关不予受理或者程序性驳回复议申请；二是行政复议机关改变（包括撤销）原行政行为；三是行政复议机关维持原行政行为或者实体上驳回复议申请。第一、二种情形下，行政复议机关单独作被告，按《暂行规定》基本结构确定案由即可。第三种情形下，行政复议机关和原行政行为作出机关是共同被告，此类案件案由表述为"××（行政行为）及行政复议"。例如，起诉某市人民政府维持该市某局作出的政府信息公开答复的案件，案由表述为"政府信息公开及行政复议"。

（二）行政协议案件

确定行政协议案件案由时，须将行政协议名称予以列明。当事人一并提出行政赔偿、解除协议或者继续履行协议等请求的，要在案由中一并列出。例如，起诉行政机关解除公交线路特许经营协议，请求赔偿损失并判令继续履行协议的案件，案由表述为"单方解除公交线路特许经营协议及行政赔偿、继续履行"。

（三）行政赔偿案件

行政赔偿案件分为一并提起行政赔偿案件和单独提起行政赔偿案件两

类。一并提起行政赔偿案件，案由表述为"××（行政行为）及行政赔偿"。例如，起诉行政机关行政拘留一并请求赔偿限制人身自由损失的案件，案由表述为"行政拘留及行政赔偿"。单独提起行政赔偿案件，案由表述为"行政赔偿"。例如，起诉行政机关赔偿违法强制拆除房屋损失的案件，案由表述为"行政赔偿"。

（四）一并审查规范性文件案件

一并审查规范性文件案件涉及被诉行政行为和规范性文件两个审查对象，此类案件案由表述为"××（行政行为）及规范性文件审查"。例如，起诉行政机关作出的强制拆除房屋行为，同时对相关的规范性文件不服一并提起行政诉讼的案件，案由表述为"强制拆除房屋及规范性文件审查"。

（五）行政公益诉讼案件

行政公益诉讼案件案由按照"××（行政行为）"后缀"公益诉讼"的模式确定，表述为"××（行政行为）公益诉讼"。例如，人民检察院对行政机关不履行查处环境违法行为法定职责提起行政公益诉讼的案件，案由表述为"不履行查处环境违法行为职责公益诉讼"。

（六）不履行法定职责案件

"不履行法定职责"是指负有法定职责的行政机关在依法应当履职的情况下消极不作为，从而使得行政相对人权益得不到保护或者无法实现的违法状态。未依法履责、不完全履责、履责不当和迟延履责等以作为方式实施的违法履责行为，均不属于不履行法定职责。

在不履行法定职责案件案由中要明确行政机关应当履行的法定职责内容，表述为"不履行××职责"。例如，起诉行政机关不履行行政处罚职责案件，案由表述为"不履行行政处罚职责"。此处法定职责内容一般按照二级案由表述即可。确有必要的，不履行法定职责案件也可细化到三级案由，例如"不履行罚款职责"。

（七）申请执行人民法院生效法律文书案件

申请执行人民法院生效法律文书案件，案由由"申请执行"加行政诉讼案由后缀"判决""裁定"或者"调解书"构成。例如，人民法院作出变更罚款决定的生效判决后，行政机关申请人民法院执行该判决的案件，案由表述为"申请执行罚款判决"。

（八）非诉行政执行案件

非诉行政执行案件案由表述为"申请执行××（行政行为）"。其中，"××（行政行为）"应当优先适用三级案由表述。例如，行政机关作出责令退还非法占用土地的行政决定后，行政相对人未履行退还土地义务，行政机关申请人民法院强制执行的案件，案由表述为"申请执行责令退还非法占用土地决定"。

六、应注意的问题

（一）各级人民法院要正确认识行政案件案由的性质与功能，不得将《暂行规定》等同于行政诉讼的受理条件或者范围。判断被诉行政行为是否属于行政诉讼受案范围，必须严格依据行政诉讼法及相关司法解释的规定。

（二）由于行政管理领域及行政行为种类众多，《暂行规定》仅能在二、三级案由中列举人民法院受理的常见案件中被诉行政行为种类或者名称，无法列举所有被诉行政行为。为了确保行政案件案由表述的规范统一以及司法统计的科学性、准确性，各级人民法院应当严格按照《暂行规定》表述案由。对于《暂行规定》未列举案由的案件，可依据相关法律、法规、规章及司法解释对被诉行政行为的表述来确定案由，不得使用"其他"或者"其他行政行为"概括案由。

（三）行政案件的名称表述应当与案由的表述保持一致，一般表述为"××（原告）诉××（行政机关）××（行政行为）案"，不得表述为"××（原告）与××（行政机关）××行政纠纷案"。

（四）知识产权授权确权和涉及垄断的行政案件案由按照《最高人民法院关于增加部分行政案件案由的通知》（法〔2019〕261号）等规定予以确定。

对于适用《暂行规定》过程中遇到的问题和情况，请及时层报最高人民法院。

最高人民法院关于行政案件
案由的暂行规定

（2020年12月7日最高人民法院审判委员会第1820次会议通过　自2021年1月1日起施行）

为规范人民法院行政立案、审判、执行工作，正确适用法律，统一确定行政案件案由，根据《中华人民共和国行政诉讼法》及相关法律法规和司法解释的规定，结合行政审判工作实际，对行政案件案由规定如下：

一级案由

行政行为

二级、三级案由

（一）行政处罚

1. 警告

2. 通报批评

3. 罚款

4. 没收违法所得

5. 没收非法财物

6. 暂扣许可证件

7. 吊销许可证件

8. 降低资质等级

9. 责令关闭

10. 责令停产停业

11. 限制开展生产经营活动

12. 限制从业

13. 行政拘留

14. 不得申请行政许可

15. 责令限期拆除

（二）行政强制措施

16. 限制人身自由

17. 查封场所、设施或者财物

18. 扣押财物

19. 冻结存款、汇款

20. 冻结资金、证券

21. 强制隔离戒毒

22. 留置

23. 采取保护性约束措施

（三）行政强制执行

24. 加处罚款或者滞纳金

25. 划拨存款、汇款

26. 拍卖查封、扣押的场所、设施或者财物

27. 处理查封、扣押的场所、设施或者财物

28. 排除妨碍

29. 恢复原状

30. 代履行

31. 强制拆除房屋或者设施

32. 强制清除地上物

（四）行政许可

33. 工商登记

34. 社会团体登记

35. 颁发机动车驾驶证

36. 特许经营许可

37. 建设工程规划许可

38. 建筑工程施工许可

39. 矿产资源许可

40. 药品注册许可

41. 医疗器械许可

42. 执业资格许可

（五）行政征收或者征用

43. 征收或者征用房屋

44. 征收或者征用土地

45. 征收或者征用动产

（六）行政登记

46. 房屋所有权登记

47. 集体土地所有权登记

48. 森林、林木所有权登记

49. 矿业权登记

50. 土地承包经营权登记

51. 建设用地使用权登记

52. 宅基地使用权登记

53. 海域使用权登记

54. 水利工程登记

55. 居住权登记

56. 地役权登记

57. 不动产抵押登记

58. 动产抵押登记

59. 质押登记

60. 机动车所有权登记

61. 船舶所有权登记

62. 户籍登记

63. 婚姻登记

64. 收养登记

65. 税务登记

（七）行政确认

66. 基本养老保险资格或者待遇认定

67. 基本医疗保险资格或者待遇认定

68. 失业保险资格或者待遇认定

69. 工伤保险资格或者待遇认定

70. 生育保险资格或者待遇认定

71. 最低生活保障资格或者待遇认定

72. 确认保障性住房分配资格

73. 颁发学位证书或者毕业证书

（八）行政给付

74. 给付抚恤金

75. 给付基本养老金

76. 给付基本医疗保险金

77. 给付失业保险金

78. 给付工伤保险金

79. 给付生育保险金

80. 给付最低生活保障金

（九）行政允诺

81. 兑现奖金

82. 兑现优惠

（十）行政征缴

83. 征缴税款

84. 征缴社会抚养费

85. 征缴社会保险费

86. 征缴污水处理费

87. 征缴防空地下室易地建设费

88. 征缴水土保持补偿费

89. 征缴土地闲置费

90. 征缴土地复垦费

91. 征缴耕地开垦费

（十一）行政奖励

92. 授予荣誉称号

93. 发放奖金

（十二）行政收费

94. 证照费

95. 车辆通行费

96. 企业注册登记费

97. 不动产登记费

98. 船舶登记费

99. 考试考务费

（十三）政府信息公开

（十四）行政批复

（十五）行政处理

100. 责令退还非法占用土地

101. 责令交还土地

102. 责令改正

103. 责令采取补救措施

104. 责令停止建设

105. 责令恢复原状

106. 责令公开

107. 责令召回

108. 责令暂停生产

109. 责令暂停销售

110. 责令暂停使用

111. 有偿收回国有土地使用权

112. 退学决定

（十六）行政复议

113. 不予受理行政复议申请决定

114. 驳回行政复议申请决定

115. ××（行政行为）及行政复议

116. 改变原行政行为的行政复议决定

（十七）行政裁决

117. 土地、矿藏、水流、荒地或者滩涂权属确权

118. 林地、林木、山岭权属确权

119. 海域使用权确权

120. 草原权属确权

121. 水利工程权属确权

122. 企业资产性质确认

（十八）行政协议

123. 订立××（行政协议）

124. 单方变更××（行政协议）

125. 单方解除××（行政协议）

126. 不依法履行××（行政协议）

127. 未按约定履行××（行政协议）

128. ××（行政协议）行政补偿

129. ××（行政协议）行政赔偿

130. 撤销××（行政协议）

131. 解除××（行政协议）

132. 继续履行××（行政协议）

133. 确认××（行政协议）无效或有效

（十九）行政补偿

134. 房屋征收或者征用补偿

135. 土地征收或者征用补偿

136. 动产征收或者征用补偿

137. 撤回行政许可补偿

138. 收回国有土地使用权补偿

139. 规划变更补偿

140. 移民安置补偿

（二十）行政赔偿

（二十一）不履行××职责

（二十二）××（行政行为）公益诉讼

最高人民法院关于对与证券交易所监管职能相关的诉讼案件管辖与受理问题的规定

（2004 年 11 月 18 日最高人民法院审判委员会第 1333 次会议通过 根据 2020 年 12 月 23 日最高人民法院审判委员会第 1823 次会议通过的《最高人民法院关于修改〈最高人民法院关于人民法院民事调解工作若干问题的规定〉等十九件民事诉讼类司法解释的决定》修正 2020 年 12 月 29 日最高人民法院公告公布 自 2021 年 1 月 1 日起施行 法释〔2020〕20 号）

为正确及时地管辖、受理与证券交易所监管职能相关的诉讼案件，特作出以下规定：

一、根据《中华人民共和国民事诉讼法》第三十七条和《中华人民共和国行政诉讼法》第二十三条的有关规定，指定上海证券交易所和深圳证券交易所所在地的中级人民法院分别管辖以上海证券交易所和深圳证券交易所为被告或第三人的与证券交易所监管职能相关的第一审民事和行政案件。

二、与证券交易所监管职能相关的诉讼案件包括：

（一）证券交易所根据《中华人民共和国公司法》《中华人民共和国证券法》《中华人民共和国证券投资基金法》《证券交易所管理办法》等法律、法规、规章的规定，对证券发行人及其相关人员、证券交易所会员及其相关人员、证券上市和交易活动做出处理决定引发的诉讼；

（二）证券交易所根据国务院证券监督管理机构的依法授权，对证券发行人及其相关人员、证券交易所会员及其相关人员、证券上市和交易活动做出处理决定引发的诉讼；

（三）证券交易所根据其章程、业务规则、业务合同的规定，对证券发行人及其相关人员、证券交易所会员及其相关人员、证券上市和交易活动做出处理决定引发的诉讼；

（四）证券交易所在履行监管职能过程中引发的其他诉讼。

152

三、投资者对证券交易所履行监管职责过程中对证券发行人及其相关人员、证券交易所会员及其相关人员、证券上市和交易活动做出的不直接涉及投资者利益的行为提起的诉讼，人民法院不予受理。

四、本规定自发布之日起施行。

三、诉讼管辖

最高人民法院办公厅关于海事行政案件管辖问题的通知

（2003 年 8 月 11 日　法办〔2003〕253 号）

各省、自治区、直辖市高级人民法院，新疆维吾尔自治区高级人民法院生产建设兵团分院：

为规范海事行政案件的管辖问题，根据我院审判委员会第 1282 次会议决定，特通知如下：

一、行政案件、行政赔偿案件和审查行政机关申请执行其具体行政行为的案件仍由各级人民法院行政审判庭审理。海事等专门人民法院不审理行政案件、行政赔偿案件，亦不审查和执行行政机关申请执行其具体行政行为的案件。

二、本通知下发之前，海事法院已经受理的海事行政案件、行政赔偿案件，继续由海事法院审理；海事法院已作出的生效行政判决或者行政裁定的法律效力不受影响。

最高人民法院关于加强和规范案件提级管辖和再审提审工作的指导意见

（2023 年 7 月 28 日　法发〔2023〕13 号）

为加强人民法院审级监督体系建设，做深做实新时代能动司法，推动以审判工作现代化服务保障中国式现代化，现根据相关法律和司法解释的规定，结合审判工作实际，就加强和规范人民法院案件提级管辖、再审提审工作，制定本意见。

一、一般规定

第一条 健全完善案件提级管辖、再审提审工作机制，是完善四级法院审级职能定位改革的重要内容，有利于促进诉源治理、统一法律适用、维护群众权益。各级人民法院应当通过积极、规范、合理适用提级管辖，推动将具有指导意义、涉及重大利益、可能受到干预的案件交由较高层级人民法院审理，发挥典型案件裁判的示范引领作用，实现政治效果、社会效果、法律效果的有机统一。中级以上人民法院应当加大再审提审适用力度，精准履行审级监督和再审纠错职能。最高人民法院聚焦提审具有普遍法律适用指导意义、存在重大法律适用分歧的典型案件，充分发挥最高审判机关监督指导全国审判工作、确保法律正确统一适用的职能。

第二条 本意见所称"提级管辖"，是指根据《中华人民共和国刑事诉讼法》第二十四条、《中华人民共和国民事诉讼法》第三十九条、《中华人民共和国行政诉讼法》第二十四条的规定，下级人民法院将所管辖的第一审案件转移至上级人民法院审理，包括上级人民法院依下级人民法院报请提级管辖、上级人民法院依职权提级管辖。

第三条 本意见所称"再审提审"，是指根据《中华人民共和国民事诉讼法》第二百零五条第二款、第二百一十一条第二款，《中华人民共和国行政诉讼法》第九十一条、第九十二条第二款的规定，上级人民法院对下级人民法院已经发生法律效力的民事、行政判决、裁定，认为确有错误并有必要提审的，裁定由本院再审，包括上级人民法院依职权提审、上级人民法院依当事人再审申请提审、最高人民法院依高级人民法院报请提审。

二、完善提级管辖机制

第四条 下级人民法院对已经受理的第一审刑事、民事、行政案件，认为属于下列情形之一，不宜由本院审理的，应当报请上一级人民法院审理：

（一）涉及重大国家利益、社会公共利益的；

（二）在辖区内属于新类型，且案情疑难复杂的；

（三）具有诉源治理效应，有助于形成示范性裁判，推动同类纠纷统一、高效、妥善化解的；

（四）具有法律适用指导意义的；

（五）上一级人民法院或者其辖区内人民法院之间近三年裁判生效的同类案件存在重大法律适用分歧的；

（六）由上一级人民法院一审更有利于公正审理的。

上级人民法院对辖区内人民法院已经受理的第一审刑事、民事、行政案件，认为属于上述情形之一，有必要由本院审理的，可以决定提级管辖。

第五条 "在辖区内属于新类型，且案情疑难复杂的"案件，主要指案件所涉领域、法律关系、规制范围等在辖区内具有首案效应或者相对少见，在法律适用上存在难点和争议。

"具有诉源治理效应，有助于形成示范性裁判，推动同类纠纷统一、高效、妥善化解的"案件，是指案件具有示范引领价值，通过确立典型案件的裁判规则，能够对处理类似纠纷形成规范指引，引导当事人作出理性选择，促进批量纠纷系统化解，实现纠纷源头治理。

"具有法律适用指导意义的"案件，是指法律、法规、司法解释、司法指导性文件等没有明确规定，需要通过典型案件裁判进一步明确法律适用；司法解释、司法指导性文件、指导性案例发布时所依据的客观情况发生重大变化，继续适用有关规则审理明显有违公平正义。

"由上一级人民法院一审更有利于公正审理的"案件，是指案件因所涉领域、主体、利益等因素，可能受地方因素影响或者外部干预，下级人民法院不宜行使管辖权。

第六条 下级人民法院报请上一级人民法院提级管辖的案件，应当经本院院长或者分管院领导批准，以书面形式请示。请示应当包含案件基本情况、报请提级管辖的事实和理由等内容，并附必要的案件材料。

第七条 民事、行政第一审案件报请提级管辖的，应当在当事人答辩期届满后，至迟于案件法定审理期限届满三十日前向上一级人民法院报请。

刑事第一审案件报请提级管辖的，应当至迟于案件法定审理期限届满十五日前向上一级人民法院报请。

第八条 上一级人民法院收到案件报请提级管辖的请示和材料后，由立案庭编立"辖"字号，转相关审判庭组成合议庭审查。上一级人民法院应当在编立案号之日起三十日内完成审查，但法律和司法解释对审查时限另有规定的除外。

合议庭经审查并报本院院长或者分管院领导批准后，根据本意见所附诉讼文书样式，作出同意或者不同意提级管辖的法律文书。相关法律文书一经作出即生效。

第九条　上级人民法院根据本意见第二十一条规定的渠道，发现下级人民法院受理的第一审案件可能需要提级管辖的，可以及时与相关人民法院沟通，并书面通知提供必要的案件材料。

上级人民法院认为案件应当提级管辖的，经本院院长或者分管院领导批准后，根据本意见所附诉讼文书样式，作出提级管辖的法律文书。

第十条　上级人民法院作出的提级管辖法律文书，应当载明以下内容：

（一）案件基本信息；

（二）本院决定提级管辖的理由和分析意见。

上级人民法院不同意提级管辖的，应当在相关法律文书中载明理由和分析意见。

第十一条　上级人民法院决定提级管辖的，应当在作出法律文书后五日内，将法律文书送原受诉人民法院。原受诉人民法院收到提级管辖的法律文书后，应当在五日内送达当事人，并在十日内将案卷材料移送上级人民法院。上级人民法院应当在收到案卷材料后五日内立案。对检察机关提起公诉的案件，上级人民法院决定提级管辖的，应当书面通知同级人民检察院，原受诉人民法院应当将案卷材料退回同级人民检察院，并书面通知当事人。

上级人民法院决定不予提级管辖的，应当在作出法律文书后五日内，将法律文书送原受诉人民法院并退回相关案卷材料。案件由原受诉人民法院继续审理。

第十二条　上级人民法院决定提级管辖的案件，应当依法组成合议庭适用第一审普通程序审理。

原受诉人民法院已经依法完成的送达、保全、鉴定等程序性工作，上级人民法院可以不再重复开展。

第十三条　中级人民法院、高级人民法院决定提级管辖的案件，应当报上一级人民法院立案庭备案。

第十四条　按照本意见提级管辖的案件，审理期限自上级人民法院立案之日起重新计算。

下级人民法院向上级人民法院报送提级管辖请示的期间和上级人民法院审查处理期间，均不计入案件审理期限。

对依报请不同意提级管辖的案件，自原受诉人民法院收到相关法律文书之日起恢复案件审限计算。

三、规范民事、行政再审提审机制

第十五条 上级人民法院对下级人民法院已经发生法律效力的民事、行政判决、裁定，认为符合再审条件的，一般应当提审。

对于符合再审条件的民事、行政判决、裁定，存在下列情形之一的，最高人民法院、高级人民法院可以指令原审人民法院再审，或者指定与原审人民法院同级的其他人民法院再审，但法律和司法解释另有规定的除外：

（一）原判决、裁定认定事实的主要证据未经质证的；

（二）对审理案件需要的主要证据，当事人因客观原因不能自行收集，书面申请人民法院调查收集，人民法院未调查收集的；

（三）违反法律规定，剥夺当事人辩论权利的；

（四）发生法律效力的判决、裁定是由第一审法院作出的；

（五）当事人一方人数众多或者当事人双方均为公民的民事案件；

（六）经审判委员会讨论决定的其他情形。

第十六条 最高人民法院依法受理的民事、行政申请再审审查案件，除法律和司法解释规定应当提审的情形外，符合下列情形之一的，也应当裁定提审：

（一）在全国有重大影响的；

（二）具有普遍法律适用指导意义的；

（三）所涉法律适用问题在最高人民法院内部存在重大分歧的；

（四）所涉法律适用问题在不同高级人民法院之间裁判生效的同类案件存在重大分歧的；

（五）由最高人民法院提审更有利于案件公正审理的；

（六）最高人民法院认为应当提审的其他情形。

最高人民法院依职权主动发现地方各级人民法院已经发生法律效力的民事、行政判决、裁定确有错误，并且符合前款规定的，应当提审。

第十七条 高级人民法院对于本院和辖区内人民法院作出的已经发生法律效力的民事、行政判决、裁定，认为适用法律确有错误，且属于本意见第十六条第一款第一项至第五项所列情形之一的，经本院审判委员会讨论决定后，可以报请最高人民法院提审。

第十八条 高级人民法院报请最高人民法院再审提审的案件，应当向最高人民法院提交书面请示，请示应当包括以下内容：

（一）案件基本情况；

（二）本院再审申请审查情况；

（三）报请再审提审的理由；

（四）合议庭评议意见、审判委员会讨论意见；

（五）必要的案件材料。

第十九条 最高人民法院收到高级人民法院报送的再审提审请示及材料后，由立案庭编立"监"字号，转相关审判庭组成合议庭审查，并在三个月以内作出下述处理：

（一）符合提审条件的，作出提审裁定；

（二）不符合提审条件的，作出不同意提审的批复。

最高人民法院不同意提审的，应当在批复中说明意见和理由。

第二十条 案件报请最高人民法院再审提审的期间和最高人民法院审查处理期间，不计入申请再审审查案件办理期限。

对不同意再审提审的案件，自高级人民法院收到批复之日起，恢复申请再审审查案件的办理期限计算。

四、完善提级管辖、再审提审的保障机制

第二十一条 上级人民法院应当健全完善特殊类型案件的发现、监测、甄别机制，注重通过以下渠道，主动启动提级管辖或者再审提审程序：

（一）办理下级人民法院关于法律适用问题的请示；

（二）开展审务督察、司法巡查、案件评查；

（三）办理检察监督意见；

（四）办理人大代表、政协委员关注的事项或者问题；

（五）办理涉及具体案件的群众来信来访；

（六）处理当事人提出的提级管辖或者再审提审请求；

（七）开展案件舆情监测；

（八）办理有关国家机关、社会团体等移送的其他事项。

第二十二条 对于提级管辖、再审提审案件，相关人民法院应当加大监督管理力度，配套完善激励、考核机制，把提级管辖、再审提审案件的规则示范意义、对下指导效果、诉源治理成效、成果转化情况、社会各界反映等

作为重要评价内容。

第二十三条　最高人民法院各审判庭应当强化对下监督指导，统筹做好本审判条线相关案件的提级管辖、再审提审工作，全面掌握案件情况，及时办理请示事项。各高级人民法院应当定期向最高人民法院报送提级管辖案件情况，加强辖区内人民法院各审判业务条线的沟通交流、问题反馈和业务指导，结合辖区审判工作实际，细化明确提级管辖、再审提审案件的范围、情形和程序。

第二十四条　最高人民法院、高级人民法院应当健全完善提级管辖、再审提审案件的裁判规则转化机制，将提级管辖案件的裁判统一纳入人民法院案例库，积极将具有法律适用指导意义的提级管辖、再审提审案件作为指导性案例、参考性案例培育，推动将具有规则确立意义、示范引领作用的裁判转化为司法解释、司法指导性文件、司法建议、调解指引等。加大对提级管辖、再审提审案件的宣传力度，将宣传重点聚焦到增强人民群众获得感、促进提升司法公信力、有力破除"诉讼主客场"现象上来，积极通过庭审公开、文书说理、案例发布、新闻报道、座谈交流等方式，充分展示相关审判工作成效，促进公众和社会法治意识的养成，为有序推进相关工作营造良好氛围。

五、附　则

第二十五条　本意见由最高人民法院解释。各高级人民法院可以根据相关法律、司法解释和本意见，结合审判工作实际，制定或者修订本地区关于提级管辖、再审提审的实施细则，报最高人民法院备案。

第二十六条　本意见自 2023 年 8 月 1 日起施行。之前有关规定与本意见不一致的，按照本意见执行。

附件：1. 刑事请示（下级人民法院报请提级管辖用）

2. 民事请示（下级人民法院报请提级管辖用）

3. 行政请示（下级人民法院报请提级管辖用）

4. 刑事决定书（上级人民法院依报请同意提级管辖用）

5. 民事裁定书（上级人民法院依报请同意提级管辖用）

6. 行政决定书（上级人民法院依报请同意提级管辖用）

7. 刑事决定书（上级人民法院不同意提级管辖用）

8. 民事批复（上级人民法院不同意提级管辖用）

9. 行政决定书（上级人民法院不同意提级管辖用）

10. 刑事决定书（上级人民法院依职权提级管辖用）

11. 民事裁定书（上级人民法院依职权提级管辖用）

12. 行政裁定书（上级人民法院依职权提级管辖用）

13. 民事请示（高级人民法院将依申请再审的案件报请最高人民法院再审提审用）

14. 民事请示（高级人民法院将依职权再审的案件报请最高人民法院再审提审用）

15. 行政请示（高级人民法院将依申请再审的案件报请最高人民法院再审提审用）

16. 行政请示（高级人民法院将依职权再审的案件报请最高人民法院再审提审用）

17. 民事裁定书（最高人民法院依高级人民法院报请同意提审该院依申请再审的案件用）

18. 民事裁定书（最高人民法院依高级人民法院报请同意提审该院依职权再审的案件用）

19. 行政裁定书（最高人民法院依高级人民法院报请同意提审该院依申请再审的案件用）

20. 行政裁定书（最高人民法院依高级人民法院报请同意提审该院依职权再审的案件用）

21. 民事批复（最高人民法院不同意高级人民法院报请再审提审用）

22. 行政批复（最高人民法院不同意高级人民法院报请再审提审用）

四、行政诉讼证据

最高人民法院关于行政诉讼
证据若干问题的规定

（2002 年 6 月 4 日最高人民法院审判委员会第 1224 次会议通过　2002 年 7 月 24 日最高人民法院公告公布　自 2002 年 10 月 1 日起施行　法释〔2002〕21 号）

为准确认定案件事实，公正、及时地审理行政案件，根据《中华人民共和国行政诉讼法》（以下简称行政诉讼法）等有关法律规定，结合行政审判实际，制定本规定。

一、举证责任分配和举证期限

第一条　根据行政诉讼法第三十二条和第四十三条的规定，被告对作出的具体行政行为负有举证责任，应当在收到起诉状副本之日起 10 日内，提供作出被诉具体行政行为的全部证据和所依据的规范性文件。被告不提供或者无正当理由逾期提供证据的，视为被诉具体行政行为没有相应的证据。

被告因不可抗力或者客观上不能控制的其他正当事由，不能在前款规定的期限内提供证据的，应当在收到起诉状副本之日起 10 日内向人民法院提出延期提供证据的书面申请。人民法院准许延期提供的，被告应当在正当事由消除后 10 日内提供证据。逾期提供的，视为被诉具体行政行为没有相应的证据。

第二条　原告或者第三人提出其在行政程序中没有提出的反驳理由或者证据的，经人民法院准许，被告可以在第一审程序中补充相应的证据。

第三条　根据行政诉讼法第三十三条的规定，在诉讼过程中，被告及其诉讼代理人不得自行向原告和证人收集证据。

第四条 公民、法人或者其他组织向人民法院起诉时，应当提供其符合起诉条件的相应的证据材料。

在起诉被告不作为的案件中，原告应当提供其在行政程序中曾经提出申请的证据材料。但有下列情形的除外：

（一）被告应当依职权主动履行法定职责的；

（二）原告因被告受理申请的登记制度不完备等正当事由不能提供相关证据材料并能够作出合理说明的。

被告认为原告起诉超过法定期限的，由被告承担举证责任。

第五条 在行政赔偿诉讼中，原告应当对被诉具体行政行为造成损害的事实提供证据。

第六条 原告可以提供证明被诉具体行政行为违法的证据。原告提供的证据不成立的，不免除被告对被诉具体行政行为合法性的举证责任。

第七条 原告或者第三人应当在开庭审理前或者人民法院指定的交换证据之日提供证据。因正当事由申请延期提供证据的，经人民法院准许，可以在法庭调查中提供。逾期提供证据的，视为放弃举证权利。

原告或者第三人在第一审程序中无正当事由未提供而在第二审程序中提供的证据，人民法院不予接纳。

第八条 人民法院向当事人送达受理案件通知书或者应诉通知书时，应当告知其举证范围、举证期限和逾期提供证据的法律后果，并告知因正当事由不能按期提供证据时应当提出延期提供证据的申请。

第九条 根据行政诉讼法第三十四条第一款的规定，人民法院有权要求当事人提供或者补充证据。

对当事人无争议，但涉及国家利益、公共利益或者他人合法权益的事实，人民法院可以责令当事人提供或者补充有关证据。

二、提供证据的要求

第十条 根据行政诉讼法第三十一条第一款第（一）项的规定，当事人向人民法院提供书证的，应当符合下列要求：

（一）提供书证的原件，原本、正本和副本均属于书证的原件。提供原件确有困难的，可以提供与原件核对无误的复印件、照片、节录本；

（二）提供由有关部门保管的书证原件的复制件、影印件或者抄录件的，应当注明出处，经该部门核对无异后加盖其印章；

（三）提供报表、图纸、会计账册、专业技术资料、科技文献等书证的，应当附有说明材料；

（四）被告提供的被诉具体行政行为所依据的询问、陈述、谈话类笔录，应当有行政执法人员、被询问人、陈述人、谈话人签名或者盖章。

法律、法规、司法解释和规章对书证的制作形式另有规定的，从其规定。

第十一条 根据行政诉讼法第三十一条第一款第（二）项的规定，当事人向人民法院提供物证的，应当符合下列要求：

（一）提供原物。提供原物确有困难的，可以提供与原物核对无误的复制件或者证明该物证的照片、录像等其他证据；

（二）原物为数量较多的种类物的，提供其中的一部分。

第十二条 根据行政诉讼法第三十一条第一款第（三）项的规定，当事人向人民法院提供计算机数据或者录音、录像等视听资料的，应当符合下列要求：

（一）提供有关资料的原始载体。提供原始载体确有困难的，可以提供复制件；

（二）注明制作方法、制作时间、制作人和证明对象等；

（三）声音资料应当附有该声音内容的文字记录。

第十三条 根据行政诉讼法第三十一条第一款第（四）项的规定，当事人向人民法院提供证人证言的，应当符合下列要求：

（一）写明证人的姓名、年龄、性别、职业、住址等基本情况；

（二）有证人的签名，不能签名的，应当以盖章等方式证明；

（三）注明出具日期；

（四）附有居民身份证复印件等证明证人身份的文件。

第十四条 根据行政诉讼法第三十一条第一款第（六）项的规定，被告向人民法院提供的在行政程序中采用的鉴定结论，应当载明委托人和委托鉴定的事项、向鉴定部门提交的相关材料、鉴定的依据和使用的科学技术手段、鉴定部门和鉴定人鉴定资格的说明，并应有鉴定人的签名和鉴定部门的盖章。通过分析获得的鉴定结论，应当说明分析过程。

第十五条 根据行政诉讼法第三十一条第一款第（七）项的规定，被告向人民法院提供的现场笔录，应当载明时间、地点和事件等内容，并由执法人员和当事人签名。当事人拒绝签名或者不能签名的，应当注明原因。有其他人在现场的，可由其他人签名。

法律、法规和规章对现场笔录的制作形式另有规定的，从其规定。

第十六条 当事人向人民法院提供的在中华人民共和国领域外形成的证据，应当说明来源，经所在国公证机关证明，并经中华人民共和国驻该国使领馆认证，或者履行中华人民共和国与证据所在国订立的有关条约中规定的证明手续。

当事人提供的在中华人民共和国香港特别行政区、澳门特别行政区和台湾地区内形成的证据，应当具有按照有关规定办理的证明手续。

第十七条 当事人向人民法院提供外文书证或者外国语视听资料的，应当附有由具有翻译资质的机构翻译的或者其他翻译准确的中文译本，由翻译机构盖章或者翻译人员签名。

第十八条 证据涉及国家秘密、商业秘密或者个人隐私的，提供人应当作出明确标注，并向法庭说明，法庭予以审查确认。

第十九条 当事人应当对其提交的证据材料分类编号，对证据材料的来源、证明对象和内容作简要说明，签名或者盖章，注明提交日期。

第二十条 人民法院收到当事人提交的证据材料，应当出具收据，注明证据的名称、份数、页数、件数、种类等以及收到的时间，由经办人员签名或者盖章。

第二十一条 对于案情比较复杂或者证据数量较多的案件，人民法院可以组织当事人在开庭前向对方出示或者交换证据，并将交换证据的情况记录在卷。

三、调取和保全证据

第二十二条 根据行政诉讼法第三十四条第二款的规定，有下列情形之一的，人民法院有权向有关行政机关以及其他组织、公民调取证据：

（一）涉及国家利益、公共利益或者他人合法权益的事实认定的；

（二）涉及依职权追加当事人、中止诉讼、终结诉讼、回避等程序性事项的。

第二十三条 原告或者第三人不能自行收集，但能够提供确切线索的，可以申请人民法院调取下列证据材料：

（一）由国家有关部门保存而须由人民法院调取的证据材料；

（二）涉及国家秘密、商业秘密、个人隐私的证据材料；

（三）确因客观原因不能自行收集的其他证据材料。

人民法院不得为证明被诉具体行政行为的合法性，调取被告在作出具体行政行为时未收集的证据。

第二十四条 当事人申请人民法院调取证据的，应当在举证期限内提交调取证据申请书。

调取证据申请书应当写明下列内容：

（一）证据持有人的姓名或者名称、住址等基本情况；

（二）拟调取证据的内容；

（三）申请调取证据的原因及其要证明的案件事实。

第二十五条 人民法院对当事人调取证据的申请，经审查符合调取证据条件的，应当及时决定调取；不符合调取证据条件的，应当向当事人或者其诉讼代理人送达通知书，说明不准许调取的理由。当事人及其诉讼代理人可以在收到通知书之日起三日内向受理申请的人民法院书面申请复议一次。人民法院应当在收到复议申请之日起五日内作出答复。

人民法院根据当事人申请，经调取未能取得相应证据的，应当告知申请人并说明原因。

第二十六条 人民法院需要调取的证据在异地的，可以书面委托证据所在地人民法院调取。受托人民法院应当在收到委托书后，按照委托要求及时完成调取证据工作，送交委托人民法院。受托人民法院不能完成委托内容的，应当告知委托的人民法院并说明原因。

第二十七条 当事人根据行政诉讼法第三十六条的规定向人民法院申请保全证据的，应当在举证期限届满前以书面形式提出，并说明证据的名称和地点、保全的内容和范围、申请保全的理由等事项。

当事人申请保全证据的，人民法院可以要求其提供相应的担保。

法律、司法解释规定诉前保全证据的，依照其规定办理。

第二十八条 人民法院依照行政诉讼法第三十六条规定保全证据的，可以根据具体情况，采取查封、扣押、拍照、录音、录像、复制、鉴定、勘验、制作询问笔录等保全措施。

人民法院保全证据时，可以要求当事人或者其诉讼代理人到场。

第二十九条 原告或者第三人有证据或者有正当理由表明被告以认定案件事实的鉴定结论可能有错误，在举证期限内书面申请重新鉴定的，人民法院应予准许。

第三十条　当事人对人民法院委托的鉴定部门作出的鉴定结论有异议申请重新鉴定，提出证据证明存在下列情形之一的，人民法院应予准许：

（一）鉴定部门或者鉴定人不具有相应的鉴定资格的；

（二）鉴定程序严重违法的；

（三）鉴定结论明显依据不足的；

（四）经过质证不能作为证据使用的其他情形。

对有缺陷的鉴定结论，可以通过补充鉴定、重新质证或者补充质证等方式解决。

第三十一条　对需要鉴定的事项负有举证责任的当事人，在举证期限内无正当理由不提出鉴定申请、不预交鉴定费用或者拒不提供相关材料，致使对案件争议的事实无法通过鉴定结论予以认定的，应当对该事实承担举证不能的法律后果。

第三十二条　人民法院对委托或者指定的鉴定部门出具的鉴定书，应当审查是否具有下列内容：

（一）鉴定的内容；

（二）鉴定时提交的相关材料；

（三）鉴定的依据和使用的科学技术手段；

（四）鉴定的过程；

（五）明确的鉴定结论；

（六）鉴定部门和鉴定人鉴定资格的说明；

（七）鉴定人及鉴定部门签名盖章。

前款内容欠缺或者鉴定结论不明确的，人民法院可以要求鉴定部门予以说明、补充鉴定或者重新鉴定。

第三十三条　人民法院可以依当事人申请或者依职权勘验现场。

勘验现场时，勘验人必须出示人民法院的证件，并邀请当地基层组织或者当事人所在单位派人参加。当事人或其成年亲属应当到场，拒不到场的，不影响勘验的进行，但应当在勘验笔录中说明情况。

第三十四条　审判人员应当制作勘验笔录，记载勘验的时间、地点、勘验人、在场人、勘验的经过和结果，由勘验人、当事人、在场人签名。

勘验现场时绘制的现场图，应当注明绘制的时间、方位、绘制人姓名和身份等内容。

当事人对勘验结论有异议的，可以在举证期限内申请重新勘验，是否准许由人民法院决定。

四、证据的对质辨认和核实

第三十五条　证据应当在法庭上出示，并经庭审质证。未经庭审质证的证据，不能作为定案的依据。

当事人在庭前证据交换过程中没有争议并记录在卷的证据，经审判人员在庭审中说明后，可以作为认定案件事实的依据。

第三十六条　经合法传唤，因被告无正当理由拒不到庭而需要依法缺席判决的，被告提供的证据不能作为定案的依据，但当事人在庭前交换证据中没有争议的证据除外。

第三十七条　涉及国家秘密、商业秘密和个人隐私或者法律规定的其他应当保密的证据，不得在开庭时公开质证。

第三十八条　当事人申请人民法院调取的证据，由申请调取证据的当事人在庭审中出示，并由当事人质证。

人民法院依职权调取的证据，由法庭出示，并可就调取该证据的情况进行说明，听取当事人意见。

第三十九条　当事人应当围绕证据的关联性、合法性和真实性，针对证据有无证明效力以及证明效力大小，进行质证。

经法庭准许，当事人及其代理人可以就证据问题相互发问，也可以向证人、鉴定人或者勘验人发问。

当事人及其代理人相互发问，或者向证人、鉴定人、勘验人发问时，发问的内容应当与案件事实有关联，不得采用引诱、威胁、侮辱等语言或者方式。

第四十条　对书证、物证和视听资料进行质证时，当事人应当出示证据的原件或者原物。但有下列情况之一的除外：

（一）出示原件或者原物确有困难并经法庭准许可以出示复制件或者复制品；

（二）原件或者原物已不存在，可以出示证明复制件、复制品与原件、原物一致的其他证据。

视听资料应当当庭播放或者显示，并由当事人进行质证。

第四十一条　凡是知道案件事实的人，都有出庭作证的义务。有下列情形之一的，经人民法院准许，当事人可以提交书面证言：

（一）当事人在行政程序或者庭前证据交换中对证人证言无异议的；

（二）证人因年迈体弱或者行动不便无法出庭的；

（三）证人因路途遥远、交通不便无法出庭的；

（四）证人因自然灾害等不可抗力或者其他意外事件无法出庭的；

（五）证人因其他特殊原因确实无法出庭的。

第四十二条　不能正确表达意志的人不能作证。

根据当事人申请，人民法院可以就证人能否正确表达意志进行审查或者交由有关部门鉴定。必要时，人民法院也可以依职权交由有关部门鉴定。

第四十三条　当事人申请证人出庭作证的，应当在举证期限届满前提出，并经人民法院许可。人民法院准许证人出庭作证的，应当在开庭审理前通知证人出庭作证。

当事人在庭审过程中要求证人出庭作证的，法庭可以根据审理案件的具体情况，决定是否准许以及是否延期审理。

第四十四条　有下列情形之一，原告或者第三人可以要求相关行政执法人员作为证人出庭作证：

（一）对现场笔录的合法性或者真实性有异议的；

（二）对扣押财产的品种或者数量有异议的；

（三）对检验的物品取样或者保管有异议的；

（四）对行政执法人员的身份的合法性有异议的；

（五）需要出庭作证的其他情形。

第四十五条　证人出庭作证时，应当出示证明其身份的证件。法庭应当告知其诚实作证的法律义务和作伪证的法律责任。

出庭作证的证人不得旁听案件的审理。法庭询问证人时，其他证人不得在场，但组织证人对质的除外。

第四十六条　证人应当陈述其亲历的具体事实。证人根据其经历所作的判断、推测或者评论，不能作为定案的依据。

第四十七条　当事人要求鉴定人出庭接受询问的，鉴定人应当出庭。鉴定人因正当事由不能出庭的，经法庭准许，可以不出庭，由当事人对其书面鉴定结论进行质证。

鉴定人不能出庭的正当事由，参照本规定第四十一条的规定。

对于出庭接受询问的鉴定人，法庭应当核实其身份、与当事人及案件的关系，并告知鉴定人如实说明鉴定情况的法律义务和故意作虚假说明的法律责任。

第四十八条　对被诉具体行政行为涉及的专门性问题，当事人可以向法庭申请由专业人员出庭进行说明，法庭也可以通知专业人员出庭说明。必要时，法庭可以组织专业人员进行对质。

当事人对出庭的专业人员是否具备相应专业知识、学历、资历等专业资格等有异议的，可以进行询问。由法庭决定其是否可以作为专业人员出庭。

专业人员可以对鉴定人进行询问。

第四十九条　法庭在质证过程中，对与案件没有关联的证据材料，应予排除并说明理由。

法庭在质证过程中，准许当事人补充证据的，对补充的证据仍应进行质证。

法庭对经过庭审质证的证据，除确有必要外，一般不再进行质证。

第五十条　在第二审程序中，对当事人依法提供的新的证据，法庭应当进行质证；当事人对第一审认定的证据仍有争议的，法庭也应当进行质证。

第五十一条　按照审判监督程序审理的案件，对当事人依法提供的新的证据，法庭应当进行质证；因原判决、裁定认定事实的证据不足而提起再审所涉及的主要证据，法庭也应当进行质证。

第五十二条　本规定第五十条和第五十一条中的"新的证据"是指以下证据：

（一）在一审程序中应当准予延期提供而未获准许的证据；

（二）当事人在一审程序中依法申请调取而未获准许或者未取得，人民法院在第二审程序中调取的证据；

（三）原告或者第三人提供的在举证期限届满后发现的证据。

五、证据的审核认定

第五十三条　人民法院裁判行政案件，应当以证据证明的案件事实为依据。

第五十四条　法庭应当对经过庭审质证的证据和无需质证的证据进行逐一审查和对全部证据综合审查，遵循法官职业道德，运用逻辑推理和生活经验，进行全面、客观和公正地分析判断，确定证据材料与案件事实之间的证明关系，排除不具有关联性的证据材料，准确认定案件事实。

第五十五条　法庭应当根据案件的具体情况，从以下方面审查证据的合法性：

（一）证据是否符合法定形式；

（二）证据的取得是否符合法律、法规、司法解释和规章的要求；

（三）是否有影响证据效力的其他违法情形。

第五十六条 法庭应当根据案件的具体情况，从以下方面审查证据的真实性：

（一）证据形成的原因；

（二）发现证据时的客观环境；

（三）证据是否为原件、原物，复制件、复制品与原件、原物是否相符；

（四）提供证据的人或者证人与当事人是否具有利害关系；

（五）影响证据真实性的其他因素。

第五十七条 下列证据材料不能作为定案依据：

（一）严重违反法定程序收集的证据材料；

（二）以偷拍、偷录、窃听等手段获取侵害他人合法权益的证据材料；

（三）以利诱、欺诈、胁迫、暴力等不正当手段获取的证据材料；

（四）当事人无正当事由超出举证期限提供的证据材料；

（五）在中华人民共和国领域以外或者在中华人民共和国香港特别行政区、澳门特别行政区和台湾地区形成的未办理法定证明手续的证据材料；

（六）当事人无正当理由拒不提供原件、原物，又无其他证据印证，且对方当事人不予认可的证据的复制件或者复制品；

（七）被当事人或者他人进行技术处理而无法辨明真伪的证据材料；

（八）不能正确表达意志的证人提供的证言；

（九）不具备合法性和真实性的其他证据材料。

第五十八条 以违反法律禁止性规定或者侵犯他人合法权益的方法取得的证据，不能作为认定案件事实的依据。

第五十九条 被告在行政程序中依照法定程序要求原告提供证据，原告依法应当提供而拒不提供，在诉讼程序中提供的证据，人民法院一般不予采纳。

第六十条 下列证据不能作为认定被诉具体行政行为合法的依据：

（一）被告及其诉讼代理人在作出具体行政行为后或者在诉讼程序中自行收集的证据；

（二）被告在行政程序中非法剥夺公民、法人或者其他组织依法享有的陈述、申辩或者听证权利所采用的证据；

（三）原告或者第三人在诉讼程序中提供的、被告在行政程序中未作为具体行政行为依据的证据。

第六十一条　复议机关在复议程序中收集和补充的证据，或者作出原具体行政行为的行政机关在复议程序中未向复议机关提交的证据，不能作为人民法院认定原具体行政行为合法的依据。

第六十二条　对被告在行政程序中采纳的鉴定结论，原告或者第三人提出证据证明有下列情形之一的，人民法院不予采纳：

（一）鉴定人不具备鉴定资格；

（二）鉴定程序严重违法；

（三）鉴定结论错误、不明确或者内容不完整。

第六十三条　证明同一事实的数个证据，其证明效力一般可以按照下列情形分别认定：

（一）国家机关以及其他职能部门依职权制作的公文文书优于其他书证；

（二）鉴定结论、现场笔录、勘验笔录、档案材料以及经过公证或者登记的书证优于其他书证、视听资料和证人证言；

（三）原件、原物优于复制件、复制品；

（四）法定鉴定部门的鉴定结论优于其他鉴定部门的鉴定结论；

（五）法庭主持勘验所制作的勘验笔录优于其他部门主持勘验所制作的勘验笔录；

（六）原始证据优于传来证据；

（七）其他证人证言优于与当事人有亲属关系或者其他密切关系的证人提供的对该当事人有利的证言；

（八）出庭作证的证人证言优于未出庭作证的证人证言；

（九）数个种类不同、内容一致的证据优于一个孤立的证据。

第六十四条　以有形载体固定或者显示的电子数据交换、电子邮件以及其他数据资料，其制作情况和真实性经对方当事人确认，或者以公证等其他有效方式予以证明的，与原件具有同等的证明效力。

第六十五条　在庭审中一方当事人或者其代理人在代理权限范围内对另一方当事人陈述的案件事实明确表示认可的，人民法院可以对该事实予以认定。但有相反证据足以推翻的除外。

第六十六条　在行政赔偿诉讼中，人民法院主持调解时当事人为达成调解协议而对案件事实的认可，不得在其后的诉讼中作为对其不利的证据。

第六十七条　在不受外力影响的情况下，一方当事人提供的证据，对方当事人明确表示认可的，可以认定该证据的证明效力；对方当事人予以否认，但不能提供充分的证据进行反驳的，可以综合全案情况审查认定该证据的证明效力。

第六十八条　下列事实法庭可以直接认定：

（一）众所周知的事实；

（二）自然规律及定理；

（三）按照法律规定推定的事实；

（四）已经依法证明的事实；

（五）根据日常生活经验法则推定的事实。

前款（一）、（三）、（四）、（五）项，当事人有相反证据足以推翻的除外。

第六十九条　原告确有证据证明被告持有的证据对原告有利，被告无正当事由拒不提供的，可以推定原告的主张成立。

第七十条　生效的人民法院裁判文书或者仲裁机构裁决文书确认的事实，可以作为定案依据。但是如果发现裁判文书或者裁决文书认定的事实有重大问题的，应当中止诉讼，通过法定程序予以纠正后恢复诉讼。

第七十一条　下列证据不能单独作为定案依据：

（一）未成年人所作的与其年龄和智力状况不相适应的证言；

（二）与一方当事人有亲属关系或者其他密切关系的证人所作的对该当事人有利的证言，或者与一方当事人有不利关系的证人所作的对该当事人不利的证言；

（三）应当出庭作证而无正当理由不出庭作证的证人证言；

（四）难以识别是否经过修改的视听资料；

（五）无法与原件、原物核对的复制件或者复制品；

（六）经一方当事人或者他人改动，对方当事人不予认可的证据材料；

（七）其他不能单独作为定案依据的证据材料。

第七十二条　庭审中经过质证的证据，能够当庭认定的，应当当庭认定；不能当庭认定的，应当在合议庭合议时认定。

人民法院应当在裁判文书中阐明证据是否采纳的理由。

第七十三条　法庭发现当庭认定的证据有误，可以按照下列方式纠正：

（一）庭审结束前发现错误的，应当重新进行认定；

（二）庭审结束后宣判前发现错误的，在裁判文书中予以更正并说明理由，也可以再次开庭予以认定；

（三）有新的证据材料可能推翻已认定的证据的，应当再次开庭予以认定。

六、附　则

第七十四条　证人、鉴定人及其近亲属的人身和财产安全受法律保护。人民法院应当对证人、鉴定人的住址和联系方式予以保密。

第七十五条　证人、鉴定人因出庭作证或者接受询问而支出的合理费用，由提供证人、鉴定人的一方当事人先行支付，由败诉一方当事人承担。

第七十六条　证人、鉴定人作伪证的，依照行政诉讼法第四十九条第一款第（二）项的规定追究其法律责任。

第七十七条　诉讼参与人或者其他人有对审判人员或者证人、鉴定人、勘验人及其近亲属实施威胁、侮辱、殴打、骚扰或者打击报复等妨碍行政诉讼行为的，依照行政诉讼法第四十九条第一款第（三）项、第（五）项或者第（六）项的规定追究其法律责任。

第七十八条　对应当协助调取证据的单位和个人，无正当理由拒不履行协助义务的，依照行政诉讼法第四十九条第一款第（五）项的规定追究其法律责任。

第七十九条　本院以前有关行政诉讼的司法解释与本规定不一致的，以本规定为准。

第八十条　本规定自 2002 年 10 月 1 日起施行。2002 年 10 月 1 日尚未审结的一审、二审和再审行政案件不适用本规定。

本规定施行前已经审结的行政案件，当事人以违反本规定为由申请再审的，人民法院不予支持。

本规定施行后按照审判监督程序决定再审的行政案件，适用本规定。

五、诉讼程序

最高人民法院关于行政诉讼撤诉若干问题的规定

（2007年12月17日最高人民法院审判委员会第1441次会议通过 2008年1月14日最高人民法院公告公布 自2008年2月1日起施行 法释〔2008〕2号）

为妥善化解行政争议，依法审查行政诉讼中行政机关改变被诉具体行政行为及当事人申请撤诉的行为，根据《中华人民共和国行政诉讼法》制定本规定。

第一条 人民法院经审查认为被诉具体行政行为违法或者不当，可以在宣告判决或者裁定前，建议被告改变其所作的具体行政行为。

第二条 被告改变被诉具体行政行为，原告申请撤诉，符合下列条件的，人民法院应当裁定准许：

（一）申请撤诉是当事人真实意思表示；

（二）被告改变被诉具体行政行为，不违反法律、法规的禁止性规定，不超越或者放弃职权，不损害公共利益和他人合法权益；

（三）被告已经改变或者决定改变被诉具体行政行为，并书面告知人民法院；

（四）第三人无异议。

第三条 有下列情形之一的，属于行政诉讼法第五十一条规定的"被告改变其所作的具体行政行为"：

（一）改变被诉具体行政行为所认定的主要事实和证据；

（二）改变被诉具体行政行为所适用的规范依据且对定性产生影响；

（三）撤销、部分撤销或者变更被诉具体行政行为处理结果。

第四条 有下列情形之一的，可以视为"被告改变其所作的具体行政行为"：

（一）根据原告的请求依法履行法定职责；

（二）采取相应的补救、补偿等措施；

（三）在行政裁决案件中，书面认可原告与第三人达成的和解。

第五条　被告改变被诉具体行政行为，原告申请撤诉，有履行内容且履行完毕的，人民法院可以裁定准许撤诉；不能即时或者一次性履行的，人民法院可以裁定准许撤诉，也可以裁定中止审理。

第六条　准许撤诉裁定可以载明被告改变被诉具体行政行为的主要内容及履行情况，并可以根据案件具体情况，在裁定理由中明确被诉具体行政行为全部或者部分不再执行。

第七条　申请撤诉不符合法定条件，或者被告改变被诉具体行政行为后当事人不撤诉的，人民法院应当及时作出裁判。

第八条　第二审或者再审期间行政机关改变被诉具体行政行为，当事人申请撤回上诉或者再审申请的，参照本规定。

准许撤回上诉或者再审申请的裁定可以载明行政机关改变被诉具体行政行为的主要内容及履行情况，并可以根据案件具体情况，在裁定理由中明确被诉具体行政行为或者原裁判全部或者部分不再执行。

第九条　本院以前所作的司法解释及规范性文件，凡与本规定不一致的，按本规定执行。

六、法律适用

最高人民法院关于审理房屋登记
案件若干问题的规定

（2010 年 8 月 2 日最高人民法院审判委员会第 1491 次会议通过　2010 年 11 月 5 日最高人民法院公告公布　自 2010 年 11 月 18 日起施行　法释〔2010〕15 号）

为正确审理房屋登记案件，根据《中华人民共和国物权法》、《中华人民共和国城市房地产管理法》、《中华人民共和国行政诉讼法》等有关法律规定，结合行政审判实际，制定本规定。

第一条　公民、法人或者其他组织对房屋登记机构的房屋登记行为以及与查询、复制登记资料等事项相关的行政行为或者相应的不作为不服，提起行政诉讼的，人民法院应当依法受理。

第二条　房屋登记机构根据人民法院、仲裁委员会的法律文书或者有权机关的协助执行通知书以及人民政府的征收决定办理的房屋登记行为，公民、法人或者其他组织不服提起行政诉讼的，人民法院不予受理，但公民、法人或者其他组织认为登记与有关文书内容不一致的除外。

房屋登记机构作出未改变登记内容的换发、补发权属证书、登记证明或者更新登记簿的行为，公民、法人或者其他组织不服提起行政诉讼的，人民法院不予受理。

房屋登记机构在行政诉讼法施行前作出的房屋登记行为，公民、法人或者其他组织不服提起行政诉讼的，人民法院不予受理。

第三条　公民、法人或者其他组织对房屋登记行为不服提起行政诉讼的，不受下列情形的影响：

（一）房屋灭失；

（二）房屋登记行为已被登记机构改变；

（三）生效法律文书将房屋权属证书、房屋登记簿或者房屋登记证明作为定案证据采用。

第四条 房屋登记机构为债务人办理房屋转移登记，债权人不服提起诉讼，符合下列情形之一的，人民法院应当依法受理：

（一）以房屋为标的物的债权已办理预告登记的；

（二）债权人为抵押权人且房屋转让未经其同意的；

（三）人民法院依债权人申请对房屋采取强制执行措施并已通知房屋登记机构的；

（四）房屋登记机构工作人员与债务人恶意串通的。

第五条 同一房屋多次转移登记，原房屋权利人、原利害关系人对首次转移登记行为提起行政诉讼的，人民法院应当依法受理。

原房屋权利人、原利害关系人对首次转移登记行为及后续转移登记行为一并提起行政诉讼的，人民法院应当依法受理；人民法院判决驳回原告就在先转移登记行为提出的诉讼请求，或者因保护善意第三人确认在先房屋登记行为违法的，应当裁定驳回原告对后续转移登记行为的起诉。

原房屋权利人、原利害关系人未就首次转移登记行为提起行政诉讼，对后续转移登记行为提起行政诉讼的，人民法院不予受理。

第六条 人民法院受理房屋登记行政案件后，应当通知没有起诉的下列利害关系人作为第三人参加行政诉讼：

（一）房屋登记簿上载明的权利人；

（二）被诉异议登记、更正登记、预告登记的权利人；

（三）人民法院能够确认的其他利害关系人。

第七条 房屋登记行政案件由房屋所在地人民法院管辖，但有下列情形之一的也可由被告所在地人民法院管辖：

（一）请求房屋登记机构履行房屋转移登记、查询、复制登记资料等职责的；

（二）对房屋登记机构收缴房产证行为提起行政诉讼的；

（三）对行政复议改变房屋登记行为提起行政诉讼的。

第八条 当事人以作为房屋登记行为基础的买卖、共有、赠与、抵押、婚姻、继承等民事法律关系无效或者应当撤销为由，对房屋登记行为提起行政诉讼的，人民法院应当告知当事人先行解决民事争议，民事争议处理期间不计算在行政诉讼起诉期限内；已经受理的，裁定中止诉讼。

第九条 被告对被诉房屋登记行为的合法性负举证责任。被告保管证据原件的，应当在法庭上出示。被告不保管原件的，应当提交与原件核对一致的复印件、复制件并作出说明。当事人对被告提交的上述证据提出异议的，应当提供相应的证据。

第十条 被诉房屋登记行为合法的，人民法院应当判决驳回原告的诉讼请求。

第十一条 被诉房屋登记行为涉及多个权利主体或者房屋可分，其中部分主体或者房屋的登记违法应予撤销的，可以判决部分撤销。

被诉房屋登记行为违法，但该行为已被登记机构改变的，判决确认被诉行为违法。

被诉房屋登记行为违法，但判决撤销将给公共利益造成重大损失或者房屋已为第三人善意取得的，判决确认被诉行为违法，不撤销登记行为。

第十二条 申请人提供虚假材料办理房屋登记，给原告造成损害，房屋登记机构未尽合理审慎职责的，应当根据其过错程度及其在损害发生中所起作用承担相应的赔偿责任。

第十三条 房屋登记机构工作人员与第三人恶意串通违法登记，侵犯原告合法权益的，房屋登记机构与第三人承担连带赔偿责任。

第十四条 最高人民法院以前所作的相关的司法解释，凡与本规定不一致的，以本规定为准。

农村集体土地上的房屋登记行政案件参照本规定。

最高人民法院关于审理政府信息公开行政案件若干问题的规定

（2010年12月13日最高人民法院审判委员会第1505次会议通过 2011年7月29日最高人民法院公告公布 自2011年8月13日起施行 法释〔2011〕17号）

为正确审理政府信息公开行政案件，根据《中华人民共和国行政诉讼法》、《中华人民共和国政府信息公开条例》等法律、行政法规的规定，结合行政审判实际，制定本规定。

第一条 公民、法人或者其他组织认为下列政府信息公开工作中的具体行政行为侵犯其合法权益，依法提起行政诉讼的，人民法院应当受理：

（一）向行政机关申请获取政府信息，行政机关拒绝提供或者逾期不予答复的；

（二）认为行政机关提供的政府信息不符合其在申请中要求的内容或者法律、法规规定的适当形式的；

（三）认为行政机关主动公开或者依他人申请公开政府信息侵犯其商业秘密、个人隐私的；

（四）认为行政机关提供的与其自身相关的政府信息记录不准确，要求该行政机关予以更正，该行政机关拒绝更正、逾期不予答复或者不予转送有权机关处理的；

（五）认为行政机关在政府信息公开工作中的其他具体行政行为侵犯其合法权益的。

公民、法人或者其他组织认为政府信息公开行政行为侵犯其合法权益造成损害的，可以一并或单独提起行政赔偿诉讼。

第二条 公民、法人或者其他组织对下列行为不服提起行政诉讼的，人民法院不予受理：

（一）因申请内容不明确，行政机关要求申请人作出更改、补充且对申请人权利义务不产生实际影响的告知行为；

（二）要求行政机关提供政府公报、报纸、杂志、书籍等公开出版物，行政机关予以拒绝的；

（三）要求行政机关为其制作、搜集政府信息，或者对若干政府信息进行汇总、分析、加工，行政机关予以拒绝的；

（四）行政程序中的当事人、利害关系人以政府信息公开名义申请查阅案卷材料，行政机关告知其应当按照相关法律、法规的规定办理的。

第三条 公民、法人或者其他组织认为行政机关不依法履行主动公开政府信息义务，直接向人民法院提起诉讼的，应当告知其先向行政机关申请获取相关政府信息。对行政机关的答复或者逾期不予答复不服的，可以向人民法院提起诉讼。

第四条 公民、法人或者其他组织对国务院部门、地方各级人民政府及县级以上地方人民政府部门依申请公开政府信息行政行为不服提起诉讼的，以作出答复的机关为被告；逾期未作出答复的，以受理申请的机关为被告。

公民、法人或者其他组织对主动公开政府信息行政行为不服提起诉讼的，以公开该政府信息的机关为被告。

公民、法人或者其他组织对法律、法规授权的具有管理公共事务职能的组织公开政府信息的行为不服提起诉讼的，以该组织为被告。

有下列情形之一的，应当以对外发生法律效力的文书上署名的机关为被告：

（一）政府信息公开与否的答复依法报经有权机关批准的；

（二）政府信息是否可以公开系由国家保密行政管理部门或者省、自治区、直辖市保密行政管理部门确定的；

（三）行政机关在公开政府信息前与有关行政机关进行沟通、确认的。

第五条 被告拒绝向原告提供政府信息的，应当对拒绝的根据以及履行法定告知和说明理由义务的情况举证。

因公共利益决定公开涉及商业秘密、个人隐私政府信息的，被告应当对认定公共利益以及不公开可能对公共利益造成重大影响的理由进行举证和说明。

被告拒绝更正与原告相关的政府信息记录的，应当对拒绝的理由进行举证和说明。

被告能够证明政府信息涉及国家秘密，请求在诉讼中不予提交的，人民法院应当准许。

被告主张政府信息不存在，原告能够提供该政府信息系由被告制作或者保存的相关线索的，可以申请人民法院调取证据。

被告以政府信息与申请人自身生产、生活、科研等特殊需要无关为由不予提供的，人民法院可以要求原告对特殊需要事由作出说明。

原告起诉被告拒绝更正政府信息记录的，应当提供其向被告提出过更正申请以及政府信息与其自身相关且记录不准确的事实根据。

第六条 人民法院审理政府信息公开行政案件，应当视情采取适当的审理方式，以避免泄露涉及国家秘密、商业秘密、个人隐私或者法律规定的其他应当保密的政府信息。

第七条 政府信息由被告的档案机构或者档案工作人员保管的，适用《中华人民共和国政府信息公开条例》的规定。

政府信息已经移交各级国家档案馆的，依照有关档案管理的法律、行政法规和国家有关规定执行。

第八条 政府信息涉及国家秘密、商业秘密、个人隐私的，人民法院应当认定属于不予公开范围。

政府信息涉及商业秘密、个人隐私，但权利人同意公开，或者不公开可能对公共利益造成重大影响的，不受前款规定的限制。

第九条 被告对依法应当公开的政府信息拒绝或者部分拒绝公开的，人民法院应当撤销或者部分撤销被诉不予公开决定，并判决被告在一定期限内公开。尚需被告调查、裁量的，判决其在一定期限内重新答复。

被告提供的政府信息不符合申请人要求的内容或者法律、法规规定的适当形式的，人民法院应当判决被告按照申请人要求的内容或者法律、法规规定的适当形式提供。

人民法院经审理认为被告不予公开的政府信息内容可以作区分处理的，应当判决被告限期公开可以公开的内容。

被告依法应当更正而不更正与原告相关的政府信息记录的，人民法院应当判决被告在一定期限内更正。尚需被告调查、裁量的，判决其在一定期限内重新答复。被告无权更正的，判决其转送有权更正的行政机关处理。

第十条 被告对原告要求公开或者更正政府信息的申请无正当理由逾期不予答复的，人民法院应当判决被告在一定期限内答复。原告一并请求判决被告公开或者更正政府信息且理由成立的，参照第九条的规定处理。

第十一条 被告公开政府信息涉及原告商业秘密、个人隐私且不存在公共利益等法定事由的，人民法院应当判决确认公开政府信息的行为违法，并可以责令被告采取相应的补救措施；造成损害的，根据原告请求依法判决被告承担赔偿责任。政府信息尚未公开的，应当判决行政机关不得公开。

诉讼期间，原告申请停止公开涉及其商业秘密、个人隐私的政府信息，人民法院经审查认为公开该政府信息会造成难以弥补的损失，并且停止公开不损害公共利益的，可以依照《中华人民共和国行政诉讼法》第四十四条的规定，裁定暂时停止公开。

第十二条 有下列情形之一，被告已经履行法定告知或者说明理由义务的，人民法院应当判决驳回原告的诉讼请求：

（一）不属于政府信息、政府信息不存在、依法属于不予公开范围或者依法不属于被告公开的；

（二）申请公开的政府信息已经向公众公开，被告已经告知申请人获取该政府信息的方式和途径的；

（三）起诉被告逾期不予答复，理由不成立的；

（四）以政府信息侵犯其商业秘密、个人隐私为由反对公开，理由不成立的；

（五）要求被告更正与其自身相关的政府信息记录，理由不成立的；

（六）不能合理说明申请获取政府信息系根据自身生产、生活、科研等特殊需要，且被告据此不予提供的；

（七）无法按照申请人要求的形式提供政府信息，且被告已通过安排申请人查阅相关资料、提供复制件或者其他适当形式提供的；

（八）其他应当判决驳回诉讼请求的情形。

第十三条 最高人民法院以前所作的司法解释及规范性文件，凡与本规定不一致的，按本规定执行。

最高人民法院关于审理涉及农村集体土地行政案件若干问题的规定

（2011 年 5 月 9 日最高人民法院审判委员会第 1522 次会议通过 2011 年 8 月 7 日最高人民法院公告公布 自 2011 年 9 月 5 日起施行 法释〔2011〕20 号）

为正确审理涉及农村集体土地的行政案件，根据《中华人民共和国物权法》、《中华人民共和国土地管理法》和《中华人民共和国行政诉讼法》等有关法律规定，结合行政审判实际，制定本规定。

第一条 农村集体土地的权利人或者利害关系人（以下简称土地权利人）认为行政机关作出的涉及农村集体土地的行政行为侵犯其合法权益，提起诉讼的，属于人民法院行政诉讼的受案范围。

第二条 土地登记机构根据人民法院生效裁判文书、协助执行通知书或者仲裁机构的法律文书办理的土地权属登记行为，土地权利人不服提起诉讼的，人民法院不予受理，但土地权利人认为登记内容与有关文书内容不一致的除外。

第三条 村民委员会或者农村集体经济组织对涉及农村集体土地的行政行为不起诉的，过半数的村民可以以集体经济组织名义提起诉讼。

农村集体经济组织成员全部转为城镇居民后，对涉及农村集体土地的行政行为不服的，过半数的原集体经济组织成员可以提起诉讼。

第四条 土地使用权人或者实际使用人对行政机关作出涉及其使用或实际使用的集体土地的行政行为不服的，可以以自己的名义提起诉讼。

第五条 土地权利人认为土地储备机构作出的行为侵犯其依法享有的农

村集体土地所有权或使用权，向人民法院提起诉讼的，应当以土地储备机构所隶属的土地管理部门为被告。

第六条 土地权利人认为乡级以上人民政府作出的土地确权决定侵犯其依法享有的农村集体土地所有权或者使用权，经复议后向人民法院提起诉讼的，人民法院应当依法受理。

法律、法规规定应当先申请行政复议的土地行政案件，复议机关作出不受理复议申请的决定或者以不符合受理条件为由驳回复议申请，复议申请人不服的，应当以复议机关为被告向人民法院提起诉讼。

第七条 土地权利人认为行政机关作出的行政处罚、行政强制措施等行政行为侵犯其依法享有的农村集体土地所有权或者使用权，直接向人民法院提起诉讼的，人民法院应当依法受理。

第八条 土地权属登记（包括土地权属证书）在生效裁判和仲裁裁决中作为定案证据，利害关系人对该登记行为提起诉讼的，人民法院应当依法受理。

第九条 涉及农村集体土地的行政决定以公告方式送达的，起诉期限自公告确定的期限届满之日起计算。

第十条 土地权利人对土地管理部门组织实施过程中确定的土地补偿有异议，直接向人民法院提起诉讼的，人民法院不予受理，但应当告知土地权利人先申请行政机关裁决。

第十一条 土地权利人以土地管理部门超过两年对非法占地行为进行处罚违法，向人民法院起诉的，人民法院应当按照行政处罚法第二十九条第二款的规定处理。

第十二条 征收农村集体土地时涉及被征收土地上的房屋及其他不动产的，土地权利人可以请求依照物权法第四十二条第二款的规定给予补偿。

征收农村集体土地时未就被征收土地上的房屋及其他不动产进行安置补偿，补偿安置时房屋所在地已纳入城市规划区，土地权利人请求参照执行国有土地上房屋征收补偿标准的，人民法院一般应予支持，但应当扣除已经取得的土地补偿费。

第十三条 在审理土地行政案件中，人民法院经当事人同意进行协调的期间，不计算在审理期限内。当事人不同意继续协商的，人民法院应当及时审理，并恢复计算审理期限。

第十四条 县级以上人民政府土地管理部门根据土地管理法实施条例第

四十五条的规定，申请人民法院执行其作出的责令交出土地决定的，应当符合下列条件：

（一）征收土地方案已经有权机关依法批准；

（二）市、县人民政府和土地管理部门已经依照土地管理法和土地管理法实施条例规定的程序实施征地行为；

（三）被征收土地所有权人、使用人已经依法得到安置补偿或者无正当理由拒绝接受安置补偿，且拒不交出土地，已经影响到征收工作的正常进行；

（四）符合最高人民法院《关于执行〈中华人民共和国行政诉讼法〉若干问题的解释》第八十六条规定的条件。

人民法院对符合条件的申请，应当予以受理，并通知申请人；对不符合条件的申请，应当裁定不予受理。

第十五条 最高人民法院以前所作的司法解释与本规定不一致的，以本规定为准。

最高人民法院关于审理行政
许可案件若干问题的规定

（2009 年 11 月 9 日最高人民法院审判委员会第 1476 次会议通过 2009 年 12 月 14 日最高人民法院公告公布 自 2010 年 1 月 4 日起施行 法释〔2009〕20 号）

为规范行政许可案件的审理，根据《中华人民共和国行政许可法》（以下简称行政许可法）、《中华人民共和国行政诉讼法》及其他有关法律规定，结合行政审判实际，对有关问题作如下规定：

第一条 公民、法人或者其他组织认为行政机关作出的行政许可决定以及相应的不作为，或者行政机关就行政许可的变更、延续、撤回、注销、撤销等事项作出的有关具体行政行为及其相应的不作为侵犯其合法权益，提起行政诉讼的，人民法院应当依法受理。

第二条 公民、法人或者其他组织认为行政机关未公开行政许可决定或者未提供行政许可监督检查记录侵犯其合法权益，提起行政诉讼的，人民法院应当依法受理。

第三条 公民、法人或者其他组织仅就行政许可过程中的告知补正申请材料、听证等通知行为提起行政诉讼的，人民法院不予受理，但导致许可程序对上述主体事实上终止的除外。

　　第四条　当事人不服行政许可决定提起诉讼的，以作出行政许可决定的机关为被告；行政许可依法须经上级行政机关批准，当事人对批准或者不批准行为不服一并提起诉讼的，以上级行政机关为共同被告；行政许可依法须经下级行政机关或者管理公共事务的组织初步审查并上报，当事人对不予初步审查或者不予上报不服提起诉讼的，以下级行政机关或者管理公共事务的组织为被告。

　　第五条　行政机关依据行政许可法第二十六条第二款规定统一办理行政许可的，当事人对行政许可行为不服提起诉讼，以对当事人作出具有实质影响的不利行为的机关为被告。

　　第六条　行政机关受理行政许可申请后，在法定期限内不予答复，公民、法人或者其他组织向人民法院起诉的，人民法院应当依法受理。

　　前款"法定期限"自行政许可申请受理之日起计算；以数据电文方式受理的，自数据电文进入行政机关指定的特定系统之日起计算；数据电文需要确认收讫的，自申请人收到行政机关的收讫确认之日起计算。

　　第七条　作为被诉行政许可行为基础的其他行政决定或者文书存在以下情形之一的，人民法院不予认可：

　　（一）明显缺乏事实根据；

　　（二）明显缺乏法律依据；

　　（三）超越职权；

　　（四）其他重大明显违法情形。

　　第八条　被告不提供或者无正当理由逾期提供证据的，与被诉行政许可行为有利害关系的第三人可以向人民法院提供；第三人对无法提供的证据，可以申请人民法院调取；人民法院在当事人无争议，但涉及国家利益、公共利益或者他人合法权益的情况下，也可以依职权调取证据。

　　第三人提供或者人民法院调取的证据能够证明行政许可行为合法的，人民法院应当判决驳回原告的诉讼请求。

　　第九条　人民法院审理行政许可案件，应当以申请人提出行政许可申请后实施的新的法律规范为依据；行政机关在旧的法律规范实施期间，无正当理由拖延审查行政许可申请至新的法律规范实施，适用新的法律规范不利于申请人的，以旧的法律规范为依据。

　　第十条　被诉准予行政许可决定违反当时的法律规范但符合新的法律规

范的，判决确认该决定违法；准予行政许可决定不损害公共利益和利害关系人合法权益的，判决驳回原告的诉讼请求。

第十一条 人民法院审理不予行政许可决定案件，认为原告请求准予许可的理由成立，且被告没有裁量余地的，可以在判决理由写明，并判决撤销不予许可决定，责令被告重新作出决定。

第十二条 被告无正当理由拒绝原告查阅行政许可决定及有关档案材料或者监督检查记录的，人民法院可以判决被告在法定或者合理期限内准予原告查阅。

第十三条 被告在实施行政许可过程中，与他人恶意串通共同违法侵犯原告合法权益的，应当承担连带赔偿责任；被告与他人违法侵犯原告合法权益的，应当根据其违法行为在损害发生过程和结果中所起作用等因素，确定被告的行政赔偿责任；被告已经依照法定程序履行审慎合理的审查职责，因他人行为导致行政许可决定违法的，不承担赔偿责任。

在行政许可案件中，当事人请求一并解决有关民事赔偿问题的，人民法院可以合并审理。

第十四条 行政机关依据行政许可法第八条第二款规定变更或者撤回已经生效的行政许可，公民、法人或者其他组织仅主张行政补偿的，应当先向行政机关提出申请；行政机关在法定期限或者合理期限内不予答复或者对行政机关作出的补偿决定不服的，可以依法提起行政诉讼。

第十五条 法律、法规、规章或者规范性文件对变更或者撤回行政许可的补偿标准未作规定的，一般在实际损失范围内确定补偿数额；行政许可属于行政许可法第十二条第（二）项规定情形的，一般按照实际投入的损失确定补偿数额。

第十六条 行政许可补偿案件的调解，参照最高人民法院《关于审理行政赔偿案件若干问题的规定》的有关规定办理。

第十七条 最高人民法院以前所作的司法解释凡与本规定不一致的，按本规定执行。

最高人民法院关于专利、商标等授权确权类知识产权行政案件审理分工的规定

（2009 年 6 月 26 日　法发〔2009〕39 号）

为贯彻落实《国家知识产权战略纲要》，完善知识产权审判体制，确保司法标准的统一，现就专利、商标等授权确权类知识产权行政案件的审理分工作如下规定：

第一条　下列一、二审案件由北京市有关中级人民法院、北京市高级人民法院和最高人民法院知识产权审判庭审理：

（一）不服国务院专利行政部门专利复审委员会作出的专利复审决定和无效决定的案件；

（二）不服国务院专利行政部门作出的实施专利强制许可决定和实施专利强制许可的使用费裁决的案件；

（三）不服国务院工商行政管理部门商标评审委员会作出的商标复审决定和裁定的案件；

（四）不服国务院知识产权行政部门作出的集成电路布图设计复审决定和撤销决定的案件；

（五）不服国务院知识产权行政部门作出的使用集成电路布图设计非自愿许可决定的案件和使用集成电路布图设计非自愿许可的报酬裁决的案件；

（六）不服国务院农业、林业行政部门植物新品种复审委员会作出的植物新品种复审决定、无效决定和更名决定的案件；

（七）不服国务院农业、林业行政部门作出的实施植物新品种强制许可决定和实施植物新品种强制许可的使用费裁决的案件。

第二条　当事人对于人民法院就第一条所列案件作出的生效判决或者裁定不服，向上级人民法院申请再审的案件，由上级人民法院知识产权审判庭负责再审审查和审理。

第三条　由最高人民法院、北京市高级人民法院和北京市有关中级人民法院知识产权审判庭审理的上述案件，立案时统一使用"知行"字编号。

第四条 本规定自 2009 年 7 月 1 日起施行，最高人民法院于 2002 年 5 月 21 日作出的《关于专利法、商标法修改后专利、商标相关案件分工问题的批复》（法〔2002〕117 号）同时废止。

最高人民法院关于审理工伤保险
行政案件若干问题的规定

（2014 年 4 月 21 日最高人民法院审判委员会第 1613 次会议通过　2014 年 6 月 18 日最高人民法院公告公布　自 2014 年 9 月 1 日起施行　法释〔2014〕9 号）

为正确审理工伤保险行政案件，根据《中华人民共和国社会保险法》《中华人民共和国劳动法》《中华人民共和国行政诉讼法》《工伤保险条例》及其他有关法律、行政法规规定，结合行政审判实际，制定本规定。

第一条 人民法院审理工伤认定行政案件，在认定是否存在《工伤保险条例》第十四条第（六）项"本人主要责任"、第十六条第（二）项"醉酒或者吸毒"和第十六条第（三）项"自残或者自杀"等情形时，应当以有权机构出具的事故责任认定书、结论性意见和人民法院生效裁判等法律文书为依据，但有相反证据足以推翻事故责任认定书和结论性意见的除外。

前述法律文书不存在或者内容不明确，社会保险行政部门就前款事实作出认定的，人民法院应当结合其提供的相关证据依法进行审查。

《工伤保险条例》第十六条第（一）项"故意犯罪"的认定，应当以刑事侦查机关、检察机关和审判机关的生效法律文书或者结论性意见为依据。

第二条 人民法院受理工伤认定行政案件后，发现原告或者第三人在提起行政诉讼前已经就是否存在劳动关系申请劳动仲裁或者提起民事诉讼的，应当中止行政案件的审理。

第三条 社会保险行政部门认定下列单位为承担工伤保险责任单位的，人民法院应予支持：

（一）职工与两个或两个以上单位建立劳动关系，工伤事故发生时，职工为之工作的单位为承担工伤保险责任的单位；

（二）劳务派遣单位派遣的职工在用工单位工作期间因工伤亡的，派遣单位为承担工伤保险责任的单位；

（三）单位指派到其他单位工作的职工因工伤亡的，指派单位为承担工伤保险责任的单位；

（四）用工单位违反法律、法规规定将承包业务转包给不具备用工主体资格的组织或者自然人，该组织或者自然人聘用的职工从事承包业务时因工伤亡的，用工单位为承担工伤保险责任的单位；

（五）个人挂靠其他单位对外经营，其聘用的人员因工伤亡的，被挂靠单位为承担工伤保险责任的单位。

前款第（四）、（五）项明确的承担工伤保险责任的单位承担赔偿责任或者社会保险经办机构从工伤保险基金支付工伤保险待遇后，有权向相关组织、单位和个人追偿。

第四条　社会保险行政部门认定下列情形为工伤的，人民法院应予支持：

（一）职工在工作时间和工作场所内受到伤害，用人单位或者社会保险行政部门没有证据证明是非工作原因导致的；

（二）职工参加用人单位组织或者受用人单位指派参加其他单位组织的活动受到伤害的；

（三）在工作时间内，职工来往于多个与其工作职责相关的工作场所之间的合理区域因工受到伤害的；

（四）其他与履行工作职责相关，在工作时间及合理区域内受到伤害的。

第五条　社会保险行政部门认定下列情形为"因工外出期间"的，人民法院应予支持：

（一）职工受用人单位指派或者因工作需要在工作场所以外从事与工作职责有关的活动期间；

（二）职工受用人单位指派外出学习或者开会期间；

（三）职工因工作需要的其他外出活动期间。

职工因工外出期间从事与工作或者受用人单位指派外出学习、开会无关的个人活动受到伤害，社会保险行政部门不认定为工伤的，人民法院应予支持。

第六条　对社会保险行政部门认定下列情形为"上下班途中"的，人民法院应予支持：

（一）在合理时间内往返于工作地与住所地、经常居住地、单位宿舍的合理路线的上下班途中；

（二）在合理时间内往返于工作地与配偶、父母、子女居住地的合理路线的上下班途中；

（三）从事属于日常工作生活所需要的活动，且在合理时间和合理路线的上下班途中；

（四）在合理时间内其他合理路线的上下班途中。

第七条　由于不属于职工或者其近亲属自身原因超过工伤认定申请期限的，被耽误的时间不计算在工伤认定申请期限内。

有下列情形之一耽误申请时间的，应当认定为不属于职工或者其近亲属自身原因：

（一）不可抗力；

（二）人身自由受到限制；

（三）属于用人单位原因；

（四）社会保险行政部门登记制度不完善；

（五）当事人对是否存在劳动关系申请仲裁、提起民事诉讼。

第八条　职工因第三人的原因受到伤害，社会保险行政部门以职工或者其近亲属已经对第三人提起民事诉讼或者获得民事赔偿为由，作出不予受理工伤认定申请或者不予认定工伤决定的，人民法院不予支持。

职工因第三人的原因受到伤害，社会保险行政部门已经作出工伤认定，职工或者其近亲属未对第三人提起民事诉讼或者尚未获得民事赔偿，起诉要求社会保险经办机构支付工伤保险待遇的，人民法院应予支持。

职工因第三人的原因导致工伤，社会保险经办机构以职工或者其近亲属已经对第三人提起民事诉讼为由，拒绝支付工伤保险待遇的，人民法院不予支持，但第三人已经支付的医疗费用除外。

第九条　因工伤认定申请人或者用人单位隐瞒有关情况或者提供虚假材料，导致工伤认定错误的，社会保险行政部门可以在诉讼中依法予以更正。

工伤认定依法更正后，原告不申请撤诉，社会保险行政部门在作出原工伤认定时有过错的，人民法院应当判决确认违法；社会保险行政部门无过错的，人民法院可以驳回原告诉讼请求。

第十条　最高人民法院以前颁布的司法解释与本规定不一致的，以本规定为准。

最高人民法院关于审理商标授权
确权行政案件若干问题的规定

（2016 年 12 月 12 日最高人民法院审判委员会第 1703 次会议
通过 根据 2020 年 12 月 23 日最高人民法院审判委员会第 1823
次会议通过的《最高人民法院关于修改〈最高人民法院关于审理
侵犯专利权纠纷案件应用法律若干问题的解释（二）〉等十八件
知识产权类司法解释的决定》修正 2020 年 12 月 29 日最高人民
法院公告公布 自 2021 年 1 月 1 日起施行 法释〔2020〕19 号）

为正确审理商标授权确权行政案件，根据《中华人民共和国商标法》
《中华人民共和国行政诉讼法》等法律规定，结合审判实践，制定本规定。

第一条 本规定所称商标授权确权行政案件，是指相对人或者利害关系
人因不服国家知识产权局作出的商标驳回复审、商标不予注册复审、商标撤
销复审、商标无效宣告及无效宣告复审等行政行为，向人民法院提起诉讼的
案件。

第二条 人民法院对商标授权确权行政行为进行审查的范围，一般应根
据原告的诉讼请求及理由确定。原告在诉讼中未提出主张，但国家知识产权
局相关认定存在明显不当的，人民法院在各方当事人陈述意见后，可以对相
关事由进行审查并作出裁判。

第三条 商标法第十条第一款第（一）项规定的同中华人民共和国的国
家名称等"相同或者近似"，是指商标标志整体上与国家名称等相同或者近
似。

对于含有中华人民共和国的国家名称等，但整体上并不相同或者不相近
似的标志，如果该标志作为商标注册可能导致损害国家尊严的，人民法院可
以认定属于商标法第十条第一款第（八）项规定的情形。

第四条 商标标志或者其构成要素带有欺骗性，容易使公众对商品的质
量等特点或者产地产生误认，国家知识产权局认定其属于 2001 年修正的商
标法第十条第一款第（七）项规定情形的，人民法院予以支持。

第五条 商标标志或者其构成要素可能对我国社会公共利益和公共秩序
产生消极、负面影响的，人民法院可以认定其属于商标法第十条第一款第

（八）项规定的"其他不良影响"。

将政治、经济、文化、宗教、民族等领域公众人物姓名等申请注册为商标，属于前款所指的"其他不良影响"。

第六条　商标标志由县级以上行政区划的地名或者公众知晓的外国地名和其他要素组成，如果整体上具有区别于地名的含义，人民法院应当认定其不属于商标法第十条第二款所指情形。

第七条　人民法院审查诉争商标是否具有显著特征，应当根据商标所指定使用商品的相关公众的通常认识，判断该商标整体上是否具有显著特征。商标标志中含有描述性要素，但不影响其整体具有显著特征的；或者描述性标志以独特方式加以表现，相关公众能够以其识别商品来源的，应当认定其具有显著特征。

第八条　诉争商标为外文标志时，人民法院应当根据中国境内相关公众的通常认识，对该外文商标是否具有显著特征进行审查判断。标志中外文的固有含义可能影响其在指定使用商品上的显著特征，但相关公众对该固有含义的认知程度较低，能够以该标志识别商品来源的，可以认定其具有显著特征。

第九条　仅以商品自身形状或者自身形状的一部分作为三维标志申请注册商标，相关公众一般情况下不易将其识别为指示商品来源标志的，该三维标志不具有作为商标的显著特征。

该形状系申请人所独创或者最早使用并不能当然导致其具有作为商标的显著特征。

第一款所称标志经过长期或者广泛使用，相关公众能够通过该标志识别商品来源的，可以认定该标志具有显著特征。

第十条　诉争商标属于法定的商品名称或者约定俗成的商品名称的，人民法院应当认定其属于商标法第十一条第一款第（一）项所指的通用名称。依据法律规定或者国家标准、行业标准属于商品通用名称的，应当认定为通用名称。相关公众普遍认为某一名称能够指代一类商品的，应当认定为约定俗成的通用名称。被专业工具书、辞典等列为商品名称的，可以作为认定约定俗成的通用名称的参考。

约定俗成的通用名称一般以全国范围内相关公众的通常认识为判断标准。对于由于历史传统、风土人情、地理环境等原因形成的相关市场固定的商品，在该相关市场内通用的称谓，人民法院可以认定为通用名称。

诉争商标申请人明知或者应知其申请注册的商标为部分区域内约定俗成

的商品名称的，人民法院可以视其申请注册的商标为通用名称。

人民法院审查判断诉争商标是否属于通用名称，一般以商标申请日时的事实状态为准。核准注册时事实状态发生变化的，以核准注册时的事实状态判断其是否属于通用名称。

第十一条 商标标志只是或者主要是描述、说明所使用商品的质量、主要原料、功能、用途、重量、数量、产地等的，人民法院应当认定其属于商标法第十一条第一款第（二）项规定的情形。商标标志或者其构成要素暗示商品的特点，但不影响其识别商品来源功能的，不属于该项所规定的情形。

第十二条 当事人依据商标法第十三条第二款主张诉争商标构成对其未注册的驰名商标的复制、摹仿或者翻译而不应予以注册或者应予无效的，人民法院应当综合考量如下因素以及因素之间的相互影响，认定是否容易导致混淆：

（一）商标标志的近似程度；

（二）商品的类似程度；

（三）请求保护商标的显著性和知名程度；

（四）相关公众的注意程度；

（五）其他相关因素。

商标申请人的主观意图以及实际混淆的证据可以作为判断混淆可能性的参考因素。

第十三条 当事人依据商标法第十三条第三款主张诉争商标构成对其已注册的驰名商标的复制、摹仿或者翻译而不应予以注册或者应予无效的，人民法院应当综合考虑如下因素，以认定诉争商标的使用是否足以使相关公众认为其与驰名商标具有相当程度的联系，从而误导公众，致使驰名商标注册人的利益可能受到损害：

（一）引证商标的显著性和知名程度；

（二）商标标志是否足够近似；

（三）指定使用的商品情况；

（四）相关公众的重合程度及注意程度；

（五）与引证商标近似的标志被其他市场主体合法使用的情况或者其他相关因素。

第十四条 当事人主张诉争商标构成对其已注册的驰名商标的复制、摹仿或者翻译而不应予以注册或者应予无效，国家知识产权局依据商标法第三十条规定裁决支持其主张的，如果诉争商标注册未满五年，人民法院在当事

194

人陈述意见之后，可以按照商标法第三十条规定进行审理；如果诉争商标注册已满五年，应当适用商标法第十三条第三款进行审理。

第十五条 商标代理人、代表人或者经销、代理等销售代理关系意义上的代理人、代表人未经授权，以自己的名义将与被代理人或者被代表人的商标相同或者近似的商标在相同或者类似商品上申请注册的，人民法院适用商标法第十五条第一款的规定进行审理。

在为建立代理或者代表关系的磋商阶段，前款规定的代理人或者代表人将被代理人或者被代表人的商标申请注册的，人民法院适用商标法第十五条第一款的规定进行审理。

商标申请人与代理人或者代表人之间存在亲属关系等特定身份关系的，可以推定其商标注册行为系与该代理人或者代表人恶意串通，人民法院适用商标法第十五条第一款的规定进行审理。

第十六条 以下情形可以认定为商标法第十五条第二款中规定的"其他关系"：

（一）商标申请人与在先使用人之间具有亲属关系；

（二）商标申请人与在先使用人之间具有劳动关系；

（三）商标申请人与在先使用人营业地址邻近；

（四）商标申请人与在先使用人曾就达成代理、代表关系进行过磋商，但未形成代理、代表关系；

（五）商标申请人与在先使用人曾就达成合同、业务往来关系进行过磋商，但未达成合同、业务往来关系。

第十七条 地理标志利害关系人依据商标法第十六条主张他人商标不应予以注册或者应予无效，如果诉争商标指定使用的商品与地理标志产品并非相同商品，而地理标志利害关系人能够证明诉争商标使用在该产品上仍然容易导致相关公众误认为该产品来源于该地区并因此具有特定的质量、信誉或者其他特征的，人民法院予以支持。

如果该地理标志已经注册为集体商标或者证明商标，集体商标或者证明商标的权利人或者利害关系人可选择依据该条或者另行依据商标法第十三条、第三十条等主张权利。

第十八条 商标法第三十二条规定的在先权利，包括当事人在诉争商标申请日之前享有的民事权利或者其他应予保护的合法权益。诉争商标核准注册时在先权利已不存在的，不影响诉争商标的注册。

第十九条 当事人主张诉争商标损害其在先著作权的，人民法院应当依照著作权法等相关规定，对所主张的客体是否构成作品、当事人是否为著作权人或者其他有权主张著作权的利害关系人以及诉争商标是否构成对著作权的侵害等进行审查。

商标标志构成受著作权法保护的作品的，当事人提供的涉及商标标志的设计底稿、原件、取得权利的合同、诉争商标申请日之前的著作权登记证书等，均可以作为证明著作权归属的初步证据。

商标公告、商标注册证等可以作为确定商标申请人为有权主张商标标志著作权的利害关系人的初步证据。

第二十条　当事人主张诉争商标损害其姓名权，如果相关公众认为该商标标志指代了该自然人，容易认为标记有该商标的商品系经过该自然人许可或者与该自然人存在特定联系的，人民法院应当认定该商标损害了该自然人的姓名权。

当事人以其笔名、艺名、译名等特定名称主张姓名权，该特定名称具有一定的知名度，与该自然人建立了稳定的对应关系，相关公众以其指代该自然人的，人民法院予以支持。

第二十一条　当事人主张的字号具有一定的市场知名度，他人未经许可申请注册与该字号相同或者近似的商标，容易导致相关公众对商品来源产生混淆，当事人以此主张构成在先权益的，人民法院予以支持。

当事人以具有一定市场知名度并已与企业建立稳定对应关系的企业名称的简称为依据提出主张的，适用前款规定。

第二十二条　当事人主张诉争商标损害角色形象著作权的，人民法院按照本规定第十九条进行审查。

对于著作权保护期限内的作品，如果作品名称、作品中的角色名称等具有较高知名度，将其作为商标使用在相关商品上容易导致相关公众误认为其经过权利人的许可或者与权利人存在特定联系，当事人以此主张构成在先权益的，人民法院予以支持。

第二十三条　在先使用人主张商标申请人以不正当手段抢先注册其在先使用并有一定影响的商标的，如果在先使用商标已经有一定影响，而商标申请人明知或者应知该商标，即可推定其构成"以不正当手段抢先注册"。但商标申请人举证证明其没有利用在先使用商标商誉的恶意的除外。

在先使用人举证证明其在先商标有一定的持续使用时间、区域、销售量或者广告宣传的，人民法院可以认定为有一定影响。

在先使用人主张商标申请人在与其不相类似的商品上申请注册其在先使

用并有一定影响的商标，违反商标法第三十二条规定的，人民法院不予支持。

第二十四条 以欺骗手段以外的其他方式扰乱商标注册秩序、损害公共利益、不正当占用公共资源或者谋取不正当利益的，人民法院可以认定其属于商标法第四十四条第一款规定的"其他不正当手段"。

第二十五条 人民法院判断诉争商标申请人是否"恶意注册"他人驰名商标，应综合考虑引证商标的知名度、诉争商标申请人申请诉争商标的理由以及使用诉争商标的具体情形来判断其主观意图。引证商标知名度高、诉争商标申请人没有正当理由的，人民法院可以推定其注册构成商标法第四十五条第一款所指的"恶意注册"。

第二十六条 商标权人自行使用、他人经许可使用以及其他不违背商标权人意志的使用，均可认定为商标法第四十九条第二款所称的使用。

实际使用的商标标志与核准注册的商标标志有细微差别，但未改变其显著特征的，可以视为注册商标的使用。

没有实际使用注册商标，仅有转让或者许可行为；或者仅是公布商标注册信息、声明享有注册商标专用权的，不认定为商标使用。

商标权人有真实使用商标的意图，并且有实际使用的必要准备，但因其他客观原因尚未实际使用注册商标的，人民法院可以认定其有正当理由。

第二十七条 当事人主张国家知识产权局下列情形属于行政诉讼法第七十条第（三）项规定的"违反法定程序"的，人民法院予以支持：

（一）遗漏当事人提出的评审理由，对当事人权利产生实际影响的；

（二）评审程序中未告知合议组成员，经审查确有应当回避事由而未回避的；

（三）未通知适格当事人参加评审，该方当事人明确提出异议的；

（四）其他违反法定程序的情形。

第二十八条 人民法院审理商标授权确权行政案件的过程中，国家知识产权局对诉争商标予以驳回、不予核准注册或者予以无效宣告的事由不复存在的，人民法院可以依据新的事实撤销国家知识产权局相关裁决，并判令其根据变更后的事实重新作出裁决。

第二十九条 当事人依据在原行政行为之后新发现的证据，或者在原行政程序中因客观原因无法取得或在规定的期限内不能提供的证据，或者新的法律依据提出的评审申请，不属于以"相同的事实和理由"再次提出评审申请。

在商标驳回复审程序中，国家知识产权局以申请商标与引证商标不构成使用在同一种或者类似商品上的相同或者近似商标为由准予申请商标初步审定公告后，以下情形不视为"以相同的事实和理由"再次提出评审申请：

（一）引证商标所有人或者利害关系人依据该引证商标提出异议，国家知识产权局予以支持，被异议商标申请人申请复审的；

（二）引证商标所有人或者利害关系人在申请商标获准注册后依据该引证商标申请宣告其无效的。

第三十条　人民法院生效裁判对于相关事实和法律适用已作出明确认定，相对人或者利害关系人对于国家知识产权局依据该生效裁判重新作出的裁决提起诉讼的，人民法院依法裁定不予受理；已经受理的，裁定驳回起诉。

第三十一条　本规定自 2017 年 3 月 1 日起施行。人民法院依据 2001 年修正的商标法审理的商标授权确权行政案件可参照适用本规定。

最高人民法院关于审理
专利授权确权行政案件适用
法律若干问题的规定（一）

（2020 年 8 月 24 日最高人民法院审判委员会第 1810 次会议通过　2020 年 9 月 10 日最高人民法院公告公布　自 2020 年 9 月 12 日起施行　法释〔2020〕8 号）

为正确审理专利授权确权行政案件，根据《中华人民共和国专利法》《中华人民共和国行政诉讼法》等法律规定，结合审判实际，制定本规定。

第一条　本规定所称专利授权行政案件，是指专利申请人因不服国务院专利行政部门作出的专利复审请求审查决定，向人民法院提起诉讼的案件。

本规定所称专利确权行政案件，是指专利权人或者无效宣告请求人因不服国务院专利行政部门作出的专利无效宣告请求审查决定，向人民法院提起诉讼的案件。

本规定所称被诉决定，是指国务院专利行政部门作出的专利复审请求审查决定、专利无效宣告请求审查决定。

198

第二条 人民法院应当以所属技术领域的技术人员在阅读权利要求书、说明书及附图后所理解的通常含义，界定权利要求的用语。权利要求的用语在说明书及附图中有明确定义或者说明的，按照其界定。

依照前款规定不能界定的，可以结合所属技术领域的技术人员通常采用的技术词典、技术手册、工具书、教科书、国家或者行业技术标准等界定。

第三条 人民法院在专利确权行政案件中界定权利要求的用语时，可以参考已被专利侵权民事案件生效裁判采纳的专利权人的相关陈述。

第四条 权利要求书、说明书及附图中的语法、文字、数字、标点、图形、符号等有明显错误或者歧义，但所属技术领域的技术人员通过阅读权利要求书、说明书及附图可以得出唯一理解的，人民法院应当根据该唯一理解作出认定。

第五条 当事人有证据证明专利申请人、专利权人违反诚实信用原则，虚构、编造说明书及附图中的具体实施方式、技术效果以及数据、图表等有关技术内容，并据此主张相关权利要求不符合专利法有关规定的，人民法院应予支持。

第六条 说明书未充分公开特定技术内容，导致在专利申请日有下列情形之一的，人民法院应当认定说明书及与该特定技术内容相关的权利要求不符合专利法第二十六条第三款的规定：

（一）权利要求限定的技术方案不能实施的；

（二）实施权利要求限定的技术方案不能解决发明或者实用新型所要解决的技术问题的；

（三）确认权利要求限定的技术方案能够解决发明或者实用新型所要解决的技术问题，需要付出过度劳动的。

当事人仅依据前款规定的未充分公开的特定技术内容，主张与该特定技术内容相关的权利要求符合专利法第二十六条第四款关于"权利要求书应当以说明书为依据"的规定的，人民法院不予支持。

第七条 所属技术领域的技术人员根据说明书及附图，认为权利要求有下列情形之一的，人民法院应当认定该权利要求不符合专利法第二十六条第四款关于清楚地限定要求专利保护的范围的规定：

（一）限定的发明主题类型不明确的；

（二）不能合理确定权利要求中技术特征的含义的；

（三）技术特征之间存在明显矛盾且无法合理解释的。

第八条 所属技术领域的技术人员阅读说明书及附图后，在申请日不能得到或者合理概括得出权利要求限定的技术方案的，人民法院应当认定该权利要求不符合专利法第二十六条第四款关于"权利要求书应当以说明书为依据"的规定。

第九条 以功能或者效果限定的技术特征，是指对于结构、组分、步骤、条件等技术特征或者技术特征之间的相互关系等，仅通过其在发明创造中所起的功能或者效果进行限定的技术特征，但所属技术领域的技术人员通过阅读权利要求即可直接、明确地确定实现该功能或者效果的具体实施方式的除外。

对于前款规定的以功能或者效果限定的技术特征，权利要求书、说明书及附图未公开能够实现该功能或者效果的任何具体实施方式的，人民法院应当认定说明书和具有该技术特征的权利要求不符合专利法第二十六条第三款的规定。

第十条 药品专利申请人在申请日以后提交补充实验数据，主张依赖该数据证明专利申请符合专利法第二十二条第三款、第二十六条第三款等规定的，人民法院应予审查。

第十一条 当事人对实验数据的真实性产生争议的，提交实验数据的一方当事人应当举证证明实验数据的来源和形成过程。人民法院可以通知实验负责人到庭，就实验原料、步骤、条件、环境或者参数以及完成实验的人员、机构等作出说明。

第十二条 人民法院确定权利要求限定的技术方案的技术领域，应当综合考虑主题名称等权利要求的全部内容、说明书关于技术领域和背景技术的记载，以及该技术方案所实现的功能和用途等。

第十三条 说明书及附图未明确记载区别技术特征在权利要求限定的技术方案中所能达到的技术效果的，人民法院可以结合所属技术领域的公知常识，根据区别技术特征与权利要求中其他技术特征的关系，区别技术特征在权利要求限定的技术方案中的作用等，认定所属技术领域的技术人员所能确定的该权利要求实际解决的技术问题。

被诉决定对权利要求实际解决的技术问题未认定或者认定错误的，不影响人民法院对权利要求的创造性依法作出认定。

第十四条 人民法院认定外观设计专利产品的一般消费者所具有的知识水平和认知能力，应当考虑申请日时外观设计专利产品的设计空间。设计空间较大的，人民法院可以认定一般消费者通常不容易注意到不同设计之间的较小区别；设计空间较小的，人民法院可以认定一般消费者通常更容易注意到不同设计之间的较小区别。

对于前款所称设计空间的认定，人民法院可以综合考虑下列因素：

（一）产品的功能、用途；

（二）现有设计的整体状况；

（三）惯常设计；

（四）法律、行政法规的强制性规定；

（五）国家、行业技术标准；

（六）需要考虑的其他因素。

第十五条 外观设计的图片、照片存在矛盾、缺失或者模糊不清等情形，导致一般消费者无法根据图片、照片及简要说明确定所要保护的外观设计的，人民法院应当认定其不符合专利法第二十七条第二款关于"清楚地显示要求专利保护的产品的外观设计"的规定。

第十六条 人民法院认定外观设计是否符合专利法第二十三条的规定，应当综合判断外观设计的整体视觉效果。

为实现特定技术功能必须具备或者仅有有限选择的设计特征，对于外观设计专利视觉效果的整体观察和综合判断不具有显著影响。

第十七条 外观设计与相同或者相近种类产品的一项现有设计相比，整体视觉效果相同或者属于仅具有局部细微区别等实质相同的情形的，人民法院应当认定其构成专利法第二十三条第一款规定的"属于现有设计"。

除前款规定的情形外，外观设计与相同或者相近种类产品的一项现有设计相比，二者的区别对整体视觉效果不具有显著影响，人民法院应当认定其不具有专利法第二十三条第二款规定的"明显区别"。

人民法院应当根据外观设计产品的用途，认定产品种类是否相同或者相近。确定产品的用途，可以参考外观设计的简要说明、外观设计产品分类表、产品的功能以及产品销售、实际使用的情况等因素。

第十八条 外观设计专利与相同种类产品上同日申请的另一项外观设计专利相比，整体视觉效果相同或者属于仅具有局部细微区别等实质相同的情形的，人民法院应当认定其不符合专利法第九条关于"同样的发明创造只能授予一项专利权"的规定。

第十九条 外观设计与申请日以前提出申请、申请日以后公告，且属于相同或者相近种类产品的另一项外观设计相比，整体视觉效果相同或者属于仅具有局部细微区别等实质相同的情形的，人民法院应当认定其构成专利法第二十三条第一款规定的"同样的外观设计"。

第二十条　根据现有设计整体上给出的设计启示，以一般消费者容易想到的设计特征转用、拼合或者替换等方式，获得与外观设计专利的整体视觉效果相同或者仅具有局部细微区别等实质相同的外观设计，且不具有独特视觉效果的，人民法院应当认定该外观设计专利与现有设计特征的组合相比不具有专利法第二十三条第二款规定的"明显区别"。

具有下列情形之一的，人民法院可以认定存在前款所称的设计启示：

（一）将相同种类产品上不同部分的设计特征进行拼合或者替换的；

（二）现有设计公开了将特定种类产品的设计特征转用于外观设计专利产品的；

（三）现有设计公开了将不同的特定种类产品的外观设计特征进行拼合的；

（四）将现有设计中的图案直接或者仅做细微改变后用于外观设计专利产品的；

（五）将单一自然物的特征转用于外观设计专利产品的；

（六）单纯采用基本几何形状或者仅做细微改变后得到外观设计的；

（七）使用一般消费者公知的建筑物、作品、标识等的全部或者部分设计的。

第二十一条　人民法院在认定本规定第二十条所称的独特视觉效果时，可以综合考虑下列因素：

（一）外观设计专利产品的设计空间；

（二）产品种类的关联度；

（三）转用、拼合、替换的设计特征的数量和难易程度；

（四）需要考虑的其他因素。

第二十二条　专利法第二十三条第三款所称的"合法权利"，包括就作品、商标、地理标志、姓名、企业名称、肖像，以及有一定影响的商品名称、包装、装潢等享有的合法权利或者权益。

第二十三条　当事人主张专利复审、无效宣告请求审查程序中的下列情形属于行政诉讼法第七十条第三项规定的"违反法定程序的"，人民法院应予支持：

（一）遗漏当事人提出的理由和证据，且对当事人权利产生实质性影响的；

（二）未依法通知应当参加审查程序的专利申请人、专利权人及无效宣告请求人等，对其权利产生实质性影响的；

（三）未向当事人告知合议组组成人员，且合议组组成人员存在法定回避事由而未回避的；

（四）未给予被诉决定对其不利的一方当事人针对被诉决定所依据的理由、证据和认定的事实陈述意见的机会的；

（五）主动引入当事人未主张的公知常识或者惯常设计，未听取当事人意见且对当事人权利产生实质性影响的；

（六）其他违反法定程序，可能对当事人权利产生实质性影响的。

第二十四条 被诉决定有下列情形之一的，人民法院可以依照行政诉讼法第七十条的规定，判决部分撤销：

（一）被诉决定对于权利要求书中的部分权利要求的认定错误，其余正确的；

（二）被诉决定对于专利法第三十一条第二款规定的"一件外观设计专利申请"中的部分外观设计认定错误，其余正确的；

（三）其他可以判决部分撤销的情形。

第二十五条 被诉决定对当事人主张的全部无效理由和证据均已评述并宣告权利要求无效，人民法院认为被诉决定认定该权利要求无效的理由均不能成立的，应当判决撤销或者部分撤销该决定，并可视情判决被告就该权利要求重新作出审查决定。

第二十六条 审查决定系直接依据生效裁判重新作出且未引入新的事实和理由，当事人对该决定提起诉讼的，人民法院依法裁定不予受理；已经受理的，依法裁定驳回起诉。

第二十七条 被诉决定查明事实或者适用法律确有不当，但对专利授权确权的认定结论正确的，人民法院可以在纠正相关事实查明和法律适用的基础上判决驳回原告的诉讼请求。

第二十八条 当事人主张有关技术内容属于公知常识或者有关设计特征属于惯常设计的，人民法院可以要求其提供证据证明或者作出说明。

第二十九条 专利申请人、专利权人在专利授权确权行政案件中提供新的证据，用于证明专利申请不应当被驳回或者专利权应当维持有效的，人民法院一般应予审查。

第三十条 无效宣告请求人在专利确权行政案件中提供新的证据，人民法院一般不予审查，但下列证据除外：

（一）证明在专利无效宣告请求审查程序中已主张的公知常识或者惯常设计的；

（二）证明所属技术领域的技术人员或者一般消费者的知识水平和认知能力的；

（三）证明外观设计专利产品的设计空间或者现有设计的整体状况的；

（四）补强在专利无效宣告请求审查程序中已被采信证据的证明力的；

（五）反驳其他当事人在诉讼中提供的证据的。

第三十一条 人民法院可以要求当事人提供本规定第二十九条、第三十条规定的新的证据。

当事人向人民法院提供的证据系其在专利复审、无效宣告请求审查程序中被依法要求提供但无正当理由未提供的，人民法院一般不予采纳。

第三十二条 本规定自 2020 年 9 月 12 日起施行。

本规定施行后，人民法院正在审理的一审、二审案件适用本规定；施行前已经作出生效裁判的案件，不适用本规定再审。

七、行政赔偿

中华人民共和国国家赔偿法

（1994 年 5 月 12 日第八届全国人民代表大会常务委员会第七次会议通过　根据 2010 年 4 月 29 日第十一届全国人民代表大会常务委员会第十四次会议《关于修改〈中华人民共和国国家赔偿法〉的决定》第一次修正　根据 2012 年 10 月 26 日第十一届全国人民代表大会常务委员会第二十九次会议《关于修改〈中华人民共和国国家赔偿法〉的决定》第二次修正）

第一章　总　　则

第一条　为保障公民、法人和其他组织享有依法取得国家赔偿的权利，促进国家机关依法行使职权，根据宪法，制定本法。

第二条　国家机关和国家机关工作人员行使职权，有本法规定的侵犯公民、法人和其他组织合法权益的情形，造成损害的，受害人有依照本法取得国家赔偿的权利。

本法规定的赔偿义务机关，应当依照本法及时履行赔偿义务。

第二章　行　政　赔　偿

第一节　赔　偿　范　围

第三条　行政机关及其工作人员在行使行政职权时有下列侵犯人身权情形之一的，受害人有取得赔偿的权利：

（一）违法拘留或者违法采取限制公民人身自由的行政强制措施的；

（二）非法拘禁或者以其他方法非法剥夺公民人身自由的；

（三）以殴打、虐待等行为或者唆使、放纵他人以殴打、虐待等行为造成公民身体伤害或者死亡的；

（四）违法使用武器、警械造成公民身体伤害或者死亡的；

（五）造成公民身体伤害或者死亡的其他违法行为。

第四条 行政机关及其工作人员在行使行政职权时有下列侵犯财产权情形之一的，受害人有取得赔偿的权利：

（一）违法实施罚款、吊销许可证和执照、责令停产停业、没收财物等行政处罚的；

（二）违法对财产采取查封、扣押、冻结等行政强制措施的；

（三）违法征收、征用财产的；

（四）造成财产损害的其他违法行为。

第五条 属于下列情形之一的，国家不承担赔偿责任：

（一）行政机关工作人员与行使职权无关的个人行为；

（二）因公民、法人和其他组织自己的行为致使损害发生的；

（三）法律规定的其他情形。

第二节 赔偿请求人和赔偿义务机关

第六条 受害的公民、法人和其他组织有权要求赔偿。

受害的公民死亡，其继承人和其他有扶养关系的亲属有权要求赔偿。

受害的法人或者其他组织终止的，其权利承受人有权要求赔偿。

第七条 行政机关及其工作人员行使行政职权侵犯公民、法人和其他组织的合法权益造成损害的，该行政机关为赔偿义务机关。

两个以上行政机关共同行使行政职权时侵犯公民、法人和其他组织的合法权益造成损害的，共同行使行政职权的行政机关为共同赔偿义务机关。

法律、法规授权的组织在行使授予的行政权力时侵犯公民、法人和其他组织的合法权益造成损害的，被授权的组织为赔偿义务机关。

受行政机关委托的组织或者个人在行使受委托的行政权力时侵犯公民、法人和其他组织的合法权益造成损害的，委托的行政机关为赔偿义务机关。

赔偿义务机关被撤销的，继续行使其职权的行政机关为赔偿义务机关；没有继续行使其职权的行政机关的，撤销该赔偿义务机关的行政机关为赔偿义务机关。

第八条 经复议机关复议的，最初造成侵权行为的行政机关为赔偿义务机关，但复议机关的复议决定加重损害的，复议机关对加重的部分履行赔偿义务。

第三节　赔偿程序

第九条　赔偿义务机关有本法第三条、第四条规定情形之一的，应当给予赔偿。

赔偿请求人要求赔偿，应当先向赔偿义务机关提出，也可以在申请行政复议或者提起行政诉讼时一并提出。

第十条　赔偿请求人可以向共同赔偿义务机关中的任何一个赔偿义务机关要求赔偿，该赔偿义务机关应当先予赔偿。

第十一条　赔偿请求人根据受到的不同损害，可以同时提出数项赔偿要求。

第十二条　要求赔偿应当递交申请书，申请书应当载明下列事项：

（一）受害人的姓名、性别、年龄、工作单位和住所，法人或者其他组织的名称、住所和法定代表人或者主要负责人的姓名、职务；

（二）具体的要求、事实根据和理由；

（三）申请的年、月、日。

赔偿请求人书写申请书确有困难的，可以委托他人代书；也可以口头申请，由赔偿义务机关记入笔录。

赔偿请求人不是受害人本人的，应当说明与受害人的关系，并提供相应证明。

赔偿请求人当面递交申请书的，赔偿义务机关应当当场出具加盖本行政机关专用印章并注明收讫日期的书面凭证。申请材料不齐全的，赔偿义务机关应当当场或者在五日内一次性告知赔偿请求人需要补正的全部内容。

第十三条　赔偿义务机关应当自收到申请之日起两个月内，作出是否赔偿的决定。赔偿义务机关作出赔偿决定，应当充分听取赔偿请求人的意见，并可以与赔偿请求人就赔偿方式、赔偿项目和赔偿数额依照本法第四章的规定进行协商。

赔偿义务机关决定赔偿的，应当制作赔偿决定书，并自作出决定之日起十日内送达赔偿请求人。

赔偿义务机关决定不予赔偿的，应当自作出决定之日起十日内书面通知赔偿请求人，并说明不予赔偿的理由。

第十四条　赔偿义务机关在规定期限内未作出是否赔偿的决定，赔偿请求人可以自期限届满之日起三个月内，向人民法院提起诉讼。

赔偿请求人对赔偿的方式、项目、数额有异议的，或者赔偿义务机关作出不予赔偿决定的，赔偿请求人可以自赔偿义务机关作出赔偿或者不予赔偿决定之日起三个月内，向人民法院提起诉讼。

第十五条 人民法院审理行政赔偿案件，赔偿请求人和赔偿义务机关对自己提出的主张，应当提供证据。

赔偿义务机关采取行政拘留或者限制人身自由的强制措施期间，被限制人身自由的人死亡或者丧失行为能力的，赔偿义务机关的行为与被限制人身自由的人的死亡或者丧失行为能力是否存在因果关系，赔偿义务机关应当提供证据。

第十六条 赔偿义务机关赔偿损失后，应当责令有故意或者重大过失的工作人员或者受委托的组织或者个人承担部分或者全部赔偿费用。

对有故意或者重大过失的责任人员，有关机关应当依法给予处分；构成犯罪的，应当依法追究刑事责任。

第三章 刑 事 赔 偿

第一节 赔 偿 范 围

第十七条 行使侦查、检察、审判职权的机关以及看守所、监狱管理机关及其工作人员在行使职权时有下列侵犯人身权情形之一的，受害人有取得赔偿的权利：

（一）违反刑事诉讼法的规定对公民采取拘留措施的，或者依照刑事诉讼法规定的条件和程序对公民采取拘留措施，但是拘留时间超过刑事诉讼法规定的时限，其后决定撤销案件、不起诉或者判决宣告无罪终止追究刑事责任的；

（二）对公民采取逮捕措施后，决定撤销案件、不起诉或者判决宣告无罪终止追究刑事责任的；

（三）依照审判监督程序再审改判无罪，原判刑罚已经执行的；

（四）刑讯逼供或者以殴打、虐待等行为或者唆使、放纵他人以殴打、虐待等行为造成公民身体伤害或者死亡的；

（五）违法使用武器、警械造成公民身体伤害或者死亡的。

第十八条 行使侦查、检察、审判职权的机关以及看守所、监狱管理机关及其工作人员在行使职权时有下列侵犯财产权情形之一的，受害人有取得赔偿的权利：

（一）违法对财产采取查封、扣押、冻结、追缴等措施的；

（二）依照审判监督程序再审改判无罪，原判罚金、没收财产已经执行的。

第十九条 属于下列情形之一的，国家不承担赔偿责任：

（一）因公民自己故意作虚伪供述，或者伪造其他有罪证据被羁押或者被判处刑罚的；

（二）依照刑法第十七条、第十八条规定不负刑事责任的人被羁押的；

（三）依照刑事诉讼法第十五条、第一百七十三条第二款、第二百七十三条第二款、第二百七十九条规定不追究刑事责任的人被羁押的；

（四）行使侦查、检察、审判职权的机关以及看守所、监狱管理机关的工作人员与行使职权无关的个人行为；

（五）因公民自伤、自残等故意行为致使损害发生的；

（六）法律规定的其他情形。

第二节　赔偿请求人和赔偿义务机关

第二十条 赔偿请求人的确定依照本法第六条的规定。

第二十一条 行使侦查、检察、审判职权的机关以及看守所、监狱管理机关及其工作人员在行使职权时侵犯公民、法人和其他组织的合法权益造成损害的，该机关为赔偿义务机关。

对公民采取拘留措施，依照本法的规定应当给予国家赔偿的，作出拘留决定的机关为赔偿义务机关。

对公民采取逮捕措施后决定撤销案件、不起诉或者判决宣告无罪的，作出逮捕决定的机关为赔偿义务机关。

再审改判无罪的，作出原生效判决的人民法院为赔偿义务机关。二审改判无罪，以及二审发回重审后作无罪处理的，作出一审有罪判决的人民法院为赔偿义务机关。

第三节　赔　偿　程　序

第二十二条 赔偿义务机关有本法第十七条、第十八条规定情形之一的，应当给予赔偿。

赔偿请求人要求赔偿，应当先向赔偿义务机关提出。

赔偿请求人提出赔偿请求，适用本法第十一条、第十二条的规定。

第二十三条 赔偿义务机关应当自收到申请之日起两个月内，作出是否赔偿的决定。赔偿义务机关作出赔偿决定，应当充分听取赔偿请求人的意见，并可以与赔偿请求人就赔偿方式、赔偿项目和赔偿数额依照本法第四章的规定进行协商。

赔偿义务机关决定赔偿的，应当制作赔偿决定书，并自作出决定之日起十日内送达赔偿请求人。

赔偿义务机关决定不予赔偿的，应当自作出决定之日起十日内书面通知赔偿请求人，并说明不予赔偿的理由。

第二十四条 赔偿义务机关在规定期限内未作出是否赔偿的决定，赔偿请求人可以自期限届满之日起三十日内向赔偿义务机关的上一级机关申请复议。

赔偿请求人对赔偿的方式、项目、数额有异议的，或者赔偿义务机关作出不予赔偿决定的，赔偿请求人可以自赔偿义务机关作出赔偿或者不予赔偿决定之日起三十日内，向赔偿义务机关的上一级机关申请复议。

赔偿义务机关是人民法院的，赔偿请求人可以依照本条规定向其上一级人民法院赔偿委员会申请作出赔偿决定。

第二十五条 复议机关应当自收到申请之日起两个月内作出决定。

赔偿请求人不服复议决定的，可以在收到复议决定之日起三十日内向复议机关所在地的同级人民法院赔偿委员会申请作出赔偿决定；复议机关逾期不作决定的，赔偿请求人可以自期限届满之日起三十日内向复议机关所在地的同级人民法院赔偿委员会申请作出赔偿决定。

第二十六条 人民法院赔偿委员会处理赔偿请求，赔偿请求人和赔偿义务机关对自己提出的主张，应当提供证据。

被羁押人在羁押期间死亡或者丧失行为能力的，赔偿义务机关的行为与被羁押人的死亡或者丧失行为能力是否存在因果关系，赔偿义务机关应当提供证据。

第二十七条 人民法院赔偿委员会处理赔偿请求，采取书面审查的办法。必要时，可以向有关单位和人员调查情况、收集证据。赔偿请求人与赔偿义务机关对损害事实及因果关系有争议的，赔偿委员会可以听取赔偿请求人和赔偿义务机关的陈述和申辩，并可以进行质证。

第二十八条 人民法院赔偿委员会应当自收到赔偿申请之日起三个月内作出决定；属于疑难、复杂、重大案件的，经本院院长批准，可以延长三个月。

第二十九条 中级以上的人民法院设立赔偿委员会，由人民法院三名以上审判员组成，组成人员的人数应当为单数。

赔偿委员会作赔偿决定，实行少数服从多数的原则。

赔偿委员会作出的赔偿决定，是发生法律效力的决定，必须执行。

第三十条 赔偿请求人或者赔偿义务机关对赔偿委员会作出的决定，认为确有错误的，可以向上一级人民法院赔偿委员会提出申诉。

赔偿委员会作出的赔偿决定生效后，如发现赔偿决定违反本法规定的，经本院院长决定或者上级人民法院指令，赔偿委员会应当在两个月内重新审查并依法作出决定，上一级人民法院赔偿委员会也可以直接审查并作出决定。

最高人民检察院对各级人民法院赔偿委员会作出的决定，上级人民检察院对下级人民法院赔偿委员会作出的决定，发现违反本法规定的，应当向同级人民法院赔偿委员会提出意见，同级人民法院赔偿委员会应当在两个月内重新审查并依法作出决定。

第三十一条 赔偿义务机关赔偿后，应当向有下列情形之一的工作人员追偿部分或者全部赔偿费用：

（一）有本法第十七条第四项、第五项规定情形的；

（二）在处理案件中有贪污受贿，徇私舞弊，枉法裁判行为的。

对有前款规定情形的责任人员，有关机关应当依法给予处分；构成犯罪的，应当依法追究刑事责任。

第四章　赔偿方式和计算标准

第三十二条 国家赔偿以支付赔偿金为主要方式。

能够返还财产或者恢复原状的，予以返还财产或者恢复原状。

第三十三条 侵犯公民人身自由的，每日赔偿金按照国家上年度职工日平均工资计算。

第三十四条 侵犯公民生命健康权的，赔偿金按照下列规定计算：

（一）造成身体伤害的，应当支付医疗费、护理费，以及赔偿因误工减少的收入。减少的收入每日的赔偿金按照国家上年度职工日平均工资计算，最高额为国家上年度职工年平均工资的五倍；

（二）造成部分或者全部丧失劳动能力的，应当支付医疗费、护理费、残疾生活辅助具费、康复费等因残疾而增加的必要支出和继续治疗所必需的费用，以及残疾赔偿金。残疾赔偿金根据丧失劳动能力的程度，按照国家规定的伤残等级确定，最高不超过国家上年度职工年平均工资的二十倍。造成全部丧失劳动能力的，对其扶养的无劳动能力的人，还应当支付生活费；

（三）造成死亡的，应当支付死亡赔偿金、丧葬费，总额为国家上年度职工年平均工资的二十倍。对死者生前扶养的无劳动能力的人，还应当支付生活费。

前款第二项、第三项规定的生活费的发放标准，参照当地最低生活保障标准执行。被扶养的人是未成年人的，生活费给付至十八周岁止；其他无劳动能力的人，生活费给付至死亡时止。

第三十五条 有本法第三条或者第十七条规定情形之一，致人精神损害的，应当在侵权行为影响的范围内，为受害人消除影响，恢复名誉，赔礼道歉；造成严重后果的，应当支付相应的精神损害抚慰金。

第三十六条 侵犯公民、法人和其他组织的财产权造成损害的，按照下列规定处理：

（一）处罚款、罚金、追缴、没收财产或者违法征收、征用财产的，返还财产；

（二）查封、扣押、冻结财产的，解除对财产的查封、扣押、冻结，造成财产损坏或者灭失的，依照本条第三项、第四项的规定赔偿；

（三）应当返还的财产损坏的，能够恢复原状的恢复原状，不能恢复原状的，按照损害程度给付相应的赔偿金；

（四）应当返还的财产灭失的，给付相应的赔偿金；

（五）财产已经拍卖或者变卖的，给付拍卖或者变卖所得的价款；变卖的价款明显低于财产价值的，应当支付相应的赔偿金；

（六）吊销许可证和执照、责令停产停业的，赔偿停产停业期间必要的经常性费用开支；

（七）返还执行的罚款或者罚金、追缴或者没收的金钱，解除冻结的存款或者汇款的，应当支付银行同期存款利息；

（八）对财产权造成其他损害的，按照直接损失给予赔偿。

第三十七条 赔偿费用列入各级财政预算。

赔偿请求人凭生效的判决书、复议决定书、赔偿决定书或者调解书，向赔偿义务机关申请支付赔偿金。

赔偿义务机关应当自收到支付赔偿金申请之日起七日内，依照预算管理权限向有关的财政部门提出支付申请。财政部门应当自收到支付申请之日起十五日内支付赔偿金。

赔偿费用预算与支付管理的具体办法由国务院规定。

第五章　其他规定

第三十八条　人民法院在民事诉讼、行政诉讼过程中，违法采取对妨害诉讼的强制措施、保全措施或者对判决、裁定及其他生效法律文书执行错误，造成损害的，赔偿请求人要求赔偿的程序，适用本法刑事赔偿程序的规定。

第三十九条　赔偿请求人请求国家赔偿的时效为两年，自其知道或者应当知道国家机关及其工作人员行使职权时的行为侵犯其人身权、财产权之日起计算，但被羁押等限制人身自由期间不计算在内。在申请行政复议或者提起行政诉讼时一并提出赔偿请求的，适用行政复议法、行政诉讼法有关时效的规定。

赔偿请求人在赔偿请求时效的最后六个月内，因不可抗力或者其他障碍不能行使请求权的，时效中止。从中止时效的原因消除之日起，赔偿请求时效期间继续计算。

第四十条　外国人、外国企业和组织在中华人民共和国领域内要求中华人民共和国国家赔偿的，适用本法。

外国人、外国企业和组织的所属国对中华人民共和国公民、法人和其他组织要求该国国家赔偿的权利不予保护或者限制的，中华人民共和国与该外国人、外国企业和组织的所属国实行对等原则。

第六章　附　　则

第四十一条　赔偿请求人要求国家赔偿的，赔偿义务机关、复议机关和人民法院不得向赔偿请求人收取任何费用。

对赔偿请求人取得的赔偿金不予征税。

第四十二条　本法自 1995 年 1 月 1 日起施行。

最高人民法院关于适用
《中华人民共和国国家赔偿法》
若干问题的解释 （一）

（2011 年 2 月 14 日最高人民法院审判委员会第 1511 次会议通过　2011 年 2 月 28 日最高人民法院公告公布　自 2011 年 3 月 18 日起施行　法释〔2011〕4 号）

为正确适用 2010 年 4 月 29 日第十一届全国人民代表大会常务委员会第十四次会议修正的《中华人民共和国国家赔偿法》，对人民法院处理国家赔偿案件中适用国家赔偿法的有关问题解释如下：

第一条　国家机关及其工作人员行使职权侵犯公民、法人和其他组织合法权益的行为发生在 2010 年 12 月 1 日以后，或者发生在 2010 年 12 月 1 日以前、持续至 2010 年 12 月 1 日以后的，适用修正的国家赔偿法。

第二条　国家机关及其工作人员行使职权侵犯公民、法人和其他组织合法权益的行为发生在 2010 年 12 月 1 日以前的，适用修正前的国家赔偿法，但有下列情形之一的，适用修正的国家赔偿法：

（一）2010 年 12 月 1 日以前已经受理赔偿请求人的赔偿请求但尚未作出生效赔偿决定的；

（二）赔偿请求人在 2010 年 12 月 1 日以后提出赔偿请求的。

第三条　人民法院对 2010 年 12 月 1 日以前已经受理但尚未审结的国家赔偿确认案件，应当继续审理。

第四条　公民、法人和其他组织对行使侦查、检察、审判职权的机关以及看守所、监狱管理机关在 2010 年 12 月 1 日以前作出并已发生法律效力的不予确认职务行为违法的法律文书不服，未依据修正前的国家赔偿法规定提出申诉并经有权机关作出侵权确认结论，直接向人民法院赔偿委员会申请赔偿的，不予受理。

第五条　公民、法人和其他组织对在 2010 年 12 月 1 日以前发生法律效力的赔偿决定不服提出申诉的，人民法院审查处理时适用修正前的国家赔偿法；但是仅就修正的国家赔偿法增加的赔偿项目及标准提出申诉的，人民法院不予受理。

第六条　人民法院审查发现 2010 年 12 月 1 日以前发生法律效力的确认裁定、赔偿决定确有错误应当重新审查处理的，适用修正前的国家赔偿法。

第七条　赔偿请求人认为行使侦查、检察、审判职权的机关以及看守所、监狱管理机关及其工作人员在行使职权时有修正的国家赔偿法第十七条第（一）、（二）、（三）项、第十八条规定情形的，应当在刑事诉讼程序终结后提出赔偿请求，但下列情形除外：

（一）赔偿请求人有证据证明其与尚未终结的刑事案件无关的；

（二）刑事案件被害人依据刑事诉讼法第一百九十八条的规定，以财产未返还或者认为返还的财产受到损害而要求赔偿的。

第八条　赔偿请求人认为人民法院有修正的国家赔偿法第三十八条规定情形的，应当在民事、行政诉讼程序或者执行程序终结后提出赔偿请求，但人民法院已依法撤销对妨害诉讼采取的强制措施的情形除外。

第九条　赔偿请求人或者赔偿义务机关认为人民法院赔偿委员会作出的赔偿决定存在错误，依法向上一级人民法院赔偿委员会提出申诉的，不停止赔偿决定的执行；但人民法院赔偿委员会依据修正的国家赔偿法第三十条的规定决定重新审查的，可以决定中止原赔偿决定的执行。

第十条　人民检察院依据修正的国家赔偿法第三十条第三款的规定，对人民法院赔偿委员会在 2010 年 12 月 1 日以后作出的赔偿决定提出意见的，同级人民法院赔偿委员会应当决定重新审查，并可以决定中止原赔偿决定的执行。

第十一条　本解释自公布之日起施行。

最高人民法院关于审理行政赔偿案件若干问题的规定

（2021 年 12 月 6 日最高人民法院审判委员会第 1855 次会议通过　2022 年 3 月 20 日最高人民法院公布　自 2022 年 5 月 1 日起施行　法释〔2022〕10 号）

为保护公民、法人和其他组织的合法权益，监督行政机关依法履行行政赔偿义务，确保人民法院公正、及时审理行政赔偿案件，实质化解行政赔偿争议，根据《中华人民共和国行政诉讼法》（以下简称行政诉讼法）《中华人民共和国国家赔偿法》（以下简称国家赔偿法）等法律规定，结合行政审判工作实际，制定本规定。

一、受案范围

第一条 国家赔偿法第三条、第四条规定的"其他违法行为"包括以下情形：

（一）不履行法定职责行为；

（二）行政机关及其工作人员在履行行政职责过程中作出的不产生法律效果，但事实上损害公民、法人或者其他组织人身权、财产权等合法权益的行为。

第二条 依据行政诉讼法第一条、第十二条第一款第十二项和国家赔偿法第二条规定，公民、法人或者其他组织认为行政机关及其工作人员违法行使行政职权对其劳动权、相邻权等合法权益造成人身、财产损害的，可以依法提起行政赔偿诉讼。

第三条 赔偿请求人不服赔偿义务机关下列行为的，可以依法提起行政赔偿诉讼：

（一）确定赔偿方式、项目、数额的行政赔偿决定；

（二）不予赔偿决定；

（三）逾期不作出赔偿决定；

（四）其他有关行政赔偿的行为。

第四条 法律规定由行政机关最终裁决的行政行为被确认违法后，赔偿请求人可以单独提起行政赔偿诉讼。

第五条 公民、法人或者其他组织认为国防、外交等国家行为或者行政机关制定发布行政法规、规章或者具有普遍约束力的决定、命令侵犯其合法权益造成损害，向人民法院提起行政赔偿诉讼的，不属于人民法院行政赔偿诉讼的受案范围。

二、诉讼当事人

第六条 公民、法人或者其他组织一并提起行政赔偿诉讼中的当事人地位，按照其在行政诉讼中的地位确定，行政诉讼与行政赔偿诉讼当事人不一致的除外。

第七条 受害的公民死亡，其继承人和其他有扶养关系的人可以提起行政赔偿诉讼，并提供该公民死亡证明、赔偿请求人与死亡公民之间的关系证明。

受害的公民死亡，支付受害公民医疗费、丧葬费等合理费用的人可以依法提起行政赔偿诉讼。

有权提起行政赔偿诉讼的法人或者其他组织分立、合并、终止，承受其权利的法人或者其他组织可以依法提起行政赔偿诉讼。

第八条 两个以上行政机关共同实施侵权行政行为造成损害的，共同侵权行政机关为共同被告。赔偿请求人坚持对其中一个或者几个侵权机关提起行政赔偿诉讼，以被起诉的机关为被告，未被起诉的机关追加为第三人。

第九条 原行政行为造成赔偿请求人损害，复议决定加重损害的，复议机关与原行政行为机关为共同被告。赔偿请求人坚持对作出原行政行为机关或者复议机关提起行政赔偿诉讼，以被起诉的机关为被告，未被起诉的机关追加为第三人。

第十条 行政机关依据行政诉讼法第九十七条的规定申请人民法院强制执行其行政行为，因据以强制执行的行政行为违法而发生行政赔偿诉讼的，申请强制执行的行政机关为被告。

三、证 据

第十一条 行政赔偿诉讼中，原告应当对行政行为造成的损害提供证据；因被告的原因导致原告无法举证的，由被告承担举证责任。

人民法院对于原告主张的生产和生活所必需物品的合理损失，应当予以支持；对于原告提出的超出生产和生活所必需的其他贵重物品、现金损失，可以结合案件相关证据予以认定。

第十二条 原告主张其被限制人身自由期间受到身体伤害，被告否认相关损害事实或者损害与违法行政行为存在因果关系的，被告应当提供相应的证据证明。

四、起诉与受理

第十三条 行政行为未被确认为违法，公民、法人或者其他组织提起行政赔偿诉讼的，人民法院应当视为提起行政诉讼时一并提起行政赔偿诉讼。

行政行为已被确认为违法，并符合下列条件的，公民、法人或者其他组织可以单独提起行政赔偿诉讼：

（一）原告具有行政赔偿请求资格；

（二）有明确的被告；

（三）有具体的赔偿请求和受损害的事实根据；

（四）赔偿义务机关已先行处理或者超过法定期限不予处理；

（五）属于人民法院行政赔偿诉讼的受案范围和受诉人民法院管辖；

（六）在法律规定的起诉期限内提起诉讼。

第十四条 原告提起行政诉讼时未一并提起行政赔偿诉讼，人民法院审查认为可能存在行政赔偿的，应当告知原告可以一并提起行政赔偿诉讼。

原告在第一审庭审终结前提起行政赔偿诉讼，符合起诉条件的，人民法院应当依法受理；原告在第一审庭审终结后、宣判前提起行政赔偿诉讼的，是否准许由人民法院决定。

原告在第二审程序或者再审程序中提出行政赔偿请求的，人民法院可以组织各方调解；调解不成的，告知其另行起诉。

第十五条 公民、法人或者其他组织应当自知道或者应当知道行政行为侵犯其合法权益之日起两年内，向赔偿义务机关申请行政赔偿。赔偿义务机关在收到赔偿申请之日起两个月内未作出赔偿决定的，公民、法人或者其他组织可以依照行政诉讼法有关规定提起行政赔偿诉讼。

第十六条 公民、法人或者其他组织提起行政诉讼时一并请求行政赔偿的，适用行政诉讼法有关起诉期限的规定。

第十七条 公民、法人或者其他组织仅对行政复议决定中的行政赔偿部分有异议，自复议决定书送达之日起十五日内提起行政赔偿诉讼的，人民法院应当依法受理。

行政机关作出有赔偿内容的行政复议决定时，未告知公民、法人或者其他组织起诉期限的，起诉期限从公民、法人或者其他组织知道或者应当知道起诉期限之日起计算，但从知道或者应当知道行政复议决定内容之日起最长不得超过一年。

第十八条 行政行为被有权机关依照法定程序撤销、变更、确认违法或无效，或者实施行政行为的行政机关工作人员因该行为被生效法律文书或监察机关政务处分确认为渎职、滥用职权的，属于本规定所称的行政行为被确认为违法的情形。

　　第十九条　公民、法人或者其他组织一并提起行政赔偿诉讼，人民法院经审查认为行政诉讼不符合起诉条件的，对一并提起的行政赔偿诉讼，裁定不予立案；已经立案的，裁定驳回起诉。

　　第二十条　在涉及行政许可、登记、征收、征用和行政机关对民事争议所作的裁决的行政案件中，原告提起行政赔偿诉讼的同时，有关当事人申请一并解决相关民事争议的，人民法院可以一并审理。

五、审理和判决

　　第二十一条　两个以上行政机关共同实施违法行政行为，或者行政机关及其工作人员与第三人恶意串通作出的违法行政行为，造成公民、法人或者其他组织人身权、财产权等合法权益实际损害的，应当承担连带赔偿责任。

　　一方承担连带赔偿责任后，对于超出其应当承担部分，可以向其他连带责任人追偿。

　　第二十二条　两个以上行政机关分别实施违法行政行为造成同一损害，每个行政机关的违法行为都足以造成全部损害的，各个行政机关承担连带赔偿责任。

　　两个以上行政机关分别实施违法行政行为造成同一损害的，人民法院应当根据其违法行政行为在损害发生和结果中的作用大小，确定各自承担相应的行政赔偿责任；难以确定责任大小的，平均承担责任。

　　第二十三条　由于第三人提供虚假材料，导致行政机关作出的行政行为违法，造成公民、法人或者其他组织损害的，人民法院应当根据违法行政行为在损害发生和结果中的作用大小，确定行政机关承担相应的行政赔偿责任；行政机关已经尽到审慎审查义务的，不承担行政赔偿责任。

　　第二十四条　由于第三人行为造成公民、法人或者其他组织损害的，应当由第三人依法承担侵权赔偿责任；第三人赔偿不足、无力承担赔偿责任或者下落不明，行政机关又未尽保护、监管、救助等法定义务的，人民法院应当根据行政机关未尽法定义务在损害发生和结果中的作用大小，确定其承担相应的行政赔偿责任。

　　第二十五条　由于不可抗力等客观原因造成公民、法人或者其他组织损害，行政机关不依法履行、拖延履行法定义务导致未能及时止损或者损害扩大的，人民法院应当根据行政机关不依法履行、拖延履行法定义务行为在损害发生和结果中的作用大小，确定其承担相应的行政赔偿责任。

第二十六条 有下列情形之一的，属于国家赔偿法第三十五条规定的"造成严重后果"：

（一）受害人被非法限制人身自由超过六个月；

（二）受害人经鉴定为轻伤以上或者残疾；

（三）受害人经诊断、鉴定为精神障碍或者精神残疾，且与违法行政行为存在关联；

（四）受害人名誉、荣誉、家庭、职业、教育等方面遭受严重损害，且与违法行政行为存在关联。

有下列情形之一的，可以认定为后果特别严重：

（一）受害人被限制人身自由十年以上；

（二）受害人死亡；

（三）受害人经鉴定为重伤或者残疾一至四级，且生活不能自理；

（四）受害人经诊断、鉴定为严重精神障碍或者精神残疾一至二级，生活不能自理，且与违法行政行为存在关联。

第二十七条 违法行政行为造成公民、法人或者其他组织财产损害，不能返还财产或者恢复原状的，按照损害发生时该财产的市场价格计算损失。市场价格无法确定，或者该价格不足以弥补公民、法人或者其他组织损失的，可以采用其他合理方式计算。

违法征收征用土地、房屋，人民法院判决给予被征收人的行政赔偿，不得少于被征收人依法应当获得的安置补偿权益。

第二十八条 下列损失属于国家赔偿法第三十六条第六项规定的"停产停业期间必要的经常性费用开支"：

（一）必要留守职工的工资；

（二）必须缴纳的税款、社会保险费；

（三）应当缴纳的水电费、保管费、仓储费、承包费；

（四）合理的房屋场地租金、设备租金、设备折旧费；

（五）维系停产停业期间运营所需的其他基本开支。

第二十九条 下列损失属于国家赔偿法第三十六条第八项规定的"直接损失"：

（一）存款利息、贷款利息、现金利息；

（二）机动车停运期间的营运损失；

（三）通过行政补偿程序依法应当获得的奖励、补贴等；

（四）对财产造成的其他实际损失。

第三十条 被告有国家赔偿法第三条规定情形之一，致人精神损害的，人民法院应当判决其在违法行政行为影响的范围内，为受害人消除影响、恢复名誉、赔礼道歉；消除影响、恢复名誉和赔礼道歉的履行方式，可以双方协商，协商不成的，人民法院应当责令被告以适当的方式履行。造成严重后果的，应当判决支付相应的精神损害抚慰金。

第三十一条 人民法院经过审理认为被告对公民、法人或者其他组织造成财产损害的，判决被告限期返还财产、恢复原状；无法返还财产、恢复原状的，判决被告限期支付赔偿金和相应的利息损失。

人民法院审理行政赔偿案件，可以对行政机关赔偿的方式、项目、标准等予以明确，赔偿内容确定的，应当作出具有赔偿金额等给付内容的判决；行政赔偿决定对赔偿数额的确定确有错误的，人民法院判决予以变更。

第三十二条 有下列情形之一的，人民法院判决驳回原告的行政赔偿请求：

（一）原告主张的损害没有事实根据的；

（二）原告主张的损害与违法行政行为没有因果关系的；

（三）原告的损失已经通过行政补偿等其他途径获得充分救济的；

（四）原告请求行政赔偿的理由不能成立的其他情形。

六、其 他

第三十三条 本规定自 2022 年 5 月 1 日起施行。《最高人民法院关于审理行政赔偿案件若干问题的规定》（法发〔1997〕10 号）同时废止。

本规定实施前本院发布的司法解释与本规定不一致的，以本规定为准。

最高人民法院关于审理民事、
行政诉讼中司法赔偿案件适用
法律若干问题的解释

（2016 年 2 月 15 日最高人民法院审判委员会第 1678 次会议通过　2016 年 9 月 7 日最高人民法院公告公布　自 2016 年 10 月 1 日起施行　法释〔2016〕20 号）

根据《中华人民共和国国家赔偿法》及有关法律规定，结合人民法院国家赔偿工作实际，现就人民法院赔偿委员会审理民事、行政诉讼中司法赔偿案件的若干法律适用问题解释如下：

第一条　人民法院在民事、行政诉讼过程中，违法采取对妨害诉讼的强制措施、保全措施、先予执行措施，或者对判决、裁定及其他生效法律文书执行错误，侵犯公民、法人和其他组织合法权益并造成损害的，赔偿请求人可以依法向人民法院申请赔偿。

第二条　违法采取对妨害诉讼的强制措施，包括以下情形：

（一）对没有实施妨害诉讼行为的人采取罚款或者拘留措施的；

（二）超过法律规定金额采取罚款措施的；

（三）超过法律规定期限采取拘留措施的；

（四）对同一妨害诉讼的行为重复采取罚款、拘留措施的；

（五）其他违法情形。

第三条　违法采取保全措施，包括以下情形：

（一）依法不应当采取保全措施而采取的；

（二）依法不应当解除保全措施而解除，或者依法应当解除保全措施而不解除的；

（三）明显超出诉讼请求的范围采取保全措施的，但保全财产为不可分割物且被保全人无其他财产或者其他财产不足以担保债权实现的除外；

（四）在给付特定物之诉中，对与案件无关的财物采取保全措施的；

（五）违法保全案外人财产的；

（六）对查封、扣押、冻结的财产不履行监管职责，造成被保全财产毁损、灭失的；

（七）对季节性商品或者鲜活、易腐烂变质以及其他不宜长期保存的物品采取保全措施，未及时处理或者违法处理，造成物品毁损或者严重贬值的；

（八）对不动产或者船舶、航空器和机动车等特定动产采取保全措施，未依法通知有关登记机构不予办理该保全财产的变更登记，造成该保全财产所有权被转移的；

（九）违法采取行为保全措施的；

（十）其他违法情形。

第四条 违法采取先予执行措施，包括以下情形：

（一）违反法律规定的条件和范围先予执行的；

（二）超出诉讼请求的范围先予执行的；

（三）其他违法情形。

第五条 对判决、裁定及其他生效法律文书执行错误，包括以下情形：

（一）执行未生效法律文书的；

（二）超出生效法律文书确定的数额和范围执行的；

（三）对已经发现的被执行人的财产，故意拖延执行或者不执行，导致被执行财产流失的；

（四）应当恢复执行而不恢复，导致被执行财产流失的；

（五）违法执行案外人财产的；

（六）违法将案件执行款物执行给其他当事人或者案外人的；

（七）违法对抵押物、质物或者留置物采取执行措施，致使抵押权人、质权人或者留置权人的优先受偿权无法实现的；

（八）对执行中查封、扣押、冻结的财产不履行监管职责，造成财产毁损、灭失的；

（九）对季节性商品或者鲜活、易腐烂变质以及其他不宜长期保存的物品采取执行措施，未及时处理或者违法处理，造成物品毁损或者严重贬值的；

（十）对执行财产应当拍卖而未依法拍卖的，或者应当由资产评估机构评估而未依法评估，违法变卖或者以物抵债的；

（十一）其他错误情形。

第六条 人民法院工作人员在民事、行政诉讼过程中，有殴打、虐待或者唆使、放纵他人殴打、虐待等行为，以及违法使用武器、警械，造成公民身体伤害或者死亡的，适用国家赔偿法第十七条第四项、第五项的规定予以赔偿。

第七条 具有下列情形之一的，国家不承担赔偿责任：

（一）属于民事诉讼法第一百零五条、第一百零七条第二款和第二百三十三条规定情形的；

（二）申请执行人提供执行标的物错误的，但人民法院明知该标的物错误仍予以执行的除外；

（三）人民法院依法指定的保管人对查封、扣押、冻结的财产违法动用、隐匿、毁损、转移或者变卖的；

（四）人民法院工作人员与行使职权无关的个人行为；

（五）因不可抗力、正当防卫和紧急避险造成损害后果的；

（六）依法不应由国家承担赔偿责任的其他情形。

第八条 因多种原因造成公民、法人和其他组织合法权益损害的，应当根据人民法院及其工作人员行使职权的行为对损害结果的发生或者扩大所起的作用等因素，合理确定赔偿金额。

第九条 受害人对损害结果的发生或者扩大也有过错的，应当根据其过错对损害结果的发生或者扩大所起的作用等因素，依法减轻国家赔偿责任。

第十条 公民、法人和其他组织的损失，已经在民事、行政诉讼过程中获得赔偿、补偿的，对该部分损失，国家不承担赔偿责任。

第十一条 人民法院及其工作人员在民事、行政诉讼过程中，具有本解释第二条、第六条规定情形，侵犯公民人身权的，应当依照国家赔偿法第三十三条、第三十四条的规定计算赔偿金。致人精神损害的，应当依照国家赔偿法第三十五条的规定，在侵权行为影响的范围内，为受害人消除影响、恢复名誉、赔礼道歉；造成严重后果的，还应当支付相应的精神损害抚慰金。

第十二条 人民法院及其工作人员在民事、行政诉讼过程中，具有本解释第二条至第五条规定情形，侵犯公民、法人和其他组织的财产权并造成损害的，应当依照国家赔偿法第三十六条的规定承担赔偿责任。

财产不能恢复原状或者灭失的，应当按照侵权行为发生时的市场价格计算损失；市场价格无法确定或者该价格不足以弥补受害人所受损失的，可以采用其他合理方式计算损失。

第十三条 人民法院及其工作人员对判决、裁定及其他生效法律文书执行错误，且对公民、法人或者其他组织的财产已经依照法定程序拍卖或者变卖的，应当给付拍卖或者变卖所得的价款。

人民法院违法拍卖，或者变卖价款明显低于财产价值的，应当依照本解释第十二条的规定支付相应的赔偿金。

第十四条 国家赔偿法第三十六条第六项规定的停产停业期间必要的经常性费用开支，是指法人、其他组织和个体工商户为维系停产停业期间运营所需的基本开支，包括留守职工工资、必须缴纳的税费、水电费、房屋场地租金、设备租金、设备折旧费等必要的经常性费用。

第十五条 国家赔偿法第三十六条第七项规定的银行同期存款利息，以作出生效赔偿决定时中国人民银行公布的一年期人民币整存整取定期存款基准利率计算，不计算复利。

应当返还的财产属于金融机构合法存款的，对存款合同存续期间的利息按照合同约定利率计算。

应当返还的财产系现金的，比照本条第一款规定支付利息。

第十六条 依照国家赔偿法第三十六条规定返还的财产系国家批准的金融机构贷款的，除贷款本金外，还应当支付该贷款借贷状态下的贷款利息。

第十七条 用益物权人、担保物权人、承租人或者其他合法占有使用财产的人，依据国家赔偿法第三十八条规定申请赔偿的，人民法院应当依照《最高人民法院关于国家赔偿案件立案工作的规定》予以审查立案。

第十八条 人民法院在民事、行政诉讼过程中，违法采取对妨害诉讼的强制措施、保全措施、先予执行措施，或者对判决、裁定及其他生效法律文书执行错误，系因上一级人民法院复议改变原裁决所致的，由该上一级人民法院作为赔偿义务机关。

第十九条 公民、法人或者其他组织依据国家赔偿法第三十八条规定申请赔偿的，应当在民事、行政诉讼程序或者执行程序终结后提出，但下列情形除外：

（一）人民法院已依法撤销对妨害诉讼的强制措施的；

（二）人民法院采取对妨害诉讼的强制措施，造成公民身体伤害或者死亡的；

（三）经诉讼程序依法确认不属于被保全人或者被执行人的财产，且无法在相关诉讼程序或者执行程序中予以补救的；

（四）人民法院生效法律文书已确认相关行为违法，且无法在相关诉讼程序或者执行程序中予以补救的；

（五）赔偿请求人有证据证明其请求与民事、行政诉讼程序或者执行程序无关的；

（六）其他情形。

赔偿请求人依据前款规定，在民事、行政诉讼程序或者执行程序终结后申请赔偿的，该诉讼程序或者执行程序期间不计入赔偿请求时效。

第二十条 人民法院赔偿委员会审理民事、行政诉讼中的司法赔偿案件，有下列情形之一的，相应期间不计入审理期限：

（一）需要向赔偿义务机关、有关人民法院或者其他国家机关调取案卷或者其他材料的；

（二）人民法院赔偿委员会委托鉴定、评估的。

第二十一条 人民法院赔偿委员会审理民事、行政诉讼中的司法赔偿案件，应当对人民法院及其工作人员行使职权的行为是否符合法律规定，赔偿请求人主张的损害事实是否存在，以及该职权行为与损害事实之间是否存在因果关系等事项一并予以审查。

第二十二条 本解释自 2016 年 10 月 1 日起施行。本解释施行前最高人民法院发布的司法解释与本解释不一致的，以本解释为准。

实用附录：

《中华人民共和国行政诉讼法》
修正前后对照表

（条文中黑体字部分是对原条文所作的修改或者补充内容、
波浪线表示原条文删掉的内容）

修　正　前	修　正　后
第一章　总　则	第一章　总　则
第一条　为保证人民法院正确、及时审理行政案件，保护公民、法人和其他组织的合法权益，维护和监督行政机关依法行使行政职权，根据宪法制定本法。	**第一条**　为保证人民法院**公正**、及时审理行政案件，**解决行政争议**，保护公民、法人和其他组织的合法权益，**监督**行政机关依法行使职权，根据宪法，制定本法。
第二条　公民、法人或者其他组织认为行政机关和行政机关工作人员的**具体**行政行为侵犯其合法权益，有权依照本法向人民法院提起诉讼。	**第二条**　公民、法人或者其他组织认为行政机关和行政机关工作人员的**行政行为**侵犯其合法权益，有权依照本法向人民法院提起诉讼。 　　**前款所称行政行为，包括法律、法规、规章授权的组织作出的行政行为。**
	第三条　人民法院应当保障公民、法人和其他组织的起诉权利，对应当受理的行政案件依法受理。 　　行政机关及其工作人员不得干预、阻碍人民法院受理行政案件。

修　正　前	修　正　后
	被诉行政机关负责人应当出庭应诉。不能出庭的，应当委托行政机关相应的工作人员出庭。
第三条　人民法院依法对行政案件独立行使审判权，不受行政机关、社会团体和个人的干涉。 　　人民法院设行政审判庭，审理行政案件。	**第四条**　人民法院依法对行政案件独立行使审判权，不受行政机关、社会团体和个人的干涉。 　　人民法院设行政审判庭，审理行政案件。
第四条　人民法院审理行政案件，以事实为根据，以法律为准绳。	**第五条**　人民法院审理行政案件，以事实为根据，以法律为准绳。
第五条　人民法院审理行政案件，对**具体**行政行为是否合法进行审查。	**第六条**　人民法院审理行政案件，对**行政行为**是否合法进行审查。
第六条　人民法院审理行政案件，依法实行合议、回避、公开审判和两审终审制度。	**第七条**　人民法院审理行政案件，依法实行合议、回避、公开审判和两审终审制度。
第七条　当事人在行政诉讼中的法律地位平等。	**第八条**　当事人在行政诉讼中的法律地位平等。
第八条　各民族公民都有用本民族语言、文字进行行政诉讼的权利。 　　在少数民族聚居或者多民族共同居住的地区，人民法院应当用当地民族通用的语言、文字进行审理和发布法律文书。 　　人民法院应当对不通晓当地民族通用的语言、文字的诉讼参与人提供翻译。	**第九条**　各民族公民都有用本民族语言、文字进行行政诉讼的权利。 　　在少数民族聚居或者多民族共同居住的地区，人民法院应当用当地民族通用的语言、文字进行审理和发布法律文书。 　　人民法院应当对不通晓当地民族通用的语言、文字的诉讼参与人提供翻译。

修　正　前	修　正　后
第九条　　当事人在行政诉讼中有权进行辩论。	**第十条**　　当事人在行政诉讼中有权进行辩论。
第十条　　人民检察院有权对行政诉讼实行法律监督。	**第十一条**　　人民检察院有权对行政诉讼实行法律监督。
第二章　受案范围	**第二章　受案范围**
第十一条　　人民法院受理公民、法人和其他组织对下列具体行政行为不服提起的诉讼： 　　（一）对拘留、罚款、吊销许可证和执照、责令停产停业、没收财物等行政处罚不服的； 　　（二）对限制人身自由或者对财产的查封、扣押、冻结等行政强制措施不服的； 　　（三）认为行政机关侵犯法律规定的经营自主权的； 　　（四）认为符合法定条件申请行政机关颁发许可证和执照，行政机关拒绝颁发或者不予答复的； 　　（五）申请行政机关履行保护人身权、财产权的法定职责，行政机关拒绝履行或者不予答复的； 　　（六）认为行政机关没有依法发给抚恤金的； 　　（七）认为行政机关违法要求履行义务的； 　　（八）认为行政机关侵犯其他人身权、财产权的。	**第十二条**　　人民法院受理公民、法人**或者**其他组织提起的**下列诉讼**： 　　（一）对**行政拘留、暂扣或者**吊销许可证和执照、责令停产停业、**没收违法所得、没收非法财物、罚款、警告**等行政处罚不服的； 　　（二）对限制人身自由或者对财产的查封、扣押、冻结等行政强制措施**和行政强制执行**不服的； 　　**（三）申请行政许可，行政机关拒绝或者在法定期限内不予答复，或者对行政机关作出的有关行政许可的其他决定不服的；** 　　**（四）对行政机关作出的关于确认土地、矿藏、水流、森林、山岭、草原、荒地、滩涂、海域等自然资源的所有权或者使用权的决定不服的；** 　　**（五）对征收、征用决定及其补偿决定不服的；** 　　**（六）**申请行政机关履行保护人身权、财产权**等合法权益**的法定职责，行政机关拒绝履行或者不予答复的；

修　正　前	修　正　后
除前款规定外，人民法院受理法律、法规规定可以提起诉讼的其他行政案件。	（七）认为行政机关侵犯**其**经营自主权或者农村土地承包经营权、农村土地经营权的； 　　（八）认为行政机关**滥用行政权力排除或者限制竞争**的； 　　（九）认为行政机关**违法集资、摊派费用或者**违法要求履行其他义务的； 　　（十）认为行政机关没有依法支付抚恤金、最低生活保障待遇或者社会保险待遇的； 　　（十一）认为行政机关不依法履行、未按照约定履行或者违法变更、解除政府特许经营协议、土地房屋征收补偿协议等协议的； 　　（十二）认为行政机关侵犯其他人身权、财产权等**合法权益**的。 　　除前款规定外，人民法院受理法律、法规规定可以提起诉讼的其他行政案件。
第十二条　人民法院不受理公民、法人或者其他组织对下列事项提起的诉讼： 　　（一）国防、外交等国家行为； 　　（二）行政法规、规章或者行政机关制定、发布的具有普遍约束力的决定、命令； 　　（三）行政机关对行政机关工作人员的奖惩、任免等决定； 　　（四）法律规定由行政机关最终裁决的<u>具体行政行为</u>。	**第十三条**　人民法院不受理公民、法人或者其他组织对下列事项提起的诉讼： 　　（一）国防、外交等国家行为； 　　（二）行政法规、规章或者行政机关制定、发布的具有普遍约束力的决定、命令； 　　（三）行政机关对行政机关工作人员的奖惩、任免等决定； 　　（四）法律规定由行政机关最终裁决的**行政行为**。

修 正 前	修 正 后
第三章 管 辖	**第三章 管 辖**
第十三条　基层人民法院管辖第一审行政案件。	**第十四条**　基层人民法院管辖第一审行政案件。
第十四条　中级人民法院管辖下列第一审行政案件： 　　（一）确认发明专利权的案件、海关处理的案件； 　　（二）对国务院各部门或者省、自治区、直辖市人民政府所作的具体行政行为提起诉讼的案件； 　　（三）本辖区内重大、复杂的案件。	**第十五条**　中级人民法院管辖下列第一审行政案件： 　　**（一）对国务院部门或者县级以上地方人民政府所作的行政行为提起诉讼的案件；** 　　**（二）海关处理的案件；** 　　**（三）本辖区内重大、复杂的案件；** 　　**（四）其他法律规定由中级人民法院管辖的案件。**
第十五条　高级人民法院管辖本辖区内重大、复杂的第一审行政案件。	**第十六条**　高级人民法院管辖本辖区内重大、复杂的第一审行政案件。
第十六条　最高人民法院管辖全国范围内重大、复杂的第一审行政案件。	**第十七条**　最高人民法院管辖全国范围内重大、复杂的第一审行政案件。
第十七条　行政案件由最初作出具体行政行为的行政机关所在地人民法院管辖。经复议的案件，复议机关改变原具体行政行为的，也可以由复议机关所在地人民法院管辖。	**第十八条**　行政案件由最初作出**行政行为**的行政机关所在地人民法院管辖。经复议的案件，也可以由复议机关所在地人民法院管辖。 　　**经最高人民法院批准，高级人民法院可以根据审判工作的实际情况，确定若干人民法院跨行政区域管辖行政案件。**

修　正　前	修　正　后
第十八条　对限制人身自由的行政强制措施不服提起的诉讼，由被告所在地或者原告所在地人民法院管辖。	**第十九条**　对限制人身自由的行政强制措施不服提起的诉讼，由被告所在地或者原告所在地人民法院管辖。
第十九条　因不动产提起的行政诉讼，由不动产所在地人民法院管辖。	**第二十条**　因不动产提起的行政诉讼，由不动产所在地人民法院管辖。
第二十条　两个以上人民法院都有管辖权的案件，原告可以选择其中一个人民法院提起诉讼。原告向两个以上有管辖权的人民法院提起诉讼的，由最先收到起诉状的人民法院管辖。	**第二十一条**　两个以上人民法院都有管辖权的案件，原告可以选择其中一个人民法院提起诉讼。原告向两个以上有管辖权的人民法院提起诉讼的，由最先**立案**的人民法院管辖。
第二十一条　人民法院发现受理的案件不属于自己管辖时，应当移送有管辖权的人民法院。受移送的人民法院不得自行移送。	**第二十二条**　人民法院发现受理的案件不属于**本院管辖的**，应当移送有管辖权的人民法院，**受移送的人民法院应当受理。受移送的人民法院认为受移送的案件按照规定不属于本院管辖的，应当报请上级人民法院指定管辖，不得再自行移送。**
第二十二条　有管辖权的人民法院由于特殊原因不能行使管辖权的，由上级人民法院指定管辖。 　　人民法院对管辖权发生争议，由争议双方协商解决。协商不成的，报它们的共同上级人民法院指定管辖。	**第二十三条**　有管辖权的人民法院由于特殊原因不能行使管辖权的，由上级人民法院指定管辖。 　　人民法院对管辖权发生争议，由争议双方协商解决。协商不成的，报它们的共同上级人民法院指定管辖。

修 正 前	修 正 后
第二十三条　上级人民法院有权审判下级人民法院管辖的第一审行政案件，<u>也可以把自己管辖的第一审行政案件移交下级人民法院审判。</u> 　　下级人民法院对其管辖的第一审行政案件，认为需要由上级人民法院审判的，可以报请上级人民法院决定。	**第二十四条**　上级人民法院有权**审理**下级人民法院管辖的第一审行政案件。 　　下级人民法院对其管辖的第一审行政案件，认为需要由上级人民法院**审理或者指定管辖**的，可以报请上级人民法院决定。
第四章　诉讼参加人	**第四章　诉讼参加人**
第二十四条　依照本法提起诉讼的公民、法人或者其他组织是原告。 　　有权提起诉讼的公民死亡，其近亲属可以提起诉讼。 　　有权提起诉讼的法人或者其他组织终止，承受其权利的法人或者其他组织可以提起诉讼。	**第二十五条**　**行政行为的相对人以及其他与行政行为有利害关系的公民、法人或者其他组织，有权提起诉讼。** 　　有权提起诉讼的公民死亡，其近亲属可以提起诉讼。 　　有权提起诉讼的法人或者其他组织终止，承受其权利的法人或者其他组织可以提起诉讼。 　　**人民检察院在履行职责中发现生态环境和资源保护、食品药品安全、国有财产保护、国有土地使用权出让等领域负有监督管理职责的行政机关违法行使职权或者不作为，致使国家利益或者社会公共利益受到侵害的，应当向行政机关提出检察建议，督促其依法履行职责。行政机关不依法履行职责的，人民检察院依法向人民法院提起诉讼。**

修　正　前	修　正　后
第二十五条　公民、法人或者其他组织直接向人民法院提起诉讼的，作出**具体行政行为**的行政机关是被告。 　　经复议的案件，复议机关决定维持原**具体行政行为**的，作出原**具体行政行为**的行政机关是被告；复议机关改变原**具体行政行为**的，复议机关是被告。 　　两个以上行政机关作出同一**具体行政行为**的，共同作出**具体行政行为**的行政机关是共同被告。 　　由法律、法规授权的组织所作的具体行政行为，该组织是被告。由行政机关委托的组织所作的**具体行政行为**，委托的行政机关是被告。 　　行政机关被撤销的，继续行使其职权的行政机关是被告。	**第二十六条**　公民、法人或者其他组织直接向人民法院提起诉讼的，作出**行政行为**的行政机关是被告。 　　经复议的案件，复议机关决定维持原**行政行为**的，作出原**行政行为**的行政机关和**复议机关是共同被告**；复议机关改变原**行政行为**的，复议机关是被告。 　　**复议机关在法定期限内未作出复议决定，公民、法人或者其他组织起诉原行政行为的，作出原行政行为的行政机关是被告；起诉复议机关不作为的，复议机关是被告。** 　　两个以上行政机关作出同一**行政行为**的，共同作出**行政行为**的行政机关是共同被告。 　　行政机关委托的组织所作的**行政行为**，委托的行政机关是被告。 　　行政机关被撤销**或者职权变更**的，继续行使其职权的行政机关是被告。
第二十六条　当事人一方或者双方为二人以上，因同一**具体**行政行为发生的行政案件，或者因同样的**具体行政行为**发生的行政案件、人民法院认为可以合并审理的，为共同诉讼。	**第二十七条**　当事人一方或者双方为二人以上，因同一**行政行为**发生的行政案件，或者因**同类行政行为**发生的行政案件、人民法院认为可以合并审理**并经当事人同意**的，为共同诉讼。

修　正　前	修　正　后
	第二十八条　当事人一方人数众多的共同诉讼，可以由当事人推选代表人进行诉讼。代表人的诉讼行为对其所代表的当事人发生效力，但代表人变更、放弃诉讼请求或者承认对方当事人的诉讼请求，应当经被代表的当事人同意。
第二十七条　同提起诉讼的具体行政行为有利害关系的其他公民、法人或者其他组织，可以作为第三人申请参加诉讼，或者由人民法院通知参加诉讼。	**第二十九条**　公民、法人或者其他组织同被诉行政行为有利害关系但没有提起诉讼，或者同案件处理结果有利害关系的，可以作为第三人申请参加诉讼，或者由人民法院通知参加诉讼。 人民法院判决第三人承担义务或者减损第三人权益的，第三人有权依法提起上诉。
第二十八条　没有诉讼行为能力的公民，由其法定代理人代为诉讼。法定代理人互相推诿代理责任的，由人民法院指定其中一人代为诉讼。	**第三十条**　没有诉讼行为能力的公民，由其法定代理人代为诉讼。法定代理人互相推诿代理责任的，由人民法院指定其中一人代为诉讼。
第二十九条　当事人、法定代理人，可以委托一至二人代为诉讼。 律师、社会团体、提起诉讼的公民的近亲属或者所在单位推荐的人，以及<u>经人民法院许可的其他公民</u>，可以受委托为诉讼代理人。	**第三十一条**　当事人、法定代理人，可以委托一至二人**作为诉讼代理人**。 下列人员可以被委托为诉讼代理人： （一）律师、**基层法律服务工作者**； （二）当事人的近亲属或者工作人员； （三）当事人所在社区、单位以及有关社会团体推荐的公民。

修　正　前	修　正　后
第三十条　代理诉讼的律师，可以依照规定查阅本案有关材料，可以向有关组织和公民调查，收集证据。对涉及国家秘密和个人隐私的材料，应当依照法律规定保密。 　　经人民法院许可，当事人和其他诉讼代理人可以查阅本案庭审材料，但涉及国家秘密和个人隐私的除外。	第三十二条　代理诉讼的律师，**有权按照**规定查阅、**复制**本案有关材料，**有权**向有关组织和公民调查，收集**与本案有关的**证据。对涉及国家秘密、**商业秘密**和个人隐私的材料，应当依照法律规定保密。 　　当事人和其他诉讼代理人**有权按照规定**查阅、**复制**本案庭审材料，但涉及国家秘密、商业秘密和个人隐私的**内容**除外。
第五章　证　据	**第五章　证　据**
第三十一条　证据有以下几种： 　　（一）书证； 　　（二）物证； 　　（三）视听资料； 　　（四）证人证言； 　　（五）当事人的陈述； 　　（六）鉴定结论； 　　（七）勘验笔录、现场笔录。 　　以上证据经法庭审查属实，才能作为定案的根据。	第三十三条　证据包括： 　　（一）书证； 　　（二）物证； 　　（三）视听资料； 　　**（四）电子数据；** 　　（五）证人证言； 　　（六）当事人的陈述； 　　（七）鉴定**意见**； 　　（八）勘验笔录、现场笔录。 　　以上证据经法庭审查属实，才能作为**认定案件事实**的根据。
第三十二条　被告对作出的**具体**行政行为负有举证责任，应当提供作出该**具体**行政行为的证据和所依据的规范性文件。	第三十四条　被告对作出的**行政行为**负有举证责任，应当提供作出该**行政行为**的证据和所依据的规范性文件。 　　**被告不提供或者无正当理由逾期提供证据，视为没有相应证据。但是，被诉行政行为涉及第三人合法权益，第三人提供证据的除外。**

修　正　前	修　正　后
第三十三条　在诉讼过程中，被告不得自行向原告和证人收集证据。	**第三十五条**　在诉讼过程中，被告**及其诉讼代理人**不得自行向原告、**第三人**和证人收集证据。
	第三十六条　被告在作出行政行为时已经收集了证据，但因不可抗力等正当事由不能提供的，经人民法院准许，可以延期提供。 　　原告或者第三人提出了其在行政处理程序中没有提出的理由或者证据的，经人民法院准许，被告可以补充证据。
	第三十七条　原告可以提供证明行政行为违法的证据。原告提供的证据不成立的，不免除被告的举证责任。
	第三十八条　在起诉被告不履行法定职责的案件中，原告应当提供其向被告提出申请的证据。但有下列情形之一的除外： 　　（一）被告应当依职权主动履行法定职责的； 　　（二）原告因正当理由不能提供证据的。 　　在行政赔偿、补偿的案件中，原告应当对行政行为造成的损害提供证据。因被告的原因导致原告无法举证的，由被告承担举证责任。

修　正　前	修　正　后
第三十四条　人民法院有权要求当事人提供或者补充证据。 　　人民法院有权向有关行政机关以及其他组织、公民调取证据。	第三十九条　人民法院有权要求当事人提供或者补充证据。 　　第四十条　人民法院有权向有关行政机关以及其他组织、公民调取证据。**但是，不得为证明行政行为的合法性调取被告作出行政行为时未收集的证据。**
	第四十一条　与本案有关的下列证据，原告或者第三人不能自行收集的，可以申请人民法院调取： 　　（一）由国家机关保存而须由人民法院调取的证据； 　　（二）涉及国家秘密、商业秘密和个人隐私的证据； 　　（三）确因客观原因不能自行收集的其他证据。
第三十五条　在诉讼过程中，人民法院认为对专门性问题需要鉴定的，应当交由法定鉴定部门鉴定；没有法定鉴定部门的，由人民法院指定的鉴定部门鉴定。	
第三十六条　在证据可能灭失或者以后难以取得的情况下，诉讼参加人可以向人民法院申请保全证据，人民法院也可以主动采取保全措施。	第四十二条　在证据可能灭失或者以后难以取得的情况下，诉讼参加人可以向人民法院申请保全证据，人民法院也可以主动采取保全措施。

修　正　前	修　正　后
	第四十三条　证据应当在法庭上出示，并由当事人互相质证。对涉及国家秘密、商业秘密和个人隐私的证据，不得在公开开庭时出示。 　　人民法院应当按照法定程序，全面、客观地审查核实证据。对未采纳的证据应当在裁判文书中说明理由。 　　以非法手段取得的证据，不得作为认定案件事实的根据。
第六章　起诉和受理	**第六章　起诉和受理**
第三十七条　对属于人民法院受案范围的行政案件，公民、法人或者其他组织可以先向上一级行政机关或者法律、法规规定的行政机关申请复议，对复议不服的，再向人民法院提起诉讼；也可以直接向人民法院提起诉讼。 　　法律、法规规定应当先向行政机关申请复议，对复议不服再向人民法院提起诉讼的，依照法律、法规的规定。	**第四十四条**　对属于人民法院受案范围的行政案件，公民、法人或者其他组织可以先向行政机关申请复议，对复议**决定**不服的，再向人民法院提起诉讼；也可以直接向人民法院提起诉讼。 　　法律、法规规定应当先向行政机关申请复议，对复议**决定**不服再向人民法院提起诉讼的，依照法律、法规的规定。
第三十八条　<u>公民、法人或者其他组织向行政机关申请复议的，复议机关应当在收到申请书之日起两个月内作出决定。法律、法规另有规定的除外。</u>	**第四十五条**　公民、法人或者其他组织不服复议决定的，可以在收到复议决定书之日起十五日内向人民法院提起诉讼。复议机关逾期不作决定的，申请人可以在复议期

修 正 前	修 正 后
申请人不服复议决定的，可以在收到复议决定书之日起十五日内向人民法院提起诉讼。复议机关逾期不作决定的，申请人可以在复议期满之日起十五日内向人民法院提起诉讼。法律另有规定的除外。	满之日起十五日内向人民法院提起诉讼。法律另有规定的除外。
第三十九条　公民、法人或者其他组织直接向人民法院提起诉讼的，应当在知道作出<u>具体行</u>政行为之日起<u>三个月</u>内提出。法律另有规定的除外。	**第四十六条**　公民、法人或者其他组织直接向人民法院提起诉讼的，应当**自知道或者应当知道**作出**行政行为之日起六个月**内提出。法律另有规定的除外。 　　**因不动产提起诉讼的案件自行政行为作出之日起超过二十年，其他案件自行政行为作出之日起超过五年提起诉讼的，人民法院不予受理。**
	第四十七条　公民、法人或者其他组织申请行政机关履行保护其人身权、财产权等合法权益的法定职责，行政机关在接到申请之日起两个月内不履行的，公民、法人或者其他组织可以向人民法院提起诉讼。法律、法规对行政机关履行职责的期限另有规定的，从其规定。 　　公民、法人或者其他组织在紧急情况下请求行政机关履行保护其人身权、财产权等合法权益的法定职责，行政机关不履行的，提起诉讼不受前款规定期限的限制。

修　正　前	修　正　后
第四十条　　公民、法人或者其他组织因不可抗力或者其他特殊情况耽误法定期限的，在障碍消除后的十日内，可以申请延长期限，由人民法院决定。	**第四十八条**　　公民、法人或者其他组织因不可抗力或者其他**不属于其自身的原因**耽误**起诉**期限的，**被耽误的时间不计算在起诉期限内。** 　　公民、法人或者其他组织**因前款规定以外的**其他特殊情况耽误**起诉**期限的，在障碍消除后十日内，可以申请延长期限，**是否准许**由人民法院决定。
第四十一条　　提起诉讼应当符合下列条件： 　　（一）原告是认为具体行政行为侵犯其合法权益的公民、法人或者其他组织； 　　（二）有明确的被告； 　　（三）有具体的诉讼请求和事实根据； 　　（四）属于人民法院受案范围和受诉人民法院管辖。	**第四十九条**　　提起诉讼应当符合下列条件： 　　（一）原告是**符合本法第二十五条规定的**公民、法人或者其他组织； 　　（二）有明确的被告； 　　（三）有具体的诉讼请求和事实根据； 　　（四）属于人民法院受案范围和受诉人民法院管辖。
	第五十条　　起诉应当向人民法院递交起诉状，并按照被告人数提出副本。 　　书写起诉状确有困难的，可以口头起诉，由人民法院记入笔录，出具注明日期的书面凭证，并告知对方当事人。

修　正　前	修　正　后
第四十二条　　人民法院接到起诉状，经审查，应当在七日内立案或者作出裁定不予受理。原告对裁定不服的，可以提起上诉。	第五十一条　　人民法院在接到起诉状时对符合本法规定的起诉条件的，应当登记立案。 　　对当场不能判定是否符合本法规定的起诉条件的，应当接收起诉状，出具注明收到日期的书面凭证，并在七日内决定是否立案。不符合起诉条件的，作出不予立案的裁定。裁定书应当载明不予立案的理由。原告对裁定不服的，可以提起上诉。 　　起诉状内容欠缺或者有其他错误的，应当给予指导和释明，并一次性告知当事人需要补正的内容。不得未经指导和释明即以起诉不符合条件为由不接收起诉状。 　　对于不接收起诉状、接收起诉状后不出具书面凭证，以及不一次性告知当事人需要补正的起诉状内容的，当事人可以向上级人民法院投诉，上级人民法院应当责令改正，并对直接负责的主管人员和其他直接责任人员依法给予处分。
	第五十二条　　人民法院既不立案，又不作出不予立案裁定的，当事人可以向上一级人民法院起诉。上一级人民法院认为符合起诉条件的，应当立案、审理，也可以指定其他下级人民法院立案、审理。

修　正　前	修　正　后
	第五十三条　公民、法人或者其他组织认为行政行为所依据的国务院部门和地方人民政府及其部门制定的规范性文件不合法，在对行政行为提起诉讼时，可以一并请求对该规范性文件进行审查。 　　前款规定的规范性文件不含规章。
第七章　审理和判决	**第七章　审理和判决**
	第一节　一般规定
第四十五条　人民法院公开审理行政案件，但涉及国家秘密、个人隐私和法律另有规定的除外。	**第五十四条**　人民法院公开审理行政案件，但涉及国家秘密、个人隐私和法律另有规定的除外。 　　**涉及商业秘密的案件，当事人申请不公开审理的，可以不公开审理。**
第四十七条　当事人认为审判人员与本案有利害关系或者有其他关系可能影响公正审判，有权申请审判人员回避。 　　审判人员认为自己与本案有利害关系或者有其他关系，应当申请回避。 　　前两款规定，适用于书记员、翻译人员、鉴定人、勘验人。 　　院长担任审判长时的回避，由审判委员会决定；审判人员的回避，由院长决定；其他人员的	**第五十五条**　当事人认为审判人员与本案有利害关系或者有其他关系可能影响公正审判，有权申请审判人员回避。 　　审判人员认为自己与本案有利害关系或者有其他关系，应当申请回避。 　　前两款规定，适用于书记员、翻译人员、鉴定人、勘验人。 　　院长担任审判长时的回避，由审判委员会决定；审判人员的回避，由院长决定；其他人员的回避，

修　正　前	修　正　后
回避，由审判长决定。当事人对决定不服的，可以申请复议。	由审判长决定。当事人对决定不服的，可以申请复议一次。
第四十四条　诉讼期间，不停止具体行政行为的执行。但有下列情形之一的，停止具体行政行为的执行： 　　（一）被告认为需要停止执行的； 　　（二）原告申请停止执行，人民法院认为该具体行政行为的执行会造成难以弥补的损失，并且停止执行不损害社会公共利益，裁定停止执行的； 　　（三）法律、法规规定停止执行的。	第五十六条　诉讼期间，不停止行政行为的执行。但有下列情形之一的，裁定停止执行： 　　（一）被告认为需要停止执行的； 　　（二）原告或者利害关系人申请停止执行，人民法院认为该行政行为的执行会造成难以弥补的损失，并且停止执行不损害国家利益、社会公共利益的； 　　（三）人民法院认为该行政行为的执行会给国家利益、社会公共利益造成重大损害的； 　　（四）法律、法规规定停止执行的。 　　当事人对停止执行或者不停止执行的裁定不服的，可以申请复议一次。
	第五十七条　人民法院对起诉行政机关没有依法支付抚恤金、最低生活保障金和工伤、医疗社会保险金的案件，权利义务关系明确、不先予执行将严重影响原告生活的，可以根据原告的申请，裁定先予执行。 　　当事人对先予执行裁定不服的，可以申请复议一次。复议期间不停止裁定的执行。

修　正　前	修　正　后
第四十八条　经人民法院**两次合法**传唤，原告无正当理由拒不到庭的，视为申请撤诉；被告无正当理由拒不到庭的，可以缺席判决。	**第五十八条**　经人民法院**传票**传唤，原告无正当理由拒不到庭，**或者未经法庭许可中途退庭的，可以按照撤诉处理**；被告无正当理由拒不到庭，**或者未经法庭许可中途退庭的，**可以缺席判决。
第四十九条　诉讼参与人或者其他人有下列行为之一的，人民法院可以根据情节轻重，予以训诫、责令具结悔过或者处**一千**元以下的罚款、十五日以下的拘留；构成犯罪的，依法追究刑事责任： 　　（一）有义务协助执行的人，对人民法院的协助执行通知书，无故推拖、拒绝或者妨碍执行的； 　　（二）伪造、隐藏、毁灭证据的； 　　（三）指使、贿买、胁迫他人作伪证或者威胁、阻止证人作证的； 　　（四）隐藏、转移、变卖、毁损已被查封、扣押、冻结的财产的； 　　（五）以暴力、威胁或者其他方法阻碍人民法院工作人员执行职务或者扰乱人民法院工作秩序的； 　　（六）对人民法院工作人员、诉讼参与人、协助执行人侮辱、	**第五十九条**　诉讼参与人或者其他人有下列行为之一的，人民法院可以根据情节轻重，予以训诫、责令具结悔过或者处**一万元**以下的罚款、十五日以下的拘留；构成犯罪的，依法追究刑事责任： 　　（一）有义务协助**调查、执行**的人，对人民法院的**协助调查决定**、协助执行通知书，无故推拖、拒绝或者妨碍**调查、执行**的； 　　（二）伪造、隐藏、毁灭证据**或者提供虚假证明材料，妨碍人民法院审理案件的**； 　　（三）指使、贿买、胁迫他人作伪证或者威胁、阻止证人作证的； 　　（四）隐藏、转移、变卖、毁损已被查封、扣押、冻结的财产的； 　　**（五）以欺骗、胁迫等非法手段使原告撤诉的；** 　　（六）以暴力、威胁或者其他方法阻碍人民法院工作人员执行职务，或者**以哄闹、冲击法庭等方法**扰乱人民法院工作秩序的；

修　正　前	修　正　后
诽谤、诬陷、殴打或者打击报复的。 　　罚款、拘留须经人民法院院长批准。当事人不服的，可以申请复议。	（七）对人民法院**审判人员或者其他**工作人员、诉讼参与人、协助**调查**和执行的人员**恐吓**、侮辱、诽谤、诬陷、殴打、**围攻**或者打击报复的。 　　**人民法院对有前款规定的行为之一的单位，可以对其主要负责人或者直接责任人员依照前款规定予以罚款、拘留；构成犯罪的，依法追究刑事责任。** 　　罚款、拘留须经人民法院院长批准。当事人不服的，可以**向上一级人民法院**申请复议**一次。复议期间不停止执行。**
第五十条　人民法院审理行政案件，不适用调解。	**第六十条**　人民法院审理行政案件，不适用调解。**但是，行政赔偿、补偿以及行政机关行使法律、法规规定的自由裁量权的案件可以调解。** 　　**调解应当遵循自愿、合法原则，不得损害国家利益、社会公共利益和他人合法权益。**
	第六十一条　在涉及行政许可、登记、征收、征用和行政机关对民事争议所作的裁决的行政诉讼中，当事人申请一并解决相关民事争议的，人民法院可以一并审理。 　　在行政诉讼中，人民法院认为行政案件的审理需以民事诉讼的裁判为依据的，可以裁定中止行政诉讼。

修 正 前	修 正 后
第五十一条　人民法院对行政案件宣告判决或者裁定前，原告申请撤诉的，或者被告改变其所作的**具体**行政行为，原告同意并申请撤诉的，是否准许，由人民法院裁定。	第六十二条　人民法院对行政案件宣告判决或者裁定前，原告申请撤诉的，或者被告改变其所作的**行政行为**，原告同意并申请撤诉的，是否准许，由人民法院裁定。
第五十二条　人民法院审理行政案件，以法律和行政法规、地方性法规为依据。地方性法规适用于本行政区域内发生的行政案件。 　　人民法院审理民族自治地方的行政案件，并以该民族自治地方的自治条例和单行条例为依据。 　　第五十三条　人民法院审理行政案件，参照国务院部、委根据法律和国务院的行政法规、决定、命令制定、发布的规章以及省、自治区、直辖市和省、自治区的人民政府所在地的市和经国务院批准的较大的市的人民政府根据法律和国务院的行政法规制定、发布的规章。 　　人民法院认为地方人民政府制定、发布的规章与国务院部、委制定、发布的规章不一致的，以及国务院部、委制定、发布的规章之间不一致的，由最高人民法院送请国务院作出解释或者裁决。	第六十三条　人民法院审理行政案件，以法律和行政法规、地方性法规为依据。地方性法规适用于本行政区域内发生的行政案件。 　　人民法院审理民族自治地方的行政案件，并以该民族自治地方的自治条例和单行条例为依据。 　　人民法院审理行政案件，参照规章。

修　正　前	修　正　后
	第六十四条　　人民法院在审理行政案件中，经审查认为本法第五十三条规定的规范性文件不合法的，不作为认定行政行为合法的依据，并向制定机关提出处理建议。
	第六十五条　　人民法院应当公开发生法律效力的判决书、裁定书，供公众查阅，但涉及国家秘密、商业秘密和个人隐私的内容除外。
第五十六条　　人民法院在审理行政案件中，认为行政机关的主管人员、直接责任人员违反政纪的，应当将有关材料移送该行政机关或者其上一级行政机关或者监察、人事机关；认为有犯罪行为的，应当将有关材料移送公安、检察机关。	第六十六条　　人民法院在审理行政案件中，认为行政机关的主管人员、直接责任人员**违法违纪**的，应当将有关材料移送**监察机关、该行政机关或者其上一级行政机关**；认为有犯罪行为的，应当将有关材料移送公安、检察机关。 　　**人民法院对被告经传票传唤无正当理由拒不到庭，或者未经法庭许可中途退庭的，可以将被告拒不到庭或者中途退庭的情况予以公告，并可以向监察机关或者被告的上一级行政机关提出依法给予其主要负责人或者直接责任人员处分的司法建议。**
	第二节　第一审普通程序

修　正　前	修　正　后
第四十三条　人民法院应当在立案之日起五日内，将起诉状副本发送被告。被告应当在收到起诉状副本之日起十日内向人民法院提交作出具体行政行为的有关材料，并提出答辩状。人民法院应当在收到答辩状之日起五日内，将答辩状副本发送原告。 　　被告不提出答辩状的，不影响人民法院审理。	第六十七条　人民法院应当在立案之日起五日内，将起诉状副本发送被告。被告应当在收到起诉状副本之日起十五日内向人民法院提交作出行政行为的证据和所依据的规范性文件，并提出答辩状。人民法院应当在收到答辩状之日起五日内，将答辩状副本发送原告。 　　被告不提出答辩状的，不影响人民法院审理。
第四十六条　人民法院审理行政案件，由审判员组成合议庭，或者由审判员、陪审员组成合议庭。合议庭的成员，应当是三人以上的单数。	第六十八条　人民法院审理行政案件，由审判员组成合议庭，或者由审判员、陪审员组成合议庭。合议庭的成员，应当是三人以上的单数。
第五十四条　人民法院经过审理，根据不同情况，分别作出以下判决： 　　（一）具体行政行为证据确凿，适用法律、法规正确，符合法定程序的，判决维持。 　　（二）具体行政行为有下列情形之一的，判决撤销或者部分撤销，并可以判决被告重新作出具体行政行为： 　　1. 主要证据不足的； 　　2. 适用法律、法规错误的； 　　3. 违反法定程序的； 　　4. 超越职权的； 　　5. 滥用职权的。	第六十九条　行政行为证据确凿，适用法律、法规正确，符合法定程序的，或者原告申请被告履行法定职责或者给付义务理由不成立的，人民法院判决驳回原告的诉讼请求。 　　第七十条　行政行为有下列情形之一的，人民法院判决撤销或者部分撤销，并可以判决被告重新作出行政行为： 　　（一）主要证据不足的； 　　（二）适用法律、法规错误的； 　　（三）违反法定程序的； 　　（四）超越职权的； 　　（五）滥用职权的； 　　（六）明显不当的。

修　正　前	修　正　后
（三）被告不履行或者拖延履行法定职责的，判决其在一定期限内履行。 （四）行政处罚显失公正的，可以判决变更。(本项对照修订后第七十七条)	
第五十五条　人民法院判决被告重新作出<u>具体</u>行政行为的，被告不得以同一的事实和理由作出与原<u>具体</u>行政行为基本相同的<u>具体</u>行政行为。	**第七十一条**　人民法院判决被告重新作出**行政行为**的，被告不得以同一的事实和理由作出与原**行政行为**基本相同的**行政行为**。
	第七十二条　人民法院经过审理，查明被告不履行法定职责的，判决被告在一定期限内履行。
	第七十三条　人民法院经过审理，查明被告依法负有给付义务的，判决被告履行给付义务。
	第七十四条　行政行为有下列情形之一的，人民法院判决确认违法，但不撤销行政行为： （一）行政行为依法应当撤销，但撤销会给国家利益、社会公共利益造成重大损害的； （二）行政行为程序轻微违法，但对原告权利不产生实际影响的。

修　正　前	修　正　后
	行政行为有下列情形之一，不需要撤销或者判决履行的，人民法院判决确认违法： 　　（一）行政行为违法，但不具有可撤销内容的； 　　（二）被告改变原违法行政行为，原告仍要求确认原行政行为违法的； 　　（三）被告不履行或者拖延履行法定职责，判决履行没有意义的。
	第七十五条　行政行为有实施主体不具有行政主体资格或者没有依据等重大且明显违法情形，原告申请确认行政行为无效的，人民法院判决确认无效。
	第七十六条　人民法院判决确认违法或者无效的，可以同时判决责令被告采取补救措施；给原告造成损失的，依法判决被告承担赔偿责任。
	第七十七条　行政处罚明显不当，或者其他行政行为涉及对款额的确定、认定确有错误的，人民法院可以判决变更。 　　人民法院判决变更，不得加重原告的义务或者减损原告的权益。但利害关系人同为原告，且诉讼请求相反的除外。

修　正　前	修　正　后
	第七十八条　　被告不依法履行、未按照约定履行或者违法变更、解除本法第十二条第一款第十一项规定的协议的，人民法院判决被告承担继续履行、采取补救措施或者赔偿损失等责任。 　　被告变更、解除本法第十二条第一款第十一项规定的协议合法，但未依法给予补偿的，人民法院判决给予补偿。
	第七十九条　　复议机关与作出原行政行为的行政机关为共同被告的案件，人民法院应当对复议决定和原行政行为一并作出裁判。
	第八十条　　人民法院对公开审理和不公开审理的案件，一律公开宣告判决。 　　当庭宣判的，应当在十日内发送判决书；定期宣判的，宣判后立即发给判决书。 　　宣告判决时，必须告知当事人上诉权利、上诉期限和上诉的人民法院。
第五十七条　　人民法院应当在立案之日起<u>三个月</u>内作出第一审判决。有特殊情况需要延长的，由高级人民法院批准，高级人民法院审理第一审案件需要延长的，由最高人民法院批准。	**第八十一条**　　人民法院应当在立案之日起六个月内作出第一审判决。有特殊情况需要延长的，由高级人民法院批准，高级人民法院审理第一审案件需要延长的，由最高人民法院批准。

修　正　前	修　正　后
	第三节　简易程序
	第八十二条　人民法院审理下列第一审行政案件，认为事实清楚、权利义务关系明确、争议不大的，可以适用简易程序： 　　（一）被诉行政行为是依法当场作出的； 　　（二）案件涉及款额二千元以下的； 　　（三）属于政府信息公开案件的。 　　除前款规定以外的第一审行政案件，当事人各方同意适用简易程序的，可以适用简易程序。 　　发回重审、按照审判监督程序再审的案件不适用简易程序。
	第八十三条　适用简易程序审理的行政案件，由审判员一人独任审理，并应当在立案之日起四十五日内审结。
	第八十四条　人民法院在审理过程中，发现案件不宜适用简易程序的，裁定转为普通程序。
	第四节　第二审程序
第五十八条　当事人不服人民法院第一审判决的，有权在判决书送达之日起十五日内向上一级人民法院提起上诉。当事人不服人民法院第一审裁定的，有权	**第八十五条**　当事人不服人民法院第一审判决的，有权在判决书送达之日起十五日内向上一级人民法院提起上诉。当事人不服人民法院第一审裁定的，有权在裁定书送

253

修　正　前	修　正　后
在裁定书送达之日起十日内向上一级人民法院提起上诉。逾期不提起上诉的，人民法院的第一审判决或者裁定发生法律效力。	达之日起十日内向上一级人民法院提起上诉。逾期不提起上诉的，人民法院的第一审判决或者裁定发生法律效力。
第五十九条　人民法院对上诉案件，认为事实清楚的，可以实行书面审理。	第八十六条　人民法院对上诉案件，应当组成合议庭，开庭审理。经过阅卷、调查和询问当事人，对没有提出新的事实、证据或者理由，合议庭认为不需要开庭审理的，也可以不开庭审理。
	第八十七条　人民法院审理上诉案件，应当对原审人民法院的判决、裁定和被诉行政行为进行全面审查。
第六十条　人民法院审理上诉案件，应当在收到上诉状之日起两个月内作出终审判决。有特殊情况需要延长的，由高级人民法院批准，高级人民法院审理上诉案件需要延长的，由最高人民法院批准。	第八十八条　人民法院审理上诉案件，应当在收到上诉状之日起三个月内作出终审判决。有特殊情况需要延长的，由高级人民法院批准，高级人民法院审理上诉案件需要延长的，由最高人民法院批准。
第六十一条　人民法院审理上诉案件，按照下列情形，分别处理： 　　（一）原判决认定事实清楚，适用法律、法规正确的，判决驳回上诉，维持原判； 　　（二）原判决认定事实清楚，	第八十九条　人民法院审理上诉案件，按照下列情形，分别处理： 　　（一）原判决、**裁定**认定事实清楚，适用法律、法规正确的，判决**或者裁定**驳回上诉，维持原判**决、裁定**；

修　正　前	修　正　后
但适用法律、法规错误的，依法改判； 　　（三）原判决认定事实不清，证据不足，或者由于违反法定程序可能影响案件正确判决的，裁定撤销原判，发回原审人民法院重审，也可以查清事实后改判。当事人对重审案件的判决、裁定，可以上诉。	（二）原判决、裁定认定事实错误或者适用法律、法规错误的，依法改判、撤销或者变更； 　　（三）原判决认定基本事实不清、证据不足的，发回原审人民法院重审，或者查清事实后改判； 　　（四）原判决遗漏当事人或者违法缺席判决等严重违反法定程序的，裁定撤销原判决，发回原审人民法院重审。 　　原审人民法院对发回重审的案件作出判决后，当事人提起上诉的，第二审人民法院不得再次发回重审。 　　人民法院审理上诉案件，需要改变原审判决的，应当同时对被诉行政行为作出判决。
	第五节　审判监督程序
第六十二条　当事人对已经发生法律效力的判决、裁定，认为确有错误的，可以向<u>原审人民法院或者</u>上一级人民法院提出<u>申诉</u>，但判决、裁定不停止执行。	**第九十条**　当事人对已经发生法律效力的判决、裁定，认为确有错误的，可以向上一级人民法院**申请再审**，但判决、裁定不停止执行。
	第九十一条　当事人的申请符合下列情形之一的，人民法院应当再审： 　　（一）不予立案或者驳回起诉确有错误的； 　　（二）有新的证据，足以推翻原判决、裁定的；

修　正　前	修　正　后
	（三）原判决、裁定认定事实的主要证据不足、未经质证或者系伪造的；
	（四）原判决、裁定适用法律、法规确有错误的；
	（五）违反法律规定的诉讼程序，可能影响公正审判的；
	（六）原判决、裁定遗漏诉讼请求的；
	（七）据以作出原判决、裁定的法律文书被撤销或者变更的；
	（八）审判人员在审理该案件时有贪污受贿、徇私舞弊、枉法裁判行为的。
第六十三条　人民法院院长对本院已经发生法律效力的判决、裁定，发现违反法律、法规规定认为需要再审的，应当提交审判委员会决定是否再审。 　　上级人民法院对下级人民法院已经发生法律效力的判决、裁定，发现违反法律、法规规定的，有权提审或者指令下级人民法院再审。	**第九十二条**　**各级**人民法院院长对本院已经发生法律效力的判决、裁定，发现**有本法第九十一条规定情形之一，或者发现调解违反自愿原则或者调解书内容违法**，认为需要再审的，应当提交审判委员会**讨论**决定。 　　**最高人民法院对地方各级人民法院已经发生法律效力的判决、裁定**，上级人民法院对下级人民法院已经发生法律效力的判决、裁定，发现**有本法第九十一条规定情形之一，或者发现调解违反自愿原则或者调解书内容违法的**，有权提审或者指令下级人民法院再审。

修　正　前	修　正　后
第六十四条　人民检察院对人民法院已经发生法律效力的判决、裁定，发现违反法律、法规规定的，有权按照审判监督程序提出抗诉。	第九十三条　**最高人民检察院对各级人民法院已经发生法律效力的判决、裁定，上级人民检察院对下级人民法院已经发生法律效力的判决、裁定，发现有本法第九十一条规定情形之一，或者发现调解书损害国家利益、社会公共利益的，应当提出抗诉。** 　　**地方各级人民检察院对同级人民法院已经发生法律效力的判决、裁定，发现有本法第九十一条规定情形之一，或者发现调解书损害国家利益、社会公共利益的，可以向同级人民法院提出检察建议，并报上级人民检察院备案；也可以提请上级人民检察院向同级人民法院提出抗诉。** 　　**各级人民检察院对审判监督程序以外的其他审判程序中审判人员的违法行为，有权向同级人民法院提出检察建议。**
第八章　执　　行	第八章　执　　行
第六十五条　当事人必须履行人民法院发生法律效力的判决、裁定。 　　公民、法人或者其他组织拒绝履行判决、裁定的，行政机关可以向第一审人民法院申请强制执行，或者依法强制执行。 　　行政机关拒绝履行判决、裁	第九十四条　当事人必须履行人民法院发生法律效力的判决、裁定、**调解书**。 　　**第九十五条**　公民、法人或者其他组织拒绝履行判决、裁定、**调解书的**，行政机关**或者第三人**可以向第一审人民法院申请强制执行，或者**由行政机关依法**强制执行。

修　正　前	修　正　后
定的，第一审人民法院可以采取以下措施： （一）对应当归还的罚款或者应当给付的赔偿金，通知银行从该行政机关的账户内划拨； （二）在规定期限内不履行的，从期满之日起，对该行政机关按日处五十元至一百元的罚款； （三）向该行政机关的上一级行政机关或者监察、人事机关提出司法建议。接受司法建议的机关，根据有关规定进行处理，并将处理情况告知人民法院； （四）拒不履行判决、裁定，情节严重构成犯罪的，依法追究主管人员和直接责任人员的刑事责任。	**第九十六条**　行政机关拒绝履行判决、裁定、**调解书**的，第一审人民法院可以采取下列措施： （一）对应当归还的罚款或者应当给付的**款额**，通知银行从该行政机关的账户内划拨； （二）在规定期限内不履行的，从期满之日起，对该行政机关**负责人**按日处五十元至一百元的罚款； **（三）将行政机关拒绝履行的情况予以公告；** **（四）向监察机关或者该行政机关的上一级行政机关**提出司法建议。接受司法建议的机关，根据有关规定进行处理，并将处理情况告知人民法院； （五）拒不履行判决、裁定、**调解书，社会影响恶劣的，可以对该行政机关直接负责的主管人员和其他直接责任人员予以拘留；**情节严重，构成犯罪的，依法追究刑事责任。
第六十六条　公民、法人或者其他组织对**具体**行政行为在法定期限内不提起诉讼又不履行的，行政机关可以申请人民法院强制执行，或者依法强制执行。	**第九十七条**　公民、法人或者其他组织对**行政行为**在法定期限内不提起诉讼又不履行的，行政机关可以申请人民法院强制执行，或者依法强制执行。

修　正　前	修　正　后
第九章　侵权赔偿责任	
第六十七条　公民、法人或者其他组织的合法权益受到行政机关或者行政机关工作人员作出的具体行政行为侵犯造成损害的，有权请求赔偿。 　　公民、法人或者其他组织单独就损害赔偿提出请求，应当先由行政机关解决。对行政机关的处理不服，可以向人民法院提起诉讼。 　　赔偿诉讼可以适用调解。	
第六十八条　行政机关或者行政机关工作人员作出的具体行政行为侵犯公民、法人或者其他组织的合法权益造成损害的，由该行政机关或者该行政机关工作人员所在的行政机关负责赔偿。 　　行政机关赔偿损失后，应当责令有故意或者重大过失的行政机关工作人员承担部分或者全部赔偿费用。	
第六十九条　赔偿费用，从各级财政列支。各级人民政府可以责令有责任的行政机关支付部分或者全部赔偿费用。具体办法由国务院规定。	

修　正　前	修　正　后
第十章　涉外行政诉讼	**第九章　涉外行政诉讼**
第七十条　外国人、无国籍人、外国组织在中华人民共和国进行行政诉讼，适用本法。法律另有规定的除外。	**第九十八条**　外国人、无国籍人、外国组织在中华人民共和国进行行政诉讼，适用本法。法律另有规定的除外。
第七十一条　外国人、无国籍人、外国组织在中华人民共和国进行行政诉讼，同中华人民共和国公民、组织有同等的诉讼权利和义务。 外国法院对中华人民共和国公民、组织的行政诉讼权利加以限制的，人民法院对该国公民、组织的行政诉讼权利，实行对等原则。	**第九十九条**　外国人、无国籍人、外国组织在中华人民共和国进行行政诉讼，同中华人民共和国公民、组织有同等的诉讼权利和义务。 外国法院对中华人民共和国公民、组织的行政诉讼权利加以限制的，人民法院对该国公民、组织的行政诉讼权利，实行对等原则。
第七十二条　中华人民共和国缔结或者参加的国际条约同本法有不同规定的，适用该国际条约的规定。中华人民共和国声明保留的条款除外。	
第七十三条　外国人、无国籍人、外国组织在中华人民共和国进行行政诉讼，委托律师代理诉讼的，应当委托中华人民共和国律师机构的律师。	**第一百条**　外国人、无国籍人、外国组织在中华人民共和国进行行政诉讼，委托律师代理诉讼的，应当委托中华人民共和国律师机构的律师。
第十一章　附　　则	**第十章　附　　则**
	第一百零一条　人民法院审理行政案件，关于期间、送达、财产

修　正　前	修　正　后
	保全、开庭审理、调解、中止诉讼、终结诉讼、简易程序、执行等，以及人民检察院对行政案件受理、审理、裁判、执行的监督，本法没有规定的，适用《中华人民共和国民事诉讼法》的相关规定。
第七十四条　人民法院审理行政案件，应当收取诉讼费用。诉讼费用由败诉方承担，双方都有责任的由双方分担。收取诉讼费用的具体办法另行规定。	**第一百零二条**　人民法院审理行政案件，应当收取诉讼费用。诉讼费用由败诉方承担，双方都有责任的由双方分担。收取诉讼费用的具体办法另行规定。
第七十五条　本法自 1990 年10 月 1 日起施行。	**第一百零三条**　本法自 1990年 10 月 1 日起施行。

图书在版编目（CIP）数据

中华人民共和国行政诉讼法注解与配套／中国法制
出版社编 . —北京：中国法制出版社，2023.9
（法律注解与配套丛书）
ISBN 978-7-5216-3725-0

Ⅰ.①中… Ⅱ.①中… Ⅲ.①行政诉讼法-法律解释
-中国 Ⅳ.①D925.305

中国国家版本馆 CIP 数据核字（2023）第 118897 号

策划编辑：袁笋冰　　　责任编辑：欧　丹　　　封面设计：杨泽江

中华人民共和国行政诉讼法注解与配套
ZHONGHUA RENMIN GONGHEGUO XINGZHENG SUSONGFA ZHUJIE YU PEITAO

经销/新华书店
印刷/三河市国英印务有限公司
开本/850 毫米×1168 毫米　32 开
版次/2023 年 9 月第 1 版

印张/ 9　字数/ 211 千
2023 年 9 月第 1 次印刷

中国法制出版社出版
书号 ISBN 978-7-5216-3725-0　　　　　　　　　　定价：26.00 元

北京市西城区西便门西里甲 16 号西便门办公区
邮政编码：100053　　　　　　　　　　　传真：010-63141852
网址：**http：//www.zgfzs.com**　　　　编辑部电话：010-63141675
市场营销部电话：010-63141612　　　印务部电话：010-63141606

（如有印装质量问题，请与本社印务部联系。）